북한문화, 닮은 듯 낯선 모습

임채욱 지음

JMG

북한문화, 닮은 듯 낯선 모습

임채욱 지음

□ 책머리에

2023년은 휴전 70주년이 된다. 휴전 이후 남북한에서 분단의식은 더 깊어진다. 서로 살상했던 동족상잔의 후유증으로 적대감이 팽배한다. 해방 직후의 군사적 분단(지리적 분단)과 남북한 정권수립 후의 정치적 분단(이념적 분단)에 이어 민족적 분단(심리적 분단)이 깊어 가는 것이다.

민족사의 중심지였던 서울에 대항하는 또 다른 도시가 정치중심지로 된 후 서로의 마음자리까지 멀게 하면서 민족문화의 동질성은 옅어져 갔고 이질성은 크게 드러나는 모습을 보이게 된다. 1970년대 남북한은 더는 이질화된 현상을 막자면서 대화를 시작했지만 결과는 자기 쪽의 문화현상을 더 내세우고 강화(Reinforcement)하는 형국을 보인다. 그때 북한에서는 우상화 상징을 만들어 내면서 한창 대중조작을 하던 시기였고 남한에서도 한국적인 것을 내세우려던 동향이 세찼던 시기였다.

북한은 해방 후부터 모든 분야에서 "소련을 따라 배우자"를 목표로 했고 정권수립 후에도 민족전통을 폄하하는 행태를 보이다가 전후복구시기(1954-1960)에는 집단주의화를 추진하면서 전통적인 모습을 많이 훼손시켰다. 하지만 1960년대 혁명전통 수립기(1960~1968)에는 중소 이념분쟁 와중에서 살아남기 위한 몸부림으로 전통문화 말살을 완화하기도 했다. 그러다가 곧 주체를 내세운 유일사상 확립기가 되면 온갖 상징문화를 만들어 내면서 대중조작을 하던 시기를 맞는데 이때가 남북대화가 시작된 1970년대. 남북대화가 간헐적으로 열리던 1980년대를 넘기고 1990년대가 되면 북한에서는 소련과 동유럽권 국가들의 공산정권 퇴진을 목도하게 된다. 이때 북한은 위기의식 극복 방편으로 민족회귀를 암묵적으로 받아들이면서 주체성과 민족성을 문화건설의 두 기둥으로 삼게 된다.

북한이란 존재는 우리에게 어떤 대상인가?

남북한은 지금 '통일을 지향하는 과정에서 잠정적으로 형성되는 특수관계'다. 이 특수관계가 80년 가까운 격절을 겪다 보니 계란, 달걀을 닭알이라 하던가, 김 100장 한 톳을 40장이 한 톳이라 하는 것이야 그렇다 치고 백두산을 "김일성의 산인 동시에 김정일의 백두산"이라 주장하는 사람들까지 보게 된다. 이처럼 같거나 닮은 것보다 다른 것이 더 많은 모습을 보노라면 북한 동포가 함께 살아야 할 대상은 맞나 싶기도 하다.

그래도 같거나 닮았거나 한 민속문화도 있어서 전통명절에는 북한에서도 장기, 바둑을 두고 윷놀이, 그네타기, 널뛰기를 하고 연날리기, 팽이치기, 제기차기를 한다. 그런데 자세히 보면 형식은 비슷해서 닮았기도 한데 놀이 내용에서는 많이 다르기도 하다. 분단 이전에 지역적으로 이미 다른 부분도 있겠지만 분단 이후 달라진 것이 더 많다. 같은 듯, 하면서도 다르고, 닮은 듯, 하면서도 다른 모습을 그저 다르거나 닮았거나 하면서 그대로 둬야 할 것인가? 이 다름을 독소가 되게 하기보다 자양분이 되게 할 수는 없을까?

  이런 관점에서 북한문화 중에는 전통 부분을 포함해서 우리와 같은 것이 아직 살아있을까, 혹은 닮은 것이라도 있을까를 면밀히 살펴보게 된다. 그래도 남북한 문화통합의 연결고리가 되고 불쏘시개가 될 재료를 찾으려는 기대 때문이다.

  민족문화라는 공유의 보편성을 찾아내려고 할 때 대남관계에서 억지를 부리는 가증스런 저들에게도 포용의 큰 보자기를 펼치고 지금의 특수관계를 정상국가 관계로 전환해 가야 할 노력이 필요할 것 같다.

  이 책은 사단법인 북한연구소가 발간하는 월간 『북한』지에 연재(2020. 10~2022. 12.)된 글들로 구성되었다. 당초 깊이 있는 천착보다 연구자들이나 관심을 둔 독자들에게 귀띔하듯이 썼던 것이어서 성긴 부분도 많을 듯하다. 지적을 바라면서 책으로 엮어준 도서출판 JMG에 감사드린다.

2023년 5월

차 례

제1편

북한문화, 같거나 닮았거나……

제2편

북한문화, 다르거나 달라졌거나……

제3편

북한문화, 변했거나 새로 생겨나거나……

북한문화, 갈라지나 닮았거나

북한의 단군 비非신화화 과정

들어가는 말

10월이면 북한에서도 개천절 행사를 연다. 2023년 개천절은 단기 4356년인데 북한에서는 아니다. 단군 존재는 인정해도 단기는 무시하고 외면한다. 북한의 개천절 행사는 단군릉을 복구한 1994년부터니까 햇수가 30년밖에 되지 않는다. 행사내용은 평양 강동군에 있는 단군릉에서 먼저 제사를 지낸다. 단군 석상에 술을 따르고 묵념을 한다. 그리고는 기념보고도 하고 연설도 한다. 처음에는 단군제라는 이름으로 열다가 1998년부터는 개천절 행사라고 하고 있다. 주관은 단군민족통일협의회라는 단체가 맡는다. 이 단체는 1997년 9월에 발족되었고, 이때부터 개천절 행사를 주관하는 한편 대남 '단군 공세'도 취한다. 단군 행사를 남북공동으로 단군릉에서 개최하자, 일부 기독교인의 단군상 훼손을 남쪽 당국은 묵인하고 있다, 김일성이

▲ 2019년 10월 3일 평양 단군릉 앞에서 진행된 개천절 기념행사.

단군을 찾아줬으니 남쪽 동포도 고맙게 여겨야 한다는 식이다. 북한의 단군관(檀君觀)은 단군릉 발굴 이전과 이후가 확연하게 다르다.

북한에서의 단군 인식 변천

북한은 해방 후부터 "소련을 따라 배우자"가 모든 사고방식과 생활양식의 준거 틀이었다. 따라서 단군 인식도 마르크스주의 사관대로 신화적 존재일 뿐이었다. 그러니 단군이 세웠다는 단군조선은 우리 역사상의 첫 국가가 아니고 이런 신화를 역사로 옮기는 일은 마르크스주의 역사학자가 할 일도 아니라고 봤다. 마르크스주의 경제사학자 백남운(白南雲)이 그러했고 다른 역사학자들도 대체로 그러했다. 이런 가운데도 단군신화의 의미를 찾으려는 학자가 없지는 않았다. 정희영이란 사람인데, 그는 단군신화를 통해 조선고대사 시대구분에 필요한 반증을 얻으려는 시도를 했다. 엥겔스가 원시사회의 민속자료를 이용해서 가족, 사유재산제, 국가권력의 기원을 찾아낸 것처럼 고대설화를 고대사 연구 사료로서 봐야 한다는 관점에서 고조선연구에서 단군조선 신화를 빼 버릴 수 없다고 주장했다. (정희영, 조선에서의 첫 국가 형성은 삼국의 형성으로부터 시작된 것이 아니다. 1957.) 이에 전장석이란 학자가 고루한 '민족주의자'로 그를 호되게 비판한다. (전장석, 조선원시사 연구에서 제기되는 몇 가지 문제, 민속학총서 제2집, 과학원출판사 1959. 9.)

　이런 단군 부인은 마르크스 역사학의 시대구분 문제와 관련되어 있었다. 1950년대까지 북한에서는 마르크스주의 사관에서 말하는 원시공동체사회, 노예제사회, 봉건제사회, 자본주의사회, 공산주의사회라는 이른바 사회발전 5단계설 가운데 우리나라 역사에는 노예제사회가 없었다는 주장이 우세했다. (조선통사, 1956.) 이런 노예제 결여설에는 단군의 나라 세우기가 받아들이기 어렵게 된다.

　1960년대가 되면서 김석형(金錫亨)·임건상(林建相)·정찬영(鄭燦永) 등이 노예제사회를 인정하면서 고조선·부여·진국이 노예제사회였다고 설명한다. (조선통사 개정판, 1962.) 그리고 이상호(李相昊), 이지린(李趾麟)이 단군을 조심스럽게 언급한다. 이상호는 단군설화의 역사반영 여부를 언급했고, (단군설화의 역사성, 역사과학, 1962 제3호.) 이지린은 단군이 죽은 뒤 하늘에 올라가지 않고 아사달의 산신이 되었으므로 그 존재는 천군이 아니라 지상의 군주라고 보았지만 어디까지나 신화상의 인물이기에 고조선의 창건자라는 역사 인물은 될 수 없다고 했다. (고조선연구, 1963.)

단군을 부인하던 이 시기에는 한국의 단군 찾기나 숭배까지 비난했다.

"……미제에 복무하는 남조선 반동들은 마치도 단군신화가 그대로 역사 사실인 것처럼 왜곡하면서 인민들의 과학적인 사고를 마비시키려 하고 있다. (중략) 그들의 목적은 조선 민족의 기원을 신비화시킴으로써 우리 인민의 계급의식을 마비시키며 배타적인 민족주의 사상을 고취함으로써 공산주의를 반대하는 수단으로 그를 이용하는 데 있다." (조선력사, 1963.)

이후 북한 역사학계에서는 1965년부터 1986년까지 20여 년간 단군 관계 기사가 나타나지를 않았고 이 공백기를 거치면서 나온 북한의 공식 역사책이라 할 《조선전사》에서도 단군 관계 기사는 33권 중 제2권에서 '고조선의 건국 사실을 전하는 단군신화'라는 항목으로 겨우 5면을 차지할 정도였다. (《조선전사》 1991.)

그런데 1987년부터 강인숙이란 역사학자가 나타나서 단군신화가 후세에 조작된 것이 아니라 고조선 건국 당시에 이미 나온 신화로 그것은 역사적 사실을 반영한다고 주장한다. (단군신화의 형성시기, 『력사과학』 1987. 3호, 단군신화의 근사한 원형, 『력사과학』 1987. 4호. 단군신화와 력사, 『력사과학』 1988. 3, 4호.) 그러다가 1993년이 되면 단군 관계 논문이 15편이 나오더니 이듬해 27편, 또 그 이듬해 38편, 이렇게 해서 3년 동안 80편이 쏟아진다.

이들 논문을 개괄하면 다음과 같이 요약된다.

첫째 단군은 5011년 전의 실재인물이 틀림없고 둘째 단군이 세운 고조선은 우리나라 최초의 고대국가이며 셋째 오늘의 평양은 단군의

▲ 2019년 10월 3일 북한에서 진행된 개천절 행사에서 단군릉 앞 재단에 제수를 진설하고 향을 피우는 장면.

출생지이며 건국지이고 또 고조선의 수도이고 조선 민족의 발상지라는 것이다. 단군 관계 논문이 이렇게 양산된 것은 단군릉을 개축하면서 단군에 대한 신화를 벗겨내고 실재한 인물로 규정했기 때문이다. 누가 했는가? 바로 당시 통치자 김일성이다.

단군릉 발굴 시말

북한 공간자료에서 단군릉 발굴 기사는 1993년 10월 2일 사회과

▲ 김일성의 지시에 따라 평양시 강동군 문흥리 대박산 동남쪽 기슭에 예전부터 있던 고구려식 석실분을 발굴해 단군과 그 부인의 유골을 발견했다고 발표했다. 그 뒤 이 무덤에서 200m 위쪽에 높이 22m, 한 변 50m 크기의 거대한 규모로 단군릉을 개축하고, '고조선 평양설'의 근거로 삼았다.

학원 발표로 시작된다. 평양시 강동군 강동읍 대박산 동남쪽 경사면 기슭에서 고구려 양식의 돌칸흙무덤(石室封土墳)이 발견되어 발굴을 했더니 무덤에서 두 사람분의 남자 뼈와 여자 뼈가 나왔고 이를 '전자상자성공명법'이라는 첨단기술을 이용하여 측정했더니 5011년 전의 인골이란 결과를 얻었다고 했다.

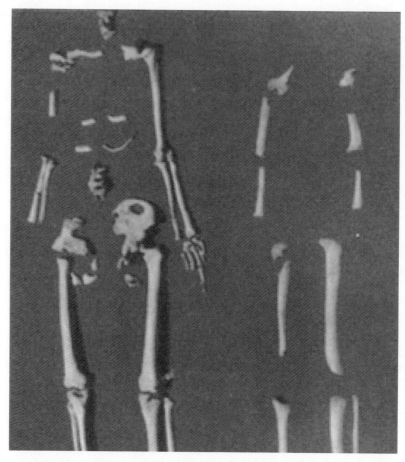

▲ 김일성의 지시에 따라 평양시 강동군 문흥리 대박산 동남쪽 기슭에 예전부터 있던 고구려식 석실분을 발굴해 단군과 그 부인의 유골을 발견했다고 발표했다. 이후 단군릉 발굴보고를 통해 단군릉 지역에서 두 사람분의 유골 86개가 발견되었는데 감정 결과 남녀 한 쌍의 유골이었다고 주장했다. 이 남자의 유골을 '전자상자성공명법'을 통해 2개의 전문기관에서 각각 24회, 30회씩 측정한 결과 그 연대가 정확히 5011년 전의 실존 인물이라고 밝히고 있으나 사계의 전문가나 고고학자들은 전자상자성공명법에는 오차가 존재하고 항상 같은 연도를 결코 정확하게 나타낼 수 없으므로 총합 54회의 결과에서 북한이 정확히 "5011년이라는 연대라고 결론을 내린 것"이 "오히려 조작의 증거라 볼 수 있다."라고 말하고 있다.

그것도 다른 두 개의 연구기관에서 현대적 측정기구로 각기 24회, 30회씩을 측정했는데 똑같이 5011년이라는 것이다. 여기에서 남자 뼈는 다름 아닌 단군의 유골이라고 단정한다.

이후 단군릉복구위원회가 구성되어 개축이 시작되었고 1994년 10월 11일에는 현장에서 단군릉 개축식을 갖는다. 단군릉 개축준공을 기념해서 학술발표회가 열리고 그해 12월에는 단군릉에서 단군제가 열린다. 제례는 남쪽의 대종교 관계자를 베이징에서 만나 단군 영정을 받고 전수받은 방식에 따라 진행된다. 그런데 이런 중요한 행사에 김일성은 참석을 못한다. 1993년 9월 27일 단군릉 개축을 시작하는 날에도 현장에 나왔고 당시 정무원 총리(강희원)를 공사 총책임자로 했지만 40여 차례나 현장을 찾았다는 김일성이 단군릉 개축 준공식에는 못 온 것이다. 그해 7월에 눈을 감았기 때문이다. 사실 단군릉 발굴과 개축에 김일성 관여는 깊숙했다. 1992년 12월 단군릉이 발견되었다는 보고를 받고 단군릉을 발굴하라는 지시도, 무덤에서 나온 인골을 두 번이나 측정하게 한 것도 김일성이고 단군 유골이 나온 무덤이 고구려 양식이란 것을 다른 방향으로 해석한 것도 그였다.

여기 김일성의 이러한 관심과 집념을 엿볼 수 있는 소설이 한 편 있다. 이 소설은 단군릉 발굴과 개축 시말(始末)을 담고 있는데 김일성이 등장하는 수령형상작품이라서 리얼리티가 어느 정도 담보된다. 어쩌면 공간자료에는 없는 내용을 더듬어 찾아낼 수도 있다. 소설은 당 창건 50돐 기념 전국문학작품축전에서 선정된 한익훈 작 〈2000년의 분출〉(조선문학, 1995. 8.)이다. (작품에는 김일성, 역사학자 강진국과 그의 딸, 강진국의 어릴 때 친구로 남미에서 살고있는 노인 하나가 등장한다. 강진국은 실제 인물의 모델인지는 불명이다.)

　김일성은 1993년 9월 초 어느 날 밤 단군릉 발굴 관련 보고자료를 읽고 있다. 작년 말 강동군 대박산에 단군릉이 있다는 역사학자들의 보고에 여간 기쁘지 않았는데 역사학자들은 여전히 신중한 표현을 하고 있다.

　"지금까지 고조선의 수도 왕검성이 료동지방에 있었을 것이라는 견해가 력사학계에서 주지의 사실로 되어왔으므로 그것을 단군릉으로 믿을만한 신빙성은 허약합니다……."

　김일성은 이 보고자료를 읽은 즉시 해당 부문 일군에게 "수천 년 동안 단군 무덤으로 믿어 온, 반만년 민족사와 관련된 그 귀중한 릉을 아직 발굴해보지도 않고 부정하는 것은 민족주체성의 견지에서 볼 때 매우 그릇된 립장"이라고 깨우쳐줬다. 그래서 지체없이 단군릉 발굴사업이 커다란 관심과 기대 속에서 진행된다. 관록 있는 고대역사학자 강진국 박사를 책임자로 한 발굴진이 보름간이나 힘들게 발굴한 결과가 지금 읽고 있는 이 자료인데, 자료는 이 무덤은 고구려 시기 어느 누구의 무덤으로밖에 볼 수 없다는 내용을 담고 있다. 왜냐면 무덤이 고구려 양식의 돌칸흙무덤이기 때문이다. 김일성은 "……민족 시조의 무덤으로 믿어온 릉에서 유골이 나온 것을 중시해야 한다. 그 유골이 누구의 것인가 하는 것만 확증되면 고구려 양식의 무덤이나 유물은 저절로 자기의 비밀을 드러낼 것이다."라고 생각하면서 밤 2시가 넘은 시간에 발굴책임자 강진국 박사를 부르고 밤

3시가 넘어서 만나는데 그 장면 묘사는 이렇다.

  강진국은 눈길을 떨구고 경련이나 인 듯 부들거리는 두 손으로 무
릎을 쓸었다.
  "수령님, 기대하신 대로 일이 잘되지 않아 죄송합니다."
  "아니, 아니 강진국 동무, 나는 동무를 나무람하자고 찾은 게 아닙
니다."
  그이께서는 손을 내저으시였다.
  "단군 발굴 결과가 너무 뜻밖이여서……그래서 사실 동무와 이야
기나 좀 나누고 싶어서 찾았습니다."
  "고맙습니다. 수령님!……그게 고구려 양식의 돌칸흙무덤만 아니라
해도 좋았겠는데……. "
  "역시 묘지 양식이 문제란 말이지요. 혹시 고구려 시기에 단군 묘
를 자기네 식으로 이개축했다고 볼 수도 있지 않겠습니까?"
  "? !……."
  강진국은 두 눈이 휘둥그레졌다.
  "내 생각에는 묘지 양식이나 유물도 물론 중요하지만 두 사람분의
뼈가 나온 것을 중시해야 한다고 생각합니다."

  이후 사회과학원 연대측정실에서 유골의 감정을 한 결과 5011년
이 나왔고 이를 김일성은 다른 연구기관에 다시 하도록 해서 같은 수
치를 강진국에게 확인시키는 전화까지 걸었다. 그리고는 전화상에서
김일성은 학자들이 단군조선의 수도 왕검성이 요동지방이고 단군도

거기서 묻혔는데 고구려 장수왕 때 지금의 평양으로 수도를 옮기면서 단군릉도 옮겨왔다고 믿는 것이 못마땅하다고 말한다. 그건 요동지방이 평양이 있는 서북조선보다 문화가 앞선 것으로 보는 사대주의 사관의 표현이고 나아가서 조선 민족의 존엄을 훼손시키는 그릇된 주장이기 때문이라고 지적한다. '고구려가 평양을 개척하기 위해서가 아니라 조상의 도읍을 찾아서 고조선의 수도였던 평양으로 돌아온 것으로 본다.'라는 것이다. 그리고는 '조금이라도 달리 이해되는 것이 있으면 허심탄회하게 의견을 나눠보자고 겸허하게 말씀하시였다.'라는데 어느 누가 감히 토를 달까?

"수령님, 지금 이 순간에 저는 위대한 주체사관의 립장에 서지 않으면 저희들 력사가들이 크나 작으나 아무 일도 치르지 못한다는 것을 절감하고 있습니다······. "

소설에서 강진국이 주체 사관 입장에 섰기 때문에 단군 문제가 해결되었다고 감격하는 장면이다. 강진국의 감격은 단군릉 복구현장에 김일성이 나타나던 날 절정에 달한다.

"민족사의 시원을 찾게 된 지금에 와서 나는 력사 앞에 자랑차게 말하고 싶다. 절세의 애국자이시며 민족의 영원한 태양이신 김일성동지는 명실공히 민족사의 뿌리를 찾아주신 우리 민족의 위대한 시원이시며 우리 인민은 단군을 원시조로 하는 긍지 높은 김일성민족이라고······

정녕 그렇다. 그이께서 불면불휴의 정력적이고 탐구적인 사색과 빛나는 예지, 과학적인 통찰력으로 슬기로운 민족사의 뿌리를 찾아주지 않으셨더라면 유구한 반만년 력사에서 2000년의 공백을 영영 메꾸지 못했을 것이다."

단군은 결국 김일성 뜻대로 신화의 주인공에서 국조이고 민족의 시조로까지 되고 만다. 또 우리 역사에서 잃어버린 2000년을 더 찾은 게 된다. 결국 역사 사실의 엄격한 규명에 앞서 김일성의 희망사고가 반영되고 만다. 그 희망사고는 소설에서 이렇게 표현된다.

"나는 혁명을 시작한 첫날부터 우리 민족의 넋이라고도 할수 있는 단군조선의 반만년 력사를 반드시 찾으리라고 결심했습니다. 그래서 조국광복회 창립선언에도 반만년의 유구한 력사를 가진 슬기로운 우리 인민임을 강조했고 해방후 애국가에도 반만년 오랜 력사라는 것을 꼭 밝히도록 했습니다."

소설이니까 허구적인 면도 있다. 강진국의 딸 이야기라든가 김일성과 강진국은 나이가 같고 1960년대 중반에 이미 황해도 어느 곳에서 만난 일도 있다든지 하는 이야기는 생략하지만 강진국의 친구 천홍세란 노인 이야기는 소개하기로 한다.

천홍세라는 사람은 남쪽 땅에 살다가 남미로 이주한 사람으로 단군을 신앙하는 대종교인데 최근에 와서 1년에 한 번씩 북한 땅을 몇 번 다녀갔다. 이 사람이 강진국에게 보낸 편지에서 한 말은 이렇다.

"단군 천황이시여, 순간이나마 기운을 내시여 이 세상에 부활하시라! 그래서 수천 년 세월 신화적 인물로 버림받아 오던 당신을 유구 반만년 력사의 원시조로 재생시켜주신 불세출의 위대한 민족의 태양이신 김일성 주석님께 감사의 절을 드려주소서!"

단군더러 절을 하라니 참으로 망발도 심하다.

맺는말

앞의 소설대로라면 김일성은 학자들의 연구결과를 보고만 받은 것이 아니라 선두에서 단군의 비非신화화 작업을 이끈 것이 된다. 실제 그러했을 것이다. 강진국이 감격하는 모습은 다른 북한 학자들 모습이기도 하다. 북한에서는 남쪽의 단군 찾기를 비난했지만 단군 존재 부인에서 오는 민족사 정통성 확보의 불리성을 인식하고 있었다. 그래서 단군의 상징성을 남쪽과 공유하거나 배타적으로 차지하겠다는 의도를 드러내면서 오래전부터 단군릉으로 알려졌던 것을 새삼 발견한 것처럼 복구한 것이다.

그런데 단군릉 복구 준공 행사를 비롯해서 개천절 행사에 남쪽 단군 관계 사람들과 학자들 초청이 몇 번 이뤄졌지만 김일성에게 영광 돌리는 동어반복만 들렸다. 당초부터 단군릉 발굴이 학문적 동기

와는 거리가 있었기 때문이다. 그래서 한국의 단군학자들은 북한에
서 단군은 김일성의 주체사관이란 프리즘을 통해야만 비로소 보인다
는 지적을 한다. 이는 단군 존재가 주체라는 내용을 담기 위한 형식
으로만 필요하다는 것이 된다. 북한이 진정으로 단군 존재를 인정하
려면 1997년 9월부터 사용하는 주체 연호 대신에 단군연호부터 받
아들여야 할 것이다. 그래야만 언젠가는 포용과 화합이라는 단군 정
신으로 공동 개천절 행사를 개최할 수 있을 것이다. ●

북한에서 한글 기리는 날은?

남북한은 다같이 한글을 기리는 날을 두고 있으나 날짜가 다르다. 한국에서는 10월 9일을 한글날로 기념하지만 북한에서는 1월 15일을 기념한다. 한국에서는 한글 반포를 기준으로 기념하고 북한에서는 만들어진 때를 기준으로 한다. 그래서 2023년 한글기념일은 577돌이고 훈민정음 창제 579돌이었다. 한글이라는 남북 공유의 글자를 두고도 같은 날에 기리지 못하고 있다. 창제와 반포가 엇갈리고 한글과 훈민정음이 갈린다. 북한에서는 한글이라 하지 않고 훈민정음이라고 부르면서 한글 기리는 날을 굳이 남쪽과 다르게 정해야 할 근거는 어디에 있으며 합당성은 있는가?

훈민정음 창제일

북한에서 한글을 기리는 첫 행사를 한 것은 1949년 1월 15일이다. 이날 훈민정음 창제 505주년 기념보고대회를 열었고 이를 시발로 해서 1954년에는 510주년 기념보고 대회, 1984년 540주년 기념보고대회를 열었고 2019년에는 575주년 행사를 했다. 매년 열지 않고 5년 10년 단위로 이른바 꺾어지는 해에만 기념행사를 열어온다. 행사는 인민대학습당에서 교육 · 문화 · 과학 · 출판 보도 분야 종사자들이 참석한 가운데 관계 당비서가 기념보고를 하고 참석자들은 연설을 한다. (북한에서 보고는 회의 전반의 문제를 알리는 것이 주가 되고 연설은 어느 한 부분에 대한 것만을 말하는 것이 기본이 된다. 《문화어학습》 1982. 제4호 p63.)

'꺾어지는 해'가 아닐 때는 행사 없이 기념 논설을 발표할 뿐이다. 행사가 있을 때 보고내용은 대체로 훈민정음이 창제되어 문화발전에 크게 기여했고, 그들 수령과 영도자가 언어생활에서 혁명적 기풍을 세워줬다고 말한다. 그리고는 "남조선에서는 민족문화의 창조수단인 우리말과 우리글을 없애버리기 위해 온갖 흉악한 책동을 다 하고 있다."라고 보탠다. 보고내용이나 연설에서 세종대왕이 한글을 창제했다는 언급은 없고 남한의 외래어 남용을 두고 '남이 사는 내 땅', '언어식민지'라는 비난을 해댄다. 글자를 기념하는 날이지만 언어생활에 대한 언급도 빠지 않는다. 어떻든 북한에서 1월 15일을 한글 창제일로 보는 것은 타당성이 있는가를 보자.

세종대왕이 훈민정음 창제를 끝낸 것은 세종 25년 음력 12월이다. 서기로는 1444년 1월이다. 그러나 날짜는 나오지 않으니까 15일은 임의의 날이 된다. 이 임의의 날은 광복 후 북한의 어문정책과 관련되어 나온 것으로 보인다. 북한에서는 1947년 2월 조선어문연구회

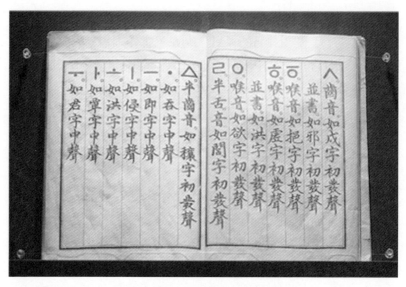

▲ 경기도 여주시 세종대왕역사문화관에 전시된 훈민정음 복제품.

라는 단체가 조직되는데 이 단체에서 김두봉(金枓奉)이 1948년 1월 9
일 '조선어철자법'을 발표하고 며칠 후인 1월 15일에는 이 단체 명의
로 '조선어 신철자법'이 발표된다. 그리고 이듬해 1월 15일 훈민정음
창제기념일이라고 기념행사를 열었다. 이를 볼 때 1월 15일은 조선어
신철자법이 발표된 것과 관련된 것으로 보인다. 이게 아니면 북한 공
산주의자들이 그들 최초의 출판물이라고 하는 청소년 신문 『새날』의
창간일(1928. 1. 15)에 맞춘 것이 아닐까 하는 추론도 가능하다.

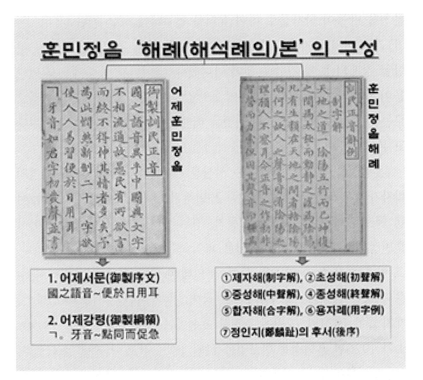

▲ 훈민정음 해례는 정인지·성삼문·신숙주·최항 등 여덟 명의 학자가 훈민정음이 완성된 세종 25년부터 햇수로 3년에 걸쳐 만들어 낸 책으로 훈민정음을 만든 동기, 경위, 글자설명 등이 들어있다.

창제냐 반포냐

세종대왕은 훈민정음이 글자 그대로 백성을 가르치는 바른 소리이기 때문에 완성을 하고도 신중을 기하려고 3년을 더 연구했다. 언문청을 만들어 학자들로 하여금 더욱 연구하게 하는 한편 《용비어천가》를 지어서 글자를 시험도 해봤다. 이걸 보면 완성보다 반포가 더 한글 창제의 뜻에 가까운 것이 아니겠나. 국어학자들 중에는 훈민정음이 완성되자 바로 사용단계에 들어갔다는 주장도 하지만 대체적으로는 훈민정음 해설서인 《훈민정음 해례본》 발간이 정식 반포가 된다고 본다.

　《훈민정음 해례》는 정인지 · 성삼문 · 신숙주 · 최항 등 여덟 명의 학자가 훈민정음이 완성된 세종 25년부터 햇수로 3년에 걸쳐 만들어낸 책으로 훈민정음을 만든 동기, 경위, 글자설명 등이 들어있어서 훈민정음 창제와 관련된 사실을 파악하는 데 결정적으로 중요하다. 그 반포는 세종 28년 9월 상한(상순)인데 한글날은 바로 이 9월 상순을 산정한 것이다. 국어학자이고 국어운동가이던 주시경(周時經)과 그 제자들이 1921년 12월에 조직한 조선어연구회(나중에 조선어학회, 한글학회로 개칭.)가 1926년 훈민정음 반포일을 11월 4일로 잡고 '가갸날'로 불렀다. 2년 뒤인 1928년부터는 한글날로 바꿔 불렀는데, 날짜도 처음 11월 4일에서 10월 29일을 거쳐 1940년부터는 10월 9일로 확정된다. 바로 이해 경북 안동에서 《훈민정음 해례본》이 발견돼서 음력 9월 상순의 마지막 날인 음력 9월 열흘을 양력으로 환산해서 얻어진 날짜였다. 《훈민정음 해례》는 국보 70호이고 유네스코 세계기록문화유산이다.

한글이냐 훈민정음이냐

광복 이후 북한에서도 우리 글자를 한때는 한글이라 불렀다. '문맹퇴치운동'을 벌이면서 각지에 세운 학교 이름도 한글학교라 했고 인민학교 국어 교과서에는 '한글을 가르쳐 준 은혜'라는 단원도 실려 있었다. 그러나 훈민정음 창제기념일이 제정된 이후로는 한글이라는 명칭은 잘 쓰이지 않았다. 한글이란 이름이 못마땅하다는 것이다. 그 이유를 북한학자 입으로 들어보자.

"우리 글자는 만들 때부터 이름을 가지고 있었고 창제자들이 단 글자의 정식이름은 '훈민정음' 또는 '언문'이었다. 줄여서 '정음'이라고도 했기에 훈민정음, 정음, 언문이 다 정식이름이다. 흔히 언문을 속된 이름으로 아는데 그냥 우리말, 보통말이란 뜻을 가졌다고 보겠다. 그러니까 훈민정음이나 언문이란 이름도 우리 글자를 자랑스럽게 여긴 데서 나온 것이다. 이렇게 창제자들이 붙인 이름과 달리 일부 어학자들은 조선문, 조선글자라고도 불렀는데 대외적으로는 훈민정음, 언문보다 더 알려졌다. 또한 국문, 국자, 국서라고 부르는 경우도 있었고 우리 글자의 부분적인 특성과 관련해서 어느 한 시기에만 부른 '반절', '한글'이란 이름도 있었다." (김인호, 우리 글자의 이름에 대한 력사적 고찰, 력사과학, 1999. 제2호.)

그러니까 한글은 어느 한 시기에만 불린 이름이고 부분적인 특성만 나타내는 이름일 뿐이라고 규정한다. 또 "본질적인 우수성이나 전반적인 특성, 조선 글자로서의 지위를 가리키지 못하는 이름이었다."라고 폄훼한다. 이런 사정에서 1945년 이후에는 잘 부르지 않는데 앞

으로는 '국호'와 관련되는 '조선글자'란 이름으로 부르기를 바라고 있
다. (앞의 글.)

훈민정음과 창제일을 내세우는 까닭은?

주시경이 길러 낸 후계자들 중 많은 사람이 남쪽에 남았지만 일부
는 분단 후, 또는 6.25 전쟁 중 북으로 넘어가는데 몇몇 사람을 들면
이극로(李克魯), 김병제(金炳濟), 정열모(鄭烈模), 유열(柳烈), 김수경(金壽卿) 등이
다.

앞에서 언급한 김두봉은 남에서 넘어간 것이 아니라 중국에서 활
동하다가 북한으로 바로 들어온다. 김두봉이 주시경의 제자였듯이
월북한 어학자들도 거의가 주시경 제자들로 조선어학회 회원들이었
고 이극로, 김병제는 광복 후 서울에서 조선말 큰사전(한글사전) 제1
권 편찬작업에도 참여했었다. 무엇보다 북한에서도 한글 문법은 한
국과 같은 형태주의 이론에 입각해 있다는 점을 보면 1월 15일을 창
제일로 정한 것은 학문적 배경이 아니라 정치적 사정이 작용한 결과
라고 볼 수밖에 없다. 김두봉은 이른바 '8월종파사건'으로 1958년 3
월에 숙청될 때까지 어학 분야에서 영향력을 행사했는데 김두봉의
정치적 입장이 남한의 한글날을 반대하게 한 것으로 보인다. (김두봉을 제
외한 사람들은 북한 백과사전에도 수록되어 있다.)

남북한 간 글자 이름이 한글이냐 훈민정음이냐 하는 것이나 그것
을 기리는 날이 다른 것도 문제다. 양쪽 주장을 정리해 보자.

첫째, 한글기념일을 반포기준으로 하느냐, 창제기준으로 하느냐의 문제다. 앞에서도 언급했듯이 세종대왕은 훈민정음이 글자 그대로 백성을 가르치는 바른 소리이기 때문에 완성을 하고도 신중을 기하려고 3년간을 연구기간으로 정하고 이 기간에 언문청을 두고 학자들이 한 층 더 연구에 매진하도록 하는 한편 《용비어천가》 같은 가사를 지어 글자를 시험도 했다. 이로 볼 때 완성 시기보다 반포 시기가 한글 창제의 뜻에 더 가깝다고 본다. 일부 학자들은 훈민정음은 완성되자 곧 사용단계에 들어갔다는 주장을 했다. 세종 때의 문신 최만리는 훈민정음 창제를 반대한 상소문에서 새로 만든 글이 전국에 급진적으로 보급되고 있다는 지적을 하는데 그 시기가 세종 25년 바로 글자가 완성되던 해였다. 그리고 세종 28년을 두고도 《훈민정음해례》가 완성된 해이지 훈민정음이 반포된 시기는 아닐 수 있다고 보기도 한다. (박병채, 한국문자발달사 1971.)

북한에서도 이런 발상에 근거해서 창제일을 기준으로 했는지 모르나 훈민정음 반포 이전이라도 부분적으로 배우고 연구할 수 있다는 것을 고려하지 못했다. 훈민정음이 완성되기도 전인 세종 24년 3월에 훈민정음으로 《용비어천가》를 엮으려고 자료수집을 한 사실을 보면 세종대왕은 훈민정음의 성가(聲價)를 한껏 높이기 위해 완성 전에 여러 가지 조처를 취한 것이라 볼 수 있다. 그 뒤 《훈민정음 해례》 발간으로 훈민정음은 반포가 된다고 봐야 할 것이다.

둘째, 북한에서는 훈민정음이 창제 당시에 정식으로 불린 이름이라고 말한다. 틀린 말은 아니다. 그러나 한글이란 이름도 훈민정음이란 뜻에서 그리 먼 것은 아니다. 한글은 큰 글이란 뜻이 내포된 훌륭한 글이란 이름이다. 한글은 주시경을 비롯한 국문 운동을 하던 선 각자들에 의해 널리 쓰였는데 이들 이전에도 1910년 6월에 이미 한 글이란 이름이 등장한다. 보성중학 친목회보인 『보중친목회보』(1910. 6) 나 아동잡지 『아이들 보이』(1913. 9)에도 한글이란 표현이 나온다.

한글이란 이름이 널리 쓰이기 시작한 것은 국문 운동자들이 조직 한 조선어연구회가 잡지를 내면서 〈한글〉이라 이름을 붙이고부터다. 이때부터는 훈민정음이란 이름보다 더 많이 쓰였다. 둘 다 뜻에서 차 이가 없지만 창제자들이 쓴 이름이 훈민정음이란 것뿐이다. 한국에 서는 민족 항일기에 한글을 지켜내려고 애쓴 조선어학회 회원들의 결정을 존중해서 그들 뜻대로 한글이라고 부른다. 한글에는 '백성을 깨우치게 하는 크고 위대한 글'이란 훈민정음의 뜻이 깊이 스며 있다.

셋째, 한글날 10월 9일은 우리글을 지키려고 애쓴 조선어학회 회 원들의 피나는 노력에 의해 태어났고 일제의 발악적인 우리말, 우리 글 말살 책동에도 불구하고 기념되어왔다. 이 뜻이 살아나서 광복 다 음 해인 1946년 10월 9일 서울 덕수궁에서 한글날 500돌 기념행사 가 열렸고 이후 한글날이 대통령령으로 정해지면서 공휴일이 된다. 1990년 이후 경제난 극복을 이유로 한때 공휴일에서 제외되었으나 1999년 3월 다시 공휴일로 지정하고 전 국민적 기념행사를 하고 있 다. 그러나 북한에서는 꺾어지는 해에 띄엄띄엄 기념보고회를 열고 있을 뿐이다. 최근에는 기념논설문도 뜸하다. (최근 북한에서는 훈민정음이나 창제일 대신에 조선글, 조선글날이라고 한 것도 보이지만 공식적인 것이 아닌 것으로 보인다.)

넷째, 훈민정음 창제에 대해 북한에서는 세종대왕의 업적을 높이 평가하지 않는다. 물론 세종의 공로를 전적으로 부인하지는 않지만 훈민정음 제정의 무게를 백성들, 인민에 두려는 모습이 확인된다. 한글이 나오기 전에도 신지글자를 비롯한 가림토글자, 한자를 이용한 이두문자, 구결 등이 있었고 이런 글자들이 한글을 창제하는데 밑거름이 되었다고 본다. (유열, 신지글자는 우리 민족글자의 자랑스러운 원시조 글자이다. 《문화어학습》 1994년 제2호.)

한글이 우수한 글자라고 평가하지만 이처럼 이전의 글자를 참고도 했고 세종대왕이 혼자 만든 것이 아니라 많은 학자들과 일반 인민들이 힘을 합쳤다는 것을 강조한다. 이런 관점을 반영하는 북한소설이 하나 있다. 2002년에 나온 〈훈민정음〉(박춘명)이란 작품인데 사육신의 한 사람인 성삼문이 주인공이다. 그가 왕의 뜻을 받들어 난관을 헤치고 글자 창제에 골몰할 때 한 시골 노인이 선조들이 만든 옛 글자가 있는데, 소리 내는 사람의 입 모양을 본따서 만들었다고 했다. 이 말대로 소리 나는 입 모양을 따라 글자를 만들기로 해서 완성했다는 내용이다. 소설에서 성삼문은 훈민정음 창제를 반대하는 입장에 선 하위지에게 이런 말도 한다. "평범한 백성들이 우리의 참된 스승이었다."라고. 결국 인민들 속에서 진리를 찾아야 한다는 메시지를 주려는 것이다.

참고로 2000년대 한국에서 나온 한글 관련 소설은 〈뿌리 깊은 나무〉(이정명), 〈정의공주〉(한소진)가 있는데, 〈정의공주〉는 세종의 둘째 딸인 정의공주가 우리말의 변음과 토착 현상, 다시 말해서 음이 지역에 따라 바뀌는 현상과 그대로 살아있는 현상을 알아내서 훈민정음 창제에 큰 기여를 했다는 것을 줄거리로 한다. 한글이나 세종 관련 소설에서 눈여겨볼 일이 있다. 최근 조 메노스키라는 미국 작가가

〈킹 세종 더 그레이트〉란 소설작품을 한글과 영문으로 발간해서 주
목을 끄는데, 한글의 정밀함에 매료되고 세종의 천재성을 널리 알리
고 싶은 동기에서 작품을 썼다니 경의를 표할 일이다.

맺는말

한글 창제 이전에도 신지(神誌) 글자, 가림토 글자가 있었다는 기록
은 있다. 그러나 그런 글자들이 한글 창제에 얼마나 도움이 되었는지
는 아직 정확하게 밝혀지지는 않았다. 지구상에는 말은 있어도 글자
가 없는 민족도 많은데 우리는 세계의 많은 언어학자들이 찬사를 보
내는 한글을 갖고 있다. 훈민정음 창제 후 정인지는 우리 글자로 바람
소리, 학 울음소리, 닭 우는 소리, 개 짖는 소리도 표현할 수 있다면서
얼마나 좋아했던가! 세종대왕의 애민정신과 주시경 같은 분들의 희
생적인 노력을 생각한다면 한글을 기리는 날이라도 통일되어야 마땅
하다. 그것이 민족항일기에 우리 말과 글을 지키려고 애썼던 애국적
인 한글학자들에 대한 보답이다. ●

북한으로 간 조선왕조실록

2020년 7월부터 9월까지 중앙박물관에서 열린 '새 보물 납시었네' 전에서 조선왕조실록 중 귀중 판본도 선보여 눈길을 끌었다. 조선왕조실록(朝鮮王朝實錄)은 한국의 국보다. 유네스코 세계기록문화유산이기도 하다. 한국에는 실록 2개 판본이 있다. 북한에도 1개 판본이 있는데 "리조실록"이라 부른다. 그 '리조실록'은 6.25 때 서울에서 가져갔다. "오늘 우리가 가지고 있는《리조실록》은 〈조국해방전쟁〉 시기에 남조선에서 가져온 것이다."(조선대백과사전 8권 p226.)라고 밝히고 있다. 처음에는 서울에서 가져왔다고 말하지 않았다. 자기들이 가지고 있는 실록은 임진왜란 때 전주에서 묘향산 불영대로 옮긴 것이라고 주장했다. 그러다가 실록 번역작업이 어느 정도 진척되자 백과사전 번역사업을 주관한 홍기문(사회과학원 원장.)이 남쪽에서 가져왔다고 밝힌다. 전화의 위험에 빠진 실록을 평양으로 옮겨왔다는 것이다. (『력사과학』, 1978년 제86호.) 자신감의 반영이라 보겠다.

▲ 《조선왕조실록(朝鮮王朝實錄)》은 조선 시대 역대 임금들의 실록을 통칭하는 국보로 1997년 유네스코 세계기록문화유산으로 등재되어 있다.

북한으로의 이동 시말

6.25 남침 얼마 뒤 김일성이 교육부문의 권위있는 역사학자들을 최고사령부로 소집했다. "……리조실록을 구출하기 위하여 동무들을 서울로 파견하려고 합니다. ……민족의 귀중한 재보를 우리 공산주의자들이 구원하지 않고 누가 구원하겠습니까. 어떤 일이 있어도 꼭 구출하여 와야 하겠습니다."라는 김일성의 훈시를 들은 뒤 이들은 서울로 떠났다. 전선 사령관에게는 최고사령부 명령서가 내려갔고 서울주둔 부대 지휘관에게는 '력사학자들의 편의를 최대한 보장'해 주라

는 구출 호위 보장을 지시했다. (박동진, 리조실록이 빛을 보기까지, 1987. 8.)

역사학자들이 서울에 도착했더니 '리조실록'은 흙먼지 속에서 나뒹굴고 있었고 "리승만 도당이 헌 휴지처럼 내 던지고 도망간 것을 한 책 한 책 주어 모으고 먼지를 털어 군용자동차에 정성껏 담아 실었다."라는 것이다. 이렇게 가져온 것을 평양 외곽 어느 농촌에 보관하겠다니까 김일성이 "리조실록이 주인들의 손에 들어온 이상 잘 관리 보관하여야 한다."라면서 최고사령부 안에 안전하게 보관하도록 지시한다. (박동진, 위의 글.) 이것이 7월 어느 날이었고 비밀리에 간직되던 실록을 뒤에 김일성대학으로 옮기고 1958년 9월에는 전시회를 열어 주민들에게 관람도 시켰다.

반출이냐 탈취냐

조선왕조실록은 조선 시대 역사를 날짜 순서에 따라 편년체로 기록한 책이다. 실록은 사관들의 기록인 사초를 기본으로 하여 각 관청의 기록과 개인기록까지 대조하면서 편찬했기에 신빙성도 높고 그 규모도 다른 나라의 역사기록 책보다 방대하다. 역사학자뿐 아니라 인문학 분야 연구자나 자연과학 학자에게도 아주 중요한 기본 자료가 된다. 이러니 분단 후 이걸 볼 수 없었던 북한 학자들에게는 얼마나 필요한 존재였을까. 그래서 6.25 이전에도 남쪽에서 실록을 가져가려는 기도를 한 일도 있는데 이 중심에 월북한 경제사학자 백남운이 있었다. 백남운(白南雲)은 《조선사회경제사》(1933) 같은 책을 낸 마르

크스 경제사학자로 연희전문 교수였다. 광복 후 서울에서 조선학술
원을 세우고 정치활동도 하다가 1947년 월북해서 교육상, 과학원 원
장을 역임했다. 1949년 11월 26일 자 도하 일간지에는 서울 창경원
장서각에서 《리조실록》를 빼냈다가 잡힌 기사가 실렸는데, 그 범인
이 백남운의 비서라는 내용이었다. 그 비서는 실록을 훔치기 위해 남
하했고 이를 북쪽으로 가져가려다가 체포됐고 실록도 다 회수했다는
내용이었다. (일설에는 백남운이 훔치라는 지령을 내리고 월북했다고 한다.)

어떻든 6.25 나던 해 7월에 서울에 있던 조선왕조실록 한 질은 북
으로 갔다. 실록이 흙먼지 속에 나뒹굴고 있어서 가져온 것이 당연하
다는데 그럼 이렇게 만든 원인 제공자는 누구인가! 전쟁 중에 상대방
물건을 빼앗는 것을 탈취고 노획이라고 한다면 이건 탈취나 노획이
다. 법적으로는 약탈이다. 동일 조상의 유산을 가져간 것이니까 반출
이라 해도 된다고 할는지 모르지만 빼앗아 간 것은 틀림없다. 김일성
은 이 실록을 두고 주인 손에 들어왔다는 말을 하는데 그럼 남쪽 학
자들은 실록이 없어도 되는 사람들인가?

북으로 간 실록의 판본은?

조선왕조실록은 1413년(태종13)에 처음 간행된 이래 임진왜란 이전
에는 4질이 네 곳의 사고에 보관되어 있었다. 한양, 충주, 성주, 전주
였다. 왜란이 일어나자 전주 한 곳의 실록만 구출되고 다른 3곳 실록
은 다 불타버렸다. 전주사고 실록은 전쟁 나던 해 6월 왜군이 금산에

침입했다는 소식을 듣고 태인 선비 안의(安義)와 손홍록(孫弘祿) 등이 가솔들을 거느리고 정읍 내장산 용굴암으로, 비래암으로 피난시켰다. 50여 궤짝이라 한다. 애써 잘 지켜낸 다음 이듬해 7월 관청에 이관한다. 이 실록은 아산에서 해주, 강화, 안주를 거쳐 영변까지 갔다가 실록 재간행 때는 강화 마니산에 와 있었다. 이 실록이 재간행(1603~1606년.)되는 4질(신간본 3질, 교정본 1질.) 실록의 원본이 된다. 원본은 마니산(나중에 정족산.)에 두고 다시 춘추관(한양), 오대산(평창), 태백산(봉화), 묘향산(영변)에 사고를 짓고 보관하는데 보관을 잘하려고 수호사찰을 정하고 지키는 승군(僧軍)도 뒀다. 그 수호사찰은 전등사(정족산 사고), 월정사(오대산 사고), 각화사(태백산 사고), 안국사(적상산 사고)이다. 안국사는 묘향산에 있던 실록을 적상산으로 옮겼을 때 수호사찰이다. 이렇게 보관에 애쓰는데도 중간에 춘추관본과 오대산본은 없어진다.

춘추관본은 1624년 이괄의 난 때 불타버리고 오대산본은 경술국치 후 일제에 의해 동경대학으로 갔다가 1923년 9월 관동대지진 때 불타버리는데 화재에서 남은 책 47책이 2006년에 한국에 반환됐다. 마니산에 보관되던 원본은 뒤에 강화 정족산으로 옮겼다가 총독부를 거쳐 경성대학, 서울대학교 규장각으로 옮겨졌다. 태백산본도 원본처럼 총독부를 거쳐 광복 후 서울대학에 보관돼 오다가 지금은 국가기록원에 이관돼 있다. 묘향산에 있던 것은 후금 침략에 대비하여 무주 적상산으로 옮겼다가 일제 때 창경궁 장서각으로 옮겨졌다. (장서각 도서는 현재 한국학중앙연구원에 소장돼 있다.) 이것이 북한으로 간 실록이다. 다시 간행된 후 실록이 이동하는 과정은 다음과 같다.

1603~	1606~	1624~	1633~	1678~	1910 이후~	1930~	1945~	1950 이후~	현재
춘추관(신간) →		소실							
마니산(원본) →				정족산 →	총독부 →	경성대학 →	서울대(규장각) →		서울대(규장각)
태백산(신간) →					총독부 →	경성대학 →	서울대(규장각) →		국가기록원
묘향산(신간) →			적상산 →		장서각			북한	
오대산(교정) →					동경대학 →	소실			

▲ 재간행된 조선왕조실록의 이동 과정

실록 번역작업

북한에서 실록 번역이 결정된 것은 1958년이다. 9월 하순에 열린 과학전람회에 《리조실록》이 전시됐고 이를 본 김일성이 영인본 출간과 번역을 지시했다. 전문가를 위해서는 영인본을 만들고 일반 대중을 위해서는 번역을 하라고 하면서 번역집단을 친히 조직해 줬고 이렇게 하라, 저렇게 하라는 '교시'도 십여 차례나 줬다.

실제 착수는 1970년 10월이고 번역작업은 1981년 말까지 이어졌다(일설에는 1982년 4월). 제1책은 1975년 10월 출간됐고 1991년 12월 말까지 400책이 간행된다. 1975년과 1976년 두 해 동안 11책이 출간되는 것을 보면 대단한 노력을 기울였음을 짐작할 수 있다. 아마도 번역

가능 인력의 감소를 우려하고 서둘렀거나 한국을 의식한 것일 수도 있겠다. (한국은 1993년 총 413책을 완간했다.)

북한에서의 번역작업에는 당연히 김일성, 김정일의 관여가 컸다. 북한 문헌에 따르면 김일성은 번역을 할 때 기계적으로 번역하느냐, 현대적 미감에 맞게 번역하느냐는 문제에서도 원문대로 하라고 결정해 줬다. 실록이 양반사대부들이 집필했기 때문에 봉건 군주인 왕을 우상화하고 봉건제도를 절대화해서 인민 대중의 투쟁이나 역할을 왜곡했다고 보고, 내용 중에서 빼야 한다는 의견도 만만치 않았는데, 수령이 그대로 번역하라고 말했다는 것이다. 그래서 번역원칙은 역사주의적 태도를 견지하면서 원문 그대로 번역하고 사람들이 알 수 있도록 쉬운 말로 번역하는 것으로 되었다.

그 결과로 실록번역본은 한자를 병기하지 않고 주석까지 원문에 풀어썼다. 용어도 풀어쓰기 어려운 것은 그대로 두지만 우리 말로 바꿀 수 있는 것은 바꿨다. 과거, 판서 같은 용어는 그대로지만 군적은 군사등록대장, 홍패는 붉은 색깔의 합격증, 경차관(京差官)은 임금이 파견한 관리라고 바꿨다. 번역 예문 한 가지를 보면 한국 번역본에서 "진무소(鎭撫所)로 하여금 명부를 대조 점고(點考)하여 성기(省記)를 계문하게 하고……"가 북한번역본에서는 "진무소에서 이름을 대조하여 검열하게 할 것이며 그것을 간단한 문건으로 만들어 임금에게 보고할 것입니다."로 되어있다. (임승표, 남북한 국역조선왕조실록 체재·내용 비교, 민족문화 제17집, 민족문화추진회, 1994. 12.)

북한의 이러한 번역은 한자를 모르는 사람이 읽기에는 편리하지만 인명, 지명, 관직명조차 한자 병기가 없으니 원문대조를 하지 않고는 이해가 어려운 면도 있다.

번역범위도 한국과는 다르다. 한국에서는 번역을 태백산 사고본 태조부터 철종까지 25대 472년의 기록을 번역범위로 삼았는데 북한은 적상산본 태조에서 철종까지 외에 《고종실록》(1863. 12.~1907.), 《순종실록》(1907. 7.~1910. 8.)도 포함했다. 그래서 1302년부터 1910년까지 27대 519년(180,000여 일.)을 포괄한다. 한국에서는 고종, 순종시대 실록이 일제에 의해 왜곡과 허위로 기록된 것이 많다고 제외한다.

김정일도 번역작업에 관심을 갖고 필요한 조건들을 풀어 줬다는 데 번역과 교열을 한 학자들 이름을 밝히도록 조처를 했다. 실제로 제1책에서 제11책까지는 번역자가 리조실록번역연구실 이름으로 돼 있고 12책부터 100책까지는 교열자 홍기문만 명시돼 있는 데 반해 101책부터 400책까지는 번역자, 교열자 이름과 학위, 직위가 모두 밝혀져 있다. 총책임 홍기문(원사 · 박사 · 교수.), 번역자 강영선 외 59명, 교열자 김사억 등 22명, 심사자 김형천 등 6명, 교정자 김정선 외 24명, 편집자 14명, 편성 및 발행자 10명 등 총 138명의 이름이 명기되어 있다.

맺음말

조선왕조실록은 유네스코가 기록문화유산으로 등재한 세계적인 문화유산이 되었다. 분단 후 실록이 없던 북한학계에서는 당연히 욕심낼 대상이었기에 남쪽에서 가져가려고 기도했고 기어이 가져갔다.

북한이 가져간 실록이 무주 적상산본이므로 2007년 무주군민들은 그 실록 반환운동을 벌리기도 했다. 지금 그 적상산본은 국보 취급을 받으면서 '국가문서고'에 소장돼 있다. 어디에 있던 잘만 있으면 된다. 북한이 불길 속에 내팽개쳐 있어서 실록을 가져왔다고 하는 것은 가증스럽기도 하다. 주인의 양해 없이 가져간 것이니 반출이기보다 탈취다. 하지만 탈취든, 반출이든 간에 그것을 번역해 낸 것은 민족문화사의 기여라고 평가해야 한다. 남북한의 실록 번역사업은 사업주체, 작업내용(번역대상, 번역범위, 번역원칙, 체재.)이 다르다. 언젠가는 남북한 학자들이 힘을 합쳐서 각기 번역한 실록에서 장점과 결함들을 찾아내고 장점은 살리고 결함은 고치는 일을 함께해야 할 것이다. ●

북한의 대동여지도 평가

2021년은 고산자 김정호(金正浩)가 1861년 《대동여지도》(大東輿地圖)를 만든 지 160주년이 되는 해다. 이를 기념해서 한국조폐공사에서는 국립중앙박물관 · 국토지리정보원 · 서울대학교 규장각으로부터 자료를 제공 받아 기념 메달(금·은·동)을 제작했다. 10년 전 150주년 때는 한국의 관련 3개 학회가 연합해서 대동여지도를 조명하는 학술행사를 크게 열었다. 이때 북한에서도 기념 학술발표회 개최는 확인되지 않지만 기념 우표를 발행한 것으로 알려졌다. 1961년 100주년 때는 기념행사도 열었다.

《대동여지도》는 현재 국내외를 통틀어서 27점(목판본) 정도가 남은 것으로 파악되는데 이 중 3점은 나라에서 정한 보물로 되어있다. 2023년 3월 대동여지도 1점이 일본에서 환수되는데, 이 지도는 지도 목판본에 대동여지도 이전의 동여도 내용이 보태어진 희귀본이다. 그런데 이 지도를 만든 김정호에 대해서는 생몰년이라든가 태어

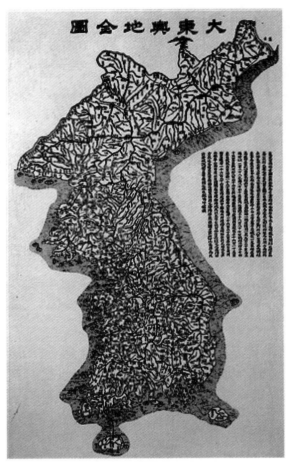

▲ 고산자 김정호(金正浩)가 1861년에 만든 《대동여지도》(大東輿地圖)

난 곳이 아직오리무중이다. 한국에서는 출생년도를 1804년으로 보
는 견해도 있지만 확정되지는 않는다. 북한에서는 1800년대 초로 하

▲ 대동여지도 목판은 162,000분의 1축척(縮尺)에 22첩으로 나누어진 분첩절첩식 지도이다.

지만 사망 연도는 1864년이다. 이해는 그가 감옥에 갇힌 해다. 김정
호의 생몰년이 이렇게 된 것은 그가 양반 가문 출신이 아니었고 지도
제작에 대한 당시의 미약한 인식 때문일지 모른다.

대동여지도의 내용과 가치

김정호는 《대동여지도》를 만들기 전에 먼저 중국사람이 만든 《지
구전후도》를 판각했고 뒤이어 《청구도》를 만들었다. 《청구도》는

1834년 필사본으로 나왔는데 지도뿐 아니라 지역의 지지(地誌) 사항도 포함했다. 그리고는 27년 뒤 혼자 힘으로 《대동여지도》를 만들어 냈다. 대동여지도는 16만2천분의 1축척(縮尺)에 22첩으로 나눠진 분첩절첩식(分帖折疊式) 지도다. 분첩절첩식은 지도를 첩(帖)으로 나누고 각 첩을 접고 포갤 수 있게 한 것을 말한다. 한 첩은 가로 약 20cm, 세로 약 30cm로 이 안에 동서 80리, 남북 120리를 표시했으며 22첩을 연결해서 펼치면 가로 약 3.8m, 세로 약 6.7m에 이르는 우리나라 전체 모습이 된다. 지도에는 산, 산맥, 강, 바다, 섬, 마을이 나타나고 행정구역과 역참 · 성터 · 장터 · 목장 등 1만 2,000여 개 지명이 나타난다.

《대동여지도》는 또 그 전에 나온 지도와는 달리 설명식 기록을 없애고 지도내용을 범례로 표시했다는 점에서 보기가 편하다. 이 지도를 만들기 전에 《지구전후도》를 판각했다고 했는데 이 과정에서 경위도를 따지는 서양식 지도제작원리를 익혔다고 본다. 알려지기는 전국을 3번이나 돌고 백두산에도 몇 번이나 올랐다고 전해지지만 이는 사실이 아닐 수 있다. 그때의 교통이나 경제 사정으로 봐서 그렇게 하는 게 쉽지가 않기 때문이다. 추정 가능한 것은 현지답사를 기본으로 하되 그때까지 나온 지도를 기초로 해서 보충, 수정한 것이라고 본다. 그래서 실측지도가 아니라는 주장도 있다. (배우성, 대동여지도 연구의 쟁점과 과제, 한국과학사학회지 28권1호, 2006.)

그리고 완성된 지도를 당시 조정에 바쳤더니 그 자세함에 놀라서 나라 기밀을 누설할 우려가 있다고 해서 판각을 압수해서 불태워버렸다는 이야기도 전하는데 이점도 실제와는 다르다고 본다. 왜냐하면 실제로 목판으로 된 판각이 남아있고 지도도 남아있기 때문이다.

《대동여지도》는 경도와 위도를 사용한 현대지도와 비교해 봐도 별 차이가 없다. 동서를 재는 경도상 위치가 좀 다르다. 전체적으로 봤을 때 한반도 북부 중강진(현재 북한행정구역상 자강도 중강군.) 부근과 동해안 울진 부근에서 차이가 난다. 중강진 부근은 북쪽으로 치우쳐 있고 울진 부근과 울릉도가 남쪽으로 쳐져 있다. 이렇게 된 데는 우리나라 산맥이 남북으로 뻗어 있어서 길도 동서로 나기 어려워서 동서 거리 측정이 어려웠기 때문이라고 본다. 이 부분 외에는 현재 우리가 사용하는 지도와도 차이가 없을 정도로 정확하다는 평가를 받는다. 전통적인 지도제작 방법대로 했으면서도 오늘날의 우리나라 지도와 거의 근사하다는 것은 이 지도의 가치를 말해준다.

북한에서 대동여지도는?

북한에서는 김정호를 지리지도학자라고 부르면서 태어난 해는 미상이지만 죽은 해는 1864년으로 못 박는다. 이 해는 그가 감옥에 갇힌 해다. 감옥에서 해를 못 넘기고 옥사했다고 본 것이다. 출생지는 황해도이고 서울에서 자랐다고 소개한다. 지도를 만들기 위해 조선 8도를 답사했고 백두산에도 두 번 올랐다고 말한다. 두 번 오른 근거는 밝히지 않지만 자료들마다 거의 일치되게 두 번이라고 언급한다. 한국에서는 생몰년 미상이고 백두산 등정이 몇 번인지 정확히 모른다는 견해와는 달리한다. 북한에서는 앞에서 밝혔듯이 1961년 12월

에 《대동여지도》 발간 100주년 기념행사도 열었다. 행사는 12월 20
일 저녁 2.8문화회관에서 열렸고 하앙천(당 과학부장), 백남운(최고인민회의 부위
원장), 강영창(과학원 원장) 등 학계 종사자들이 참가한 가운데 과학원 지질
및 지리학연구소 박태훈(1906. 9~1991. 5) 교수가 보고했다.

내용은 이렇다.

"김정호는 당시의 부패한 위정자들과 량반, 부자들로부터 갖은 모
해와 박해를 받으면서도 이에 굴하지 않고 수차 백두산에 올라 산맥
의 분파를 측정하였으며 전국 8개 도의 도시와 산야 등 방방곡곡을
탐사 측정한 기초 우에서 단독으로 대규모 조선지도 작성에 착수하
였다. 그는 온갖 난관에도 꺾이지 않고 27년간 꾸준히 지도 작성에
모든 정력과 지혜를 바치여 1861년 드디여 정밀한 《대동여지도》를
판각 간행하였다."(『로동신문』 1961. 12. 21. 3면.)

보고내용을 소개한 『로동신문』 기사는 "이 지도는 그 기술의 높
은 수준과 정확성 그리고 33㎡에 달하는 규모의 방대성으로 보아 세
계 문화보물고에 크게 기여한 과학기술적 유산으로 된다."면서 이런
훌륭한 문화유산이 노동당 시대에 와서야 정당한 가치를 인정받게
되었으며 19세기 중엽의 우리나라 정치, 경제, 문화, 역사, 군사 연구
에도 이 지도가 커다란 의의를 갖는 유산이라고 지적하면서 끝을 맺
었다. 『로동신문』의 이 기사 이후에도 신문과 잡지들에서 《대동여지
도》 관련 기사가 산견되는데 내용은 100주년 기념 때의 보고내용과
거의가 일치한다. (『로동신문』 1987. 11. 8. 4면, 2012. 1. 15 5면, 민주조선 2015. 5. 12. 4면, 천리마
1984. 5호, 2009. 8호, 2012. 7호, 2018. 5호, 민족문화유산 2000. 제2호.)

신문, 잡지들뿐 아니라 북한의 관찬 사서인 《조선전사》(사회과학원 역사

연구소.)나 《조선지리소편람》 같은 책들에도 거의 같은 내용이다. 《대동여지도》 내용의 풍부성과 과학성을 지적하는 서술내용 일색이다. 다만 관찬 사서와 달리 잡지기사에서는 김정호를 좀 더 열렬한 애국자로 색다르게 묘사하는데, 눈에 띄는 내용들은 대체로 이렇다.

김정호가 황해도 사람이란 것, 평민 출신이란 것, 아버지도 군인이었고 그도 하급군인이었다는 것이다. 그가 군인으로 있을 때 "지도가 있어야 나라를 튼튼히 지킬 수 있고 부흥발전 시킬 수 있다"라는 생각에 그는 직접 지리학을 연구하여 나라에 도움 주려는 뜻을 품었다는 것, 그때부터 가정생활과 담을 쌓고 《택리지》며 《동국지도》 같은 지리책, 중국 지리학책을 연구했고 직접 지도를 만들게 되었다는 것이다. 김정호 본인뿐 아니라 남편 잃고 집에 와있던 딸도 기름장사, 광주리장사를 하면서 경비를 보태고 지도 판각 작업을 도왔다는 것, 김정호는 백두산뿐 아니라 한라산에도 올라갔다는 것, 그리고 이용희라는 사람이 대원군에게 《대동여지도》를 바쳤다는 것이다. (『천리마』 1984년 제5호, 2018년 5월호.)

그렇다면 여기서 언급된 이용희는 누구인가?

이 자료에는 김정호의 서당 친구로 밝히고 있는데, 아마도 무신 이용희(李容熙 1811~?)를 말하는 것이 아닐까 싶다. 이용희는 프랑스군이 천주교 탄압에 보복한다고 강화도를 침범한 병인양요(1866) 때 중군장으로 전투에 참가했고 뒤에 형조판서가 된 사람이다. 김정호에 대해서 북한에서 가장 눈에 띄게 내세우는 것이 평민 출신이란 부분이다. 이런 평민 출신이지만 서당에 다녔을 때 이용희나 실학자 최한기(1803~1879)도 친구가 되었던 것 같다. 최한기는 김정호가 《청구도》를 만들었을 때 서문을 써 준 사이로 친구라고 표현할 정도로 친분이 두 터웠다.

김정호의 위대성 상찬이나 《대동여지도》의 가치성에 대한 평가는 남북한이 대동소이하다. 하지만 세부적으로 다르게 보는 쟁점도 있다. 북한에서 백두산 등정을 두 번이라고 못 박은 점은 쟁점이다. 대한지리학회는 2001년 《대동여지도》와 관련된 백두산 등정 횟수 등 과장된 이야기들을 근거가 없는 낭설이라고 분석하기도 했다.

백두산 등정에 대해서는 김정호 시대 이후 최남선이 첫 발설자다. 최남선은 김정호 생애를 소개하는 글을 일제 때 신문에 게재하면서 7번이라 했다. (『동아일보』 1925. 10. 8~9.)

3년 뒤 다른 잡지 『별건곤』에서는 "세 번인지 네 번인지 올라갔었다고 하더라"로 바뀌었고 조선총독부가 펴낸 《조선어독본》(1934)에서 8번으로 부풀려졌다. (배우성, 앞의 글.)

김정호는 《대동여지도》를 3년 뒤 다시 출판하면서 《대동지지》(大東地志)라는 지리서도 냈다. 이를 보면 북한에서 말하듯이 지리지도학자가 맞다. 그래서 《대동여지도》를 말할 때는 이 지도 자체, 그리고 지도를 만든 김정호 그리고 조선 8도 지지를 집대성한 지리서, 《대동지지》를 포괄해서 언급하게 된다.

맺는말

19세기 말 고종의 외교자문을 지낸 조지 클레이턴 포크(1856~1893)

는 미국의 해군 장교로 우리나라에 처음 왔을 때 《대동여지도》를 들고 여행을 했다. 여행계획을 세울 때부터 지도를 보면서 여행대상지를 선정했는데, 그는 44일 동안 공주 · 전주 ·나주 · 부산 · 충주를 거치는 1448km를 가마를 타고 다녔는데 그의 기록에는 《대동여지도》가 아주 정확했다고 기록했다. (『조선일보』 2021. 3. 4.) 그가 그때 가지고 다녔던 그 지도는 현재 미국지리협회 도서관에 소장되어 있다.

《대동여지도》를 아주 가치 있는 문화유산으로 보는 점에서는 북한도 다를 바 없다. 각급 교과서에 소개 글도 있고 또 수시로 신문이나 잡지에 《대동여지도》나 김정호 기사를 싣고 있다. 또 학문적 연구도 게을리하지 않을 것이다. 지도 발간 100주년 행사 때 당 과학담당 비서가 참석한 것을 보면 지도의 가치를 높이 평가한 것이다. 광복 후 한국에서 발간된 학교 교과서에 가장 많이 등장하는 인물은 네 사람이라고 한다. 세종대왕, 이순신, 김정호, 안창호 순이다. 북한에서도 이순신과 김정호에 대해서는 높이 평가하는데 김정호를 더 앞세운다.

남북한 간에는 김정호, 그의 지도와 저서를 보는 데서 미세한 차이가 있기도 하다. 쟁점이나 과제도 있다. 쟁점이나 미궁인 과제를 해소하는 노력은 남북한 달리하기도 하겠지만 함께 하면 더 나을 수도 있을 것이다. 이런 의미에서 3년 전 9월 제3차 남북정상회담 때 남쪽에서 서울대학교 규장각에 있는 《대동여지도》 복제본 1점을 선물한 것은 교류의 가교(架橋)일 수도 있겠다. 북한에도 《조선전도》 · 《조선팔역도》 · 《동여도》 같은 고지도가 김일성대 도서관 또는 인민대학습당에 소장되어 있는 것으로 알려지지만 《대동여지도》는 없다고 본 것 같다.

김정호가 간난신고를 겪으면서 만든 《대동여지도》는 진정 자랑할 만한 남북한 공유의 문화유산이다. 광고인 박웅현은 최근 《대동여지도》를 비롯해서 수원화성, 조선왕조의궤, 백제금동대향로 등 우리나라 12대 문화유산을 21세기 스타일로 영상물 광고로 만들어 냈다. 이런 일도 향후 남북한 전체 문화유산을 대상으로 할 날도 있을 것이다.

《대동여지도》 150주년을 기념하는 학술대회에서 기조 논문을 발표한 양보경 교수는 세계 경제력 10위권의 한국에서 고산자기념관이나 고지도 박물관이 없다면서 말한다.

"김정호는 무엇을 위해 그리도 열정적으로 지도를 연구하고, 만들고 지리지를 수집하고 편찬했는가. 김정호의 추구한 가치는 무엇이었는가, 우리에게 무엇을 이야기하고자 하였는지 고지도박물관에서 상상하고 토론할 날을 기대해 본다."라고 했다. (양보경, 대동여지도, 역사에서 미래로, 150주년 기념 종합학술대회 기조 논문, 2011. 10.)

그렇다. 이런 날, 이런 자리에 남북한 학자들이 함께하면 더 뜻이 있겠다. ●

북한의 민족고전 보전과 번역

1992년 5월 김일성이 개성을 방문했을 때 한 노인이 숨겨오던 자기 집안 족보를 내놨다. 이 노인은 왕명찬이란 사람인데, 그가 내놓은 책은 군데군데 불에 탄 흔적이 있었다. 그 이유를 묻자 자기 아들이 불태워 없애려는 바람에 일부가 훼손되었다고 했다. 아들은 족보 책이 사회주의 시대에 역행하는 것이라고 없애려 하고 아버지는 집안 대대로 가보로 내려온 것이라 만류한 정황을 간파할 수 있다. 이 책은 2001년 북한에서 국보로 지정되었는데 바로 《고려성원록》(1798년 간행.)이란 책으로 왕씨 집안 족보라지만 한 집안의 족보가 아니었다.

《고려성원록》은 이듬해인 2002년 5월 한국에서도 발견되었다. 고려사 전공의 김기덕 교수(건국대)가 왕씨중앙종친회 관계자로부터 확인한 것으로 목판본 126쪽 분량의 한지로 된 《고려성원록》(高麗聖源錄)이다.

▲ 고려성원록은 고려 시대에 편찬되었던 고려 왕조에 관한 역사책으로 이 책은 원본이 현전하지 않는다. 저자·편찬연도·권수·체재·내용 등이 모두 미상이다.

이 책에는 왕씨 본손(本孫)만 기록된 것이 아니라 여계(女系), 즉 외손까지 기록한 것이 특징이다. 이 책에 수록된 왕씨가문과 외손들은 고려의 귀족이란 점에서 당시 시대상을 파악하는데 귀중하다. 그래서 이 책을 국보급 자료라고 평가했다. 김 교수는 북한에서 국보로 지정한 책이 필사본이 아닌 것을 보고 목판본이라면 필시 남쪽에도 있을 수 있는 것으로 보고 찾으려고 했다고 한다. 이 책이 북한에서 국보로 되었다는 책과 동일 판본인지의 여부도 주목된다.

《고려성원록》 같은 고서(古書) 또는 고전적(古典籍)에는 후세의 본보기가 되는 내용이 담겨있기도 해서 나라의 문화재로 여겨진다. (문화재란 명칭은 2022년부터 국가유산이란 이름으로 바뀌었다.) 이런 고전을 잘 보관하고 활용하는 것은 나라의 문화발전에 큰 기여를 한다. 북한에서도 고전을 잘 관리하고 활용하는 문제에 역대 통치자들이 관심을 보였으며 '민족고전'이란 이름으로 수집, 발굴하고 해석과 번역을 하고 있다. 그 모습 속으로 들어가 본다.

인류역사상 처음이라는 민족고전학

민족고전은 과거 우리 선조들이 쓴 책이나 기록들이다. 민족고전은 문자로 기록되어 전해오는 모든 서사자료(敍事資料)를 포괄한다. 우리가 민족문화유산이라고 말하는 것들 중에는 유적도 있고 유물도 있지만 고전은 문자로 기록된 것이므로 문헌이나 비석들이 대상이 된다. 이런 대상들에는 역사기록도 있고 문학작품도 있으며 사람들

의 생활과 경험을 단편적으로 기록해 둔 것도 있다. 구체적으로 보면
《삼국사기》나 《조선왕조실록》 같은 역사 고전이 있고 《춘향전》·《심
청전》·《홍길동전》 같은 문학 고전도 있고 《동의보감》이나 《의방류
취》 같은 의학 고전도 있다. 이같이 문자로 기록되어 전해 오는 이런
모든 대상들을 연구하는 것을 북한에서는 《민족고전학》이라 하고 사
회과학의 한 분야로 친다. 그런데 민족고전학은 선대통치자 두 사람
이 연구대상을 확정해 주고 방법론적 지침까지 마련해 준 인류역사
상 처음인 학문이란다.

▲ 북한 김일성종합대학출판사가 편찬한 증보문헌비고(增補文獻備考). 이 민족고전은 상고 때
부터 한말에 이르기까지의 우리 민족의 문물제도를 총망라하여 분류 정리한 책이다.

"위대한 수령님께서와 경애하는 장군님께서는 지난날 인류가 창조한 문화유산을 '고서', '고적'이라고 통속적으로 불러오던 것을 그것이 민족의 투쟁력사, 창조의 력사가 깃들어 있는 귀중한 재보라는 데로부터 민족고전이라는 학술적 개념으로 정식화해 주시였으며 민족고전 분야의 학문적 특성에 기초하여 그 연구대상을 확정해 주시고 민족고전학의 사명과 그 방법론적 지침을 마련해 주시였다. 이리하여 인류력사에서 처음으로 민족고전학이라는 새로운 학문이 출현하게 되었다." (《조선대백과사전》, 18권.)

이 언급에서 '민족고전'이란 말은 선대통치자 두 사람이 학술개념으로 정식화해줬고 '민족고전학'이란 학문도 이 두 사람이 마련한 것이 된다. 하나의 학문을 통치자들이 마련한 것으로는 세상에 처음이란 말이겠지만, 자랑할 게 많다는 북한에서 학자들이 할 일을 통치자가 직접 했다는 사실 또 하나를 보태게 된다. 통치자가 마련한 민족고전학이 실제로 민족고전을 잘 관리하고 잘 살려 주민을 정신적으로 살찌우고 있는가?

민족고전 발굴과 보전

북한에서 민족고전을 수집하고 발굴하는 일은 일찍부터 시작되었다. 정권이 수립도 되기 전인 1948년 7월 김일성은 인민위원회 위원장 자격으로 북조선인민위원회 교육국 부국장에게 역사, 지리, 문학을 비롯한 여러 부문의 귀중한 도서와 자료들을 수집하는 사업을 벌이도록 지시했다. 사들이기도 하고 해설을 잘해서 희사받는 방법도 있다는 말도 했다. 이리하여 북한에서는 도서기증운동이 전 군중적으로 벌어졌다. 고전발굴사업은 주로 각도에 설치된 역사박물관이나 도서관을 통해 이뤄졌는데, 중앙도서관은 6.25 전까지 수천 권을 수집했고 1954년에는 전쟁 전보다 1만여 권이 더 늘어났으며, 1963년이 되면 고전 도서가 수십만 부에 이르러 고전 열람실을 따로 설치했다고 한다. 그 뒤 1982년 4월 인민대학습당이 개관되면서 고전서고를 별도로 설치했다.

이런 수집, 발굴사업을 뒷받침하는 규정이나 법률을 만들고 기구를 설치했다. '조선민주주의인민공화국 문화유물보호법'(1994. 4.)이라든가 과학원에 고전편찬위원회를 둔다든가(1956. 3.), 고전들의 복사와 필사를 잘할 수 있게 하는 조처(1965. 7.) 등이 이뤄졌고 각 도서관에 소장된 고전자료를 분류, 체계화한 《도서연합목록》을 펴내기도 했다. 이런 수집발굴과 보전관리에서 가장 큰 성과로 두 가지를 내세우는데, 그 하나는 6. 25전쟁 중에 《리조실록》을 확보한 것이고 다른 하나는 묘향산에 《팔만대장경》을 보전하기 위한 보존고를 세운 일을 친다. 여기에서 《리조실록》을 확보했다는 것은 서울에서 실록을 가져왔다는 것을 말한다. (『북한』지 2021년 2월호 본란 참조.)

《팔만대장경》 보존고는 김일성 지시(1981. 4.)로 형식이 독특하고 내부시설이 현대적으로 꾸며진 영구시설로 1983년 묘향산에 세워졌고 김일성은 아르곤가스를 넣어 보관하라는 말까지 했다.

민족고전의 해제와 국역

민족고전 해제(解題)는 1960년대 초부터 시작되었다. 과학원고전연구소가 1963년 고전해제 대상으로 995종을 선정했고 이 가운데서 약 800종을 대상으로 해제가 이뤄졌다. 그 결과물은 1965년《조선고전해제》(사회과학원 고전연구소 문헌연구실 편찬, 사회과학출판사 발행.)라는 이름으로 1, 2권이 출간되었다. 이 범위는 천문·수학·농업·기술·의약·지리·역사·군사·어학·문예·철학·서지 등 모든 분야를 망라했다.《팔만대장경》은 별도로 해제돼서 25권으로 출판되었다.《팔만대장경》은 불교 교리와 고승들 전기 등 불교를 절대화하는 내용이 많지만 우리 선조들의 높은 출판 인쇄 기술을 보여주는 귀중한 문화유산이라서 해제한다고 했다.

민족고전의 번역사업도 일찍부터 시작되었다. 김일성은 전쟁 중이던 1952년 8월 역사학자 김석형(金錫亨)에게《동국병감(東國兵鑑)》이란 책을 번역하라고 책 이름을 찍어줬다. 이에 따라 번역된 것이 1955년 출간되었다. 이후 1960년대 중반까지《삼국사기》·《삼국유사》·《고려사》·《농가집성》·《반계수록》·《목민심서》·《화성성역의궤》 등이 우리말로 번역되었다. 뒤이어《리조실록》·《택리지》·《신증동국여지승람》·《동의보감》 등도 번역되었다.

《삼국사기》와《삼국유사》 번역은 1950년대에 시작되었다.《삼국사기》는 1958년 6월과 1959년 8월 과학원 고전연구실 번역, 편찬으로 상하 두 권으로 간행되었다. 원문이 수록되어 있다.《삼국사기》 해제에서 편찬자 김부식이 고구려와 백제의 사료가 거의 인멸된 조건에서 중국기록들을 이용한 것이라든가 왕을 거서간(居西干), 차차웅(次次雄), 이사금(尼師今) 등의 신라 방언으로 쓴 것을 긍정적으로 평가하기도 했으나 신라를 정통으로 본다든가 지배계급의 이념에 부합되게 서술해서 인민의 생활 모습을 알기 어렵게 했다는 등의 결함을 지적했다.

《삼국유사》는 1960년 1월 이상호 번역으로 과학원출판사에서 간행되었다. 번역자는 책을 해제하면서 고조선을 통일된 단일민족국가의 최고 기원으로 규정한 것, 《삼국사기》처럼 유교적 도식주의에서 벗어난 것이 사료적 가치를 높인다는 평가를 했다. 그러나 신라 중심, 불교 중심의 '유사'로 평가받을 정도로 편향된 기술을 한 것은 결함이라고 했다. 《리조실록》, 즉 《조선왕조실록》은 번역이 결정된 것은 1958년이지만 실제 착수는 1970년 10월이고 번역이 끝난 것은 1981년 12월이었다. 번역과정에 제1책이 1975년 10월에 발간되었고 1991년 12월 말까지 400책이 발행된다. 《고려사》도 1962년부터 1965년 사이에 번역이 이뤄져서 사회과학원 고전연구실에서 11권으로 발간된다. 고려가 외적을 물리친 역사 내용들이 김종서, 정인지 등 편찬자들의 사대주의 사상 때문에 왜곡된 부분이 있다고 지적했다. 《택리지》는 1964년 과학원출판사에서 국판 230면으로 발간되었다. 이 책을 두고는 자료나열 식이던 종래의 지리책들과는 달리 내용과 형식에서 지리학적 이론을 가졌고 근대 인문지리의 선구가 된다고 높게 평가했다. 다만 역사 사실의 왜곡이 보이고 풍수지리에 기초한 분석에서 잘못된 부분이 보인다는 지적을 하고 있다.

민족고전의 번역원칙

민족고전에는 오직 과거의 것만이 있을 뿐 현대의 것은 없다. 이런 특성 때문에 민족고전에는 낡은 사회의 계급이나 계층의 이해관계를 반영하는 내용이 들어가 있다. 그래서 계급적 제한성과 시대적 제한성을 잘 알아서 반드시 비판적으로 이어받아야 한다고 강조되었다. 그것은 역사주의적 원칙과 현대성의 원칙이다. (《김정일선집》 증보판 16권 p161.)

역사주의 원칙은 고전작품에 그려진 지난날의 생활을 당대의 사회역사적 환경 속에서 구체적으로 보고 원전이 담고 있는 사상 내용과 예술적 형식을 그대로 살려내는 것을 의미한다고 한다. 현대성의 원칙은 해당 민족고전을 오늘의 시대적 요구와 인민대중의 사상감정, 미학적 견해에 맞게 만든다는 것이다. (《민족고전학 개론》, 사회과학출판사, 2015. p210.)

가령 《심청전》에서 심청이가 연꽃 속에서 다시 살아나오고 왕비로 되는 것은 현실적으로 긍정할 수 없다. 그렇지만 심청전 이야기가 사람들의 사랑을 받으면서 전해지는 것은 그 당시 사람들의 슬픔과 기쁨, 희망과 염원이 담겨있기 때문이다. 그러므로 심청전 이야기는 중세 말기 우리나라 사회현실과 당시 사람들의 형편, 염원과 요구를 구체적으로 파악해야 이해된다는 것이다.

그래서 수령들이 가르쳐 준 민족고전 번역원칙은 원문을 그대로 번역하는 것, 알기 쉽게 번역하는 것 두 가지다. 원문을 그대로 번역하는 것은 내용을 보태지고 덜지도 말고 그대로 정확히 옮겨 놓는 것이다. 번역과정에서 어떤 내용을 빼거나 새로 넣는다는 것은 원전과는 다른 것으로 만드는 것이 된다. 내용에서 부정적인 내용이 있다고 하여 그것을 빼고 번역하거나 없던 자료를 새로 넣어 번역한다면 원전보다 더 좋은 것으로 될 수도 있지만 원전 자체를 아무 쓸모 없는 것으로 만드는 결과를 가져온다고 본다. 결국 원문 그대로 번역하는 것이 역사주의적 원칙을 구현하는 것이 된다.

다음으로 알기 쉽게 번역한다는 것은 누구나 다 보고 정확히 이해하도록 만든다는 것이다. 번역된 내용이 인민 대중이 이해할 수 있도록 만들자면 그것을 사람들이 늘 쓰는 말로 옮겨 놓아야 한다. 어휘도 한자어휘를 그대로 두고 번역하는 것이 아니라 쉬운 우리 입말로 풀어줘야 한다고 강조한다. 말하자면 직역이 아니라 의역을 하는 것이 현대성의 원칙에도 맞다는 주장이다. (앞의 책 pp210~212.)

이런 원칙에 따라 문학고전의 경우 작품 제목도 쉬운 말로 바꾸기도 한다. 가령 김시습(1435~1493)의 한문소설에서 《이생규장전》(李生窺墻傳)은 《리생과 최랑의 사랑》으로, 《만복사저포기》(萬福寺樗蒲記)는 《만복사의 윷놀이》, 《취유부벽정기》(醉遊浮碧亭記)는 《부벽정의 달맞이》로 고쳐진다. 또 《용궁부연록》(龍宮赴宴錄)은 《룡궁의 상량잔치》, 《남염부주지》(南炎浮洲志)는 《남염부주 이야기》가 된다. 임제(1549~1587)의 작품에서도 《수성지》(愁城誌)는 《시름에 쌓인 성》으로 고쳐진다.

한문 투 제목을 우리말로 바꾼 것이 긍정적일까? 한자음을 단순히 한글로 바꾼 것이 아니라 작품의 내용에 따라 우리말로 표현하려한 것이므로 작품에 따라서는 적절할 수도 있을 것이다. 그리고 쉽게 우리 입말로 풀었으니 북한 주민들이 민족고전에 쉽게 접근할 수 있어서 긍정적일 수는 있겠다.

맺는말

북한의 고전 발굴과 수집은 광복 직후부터 시작되었고 해제 및 번역은 1950년대부터 시작되었다. 《삼국사기》, 《삼국유사》 같은 중요한 고전들은 1960년대 중반까지 우리말로 많이 번역되었다. 이런 국역에는 월북, 납북학자들의 참여가 컸다. 홍기문, 김석형, 박시형, 이만규, 손영종 등이 그들이다. 그리고 이들에 의해 양성된 새 학자들이 오늘의 북한 고전국역의 주역이 되고 있다. 여기에는 고전의 중요성을 인식한 통치자의 안목(?)도 한몫한 것이라 볼 수 있다. 북한에서는 김일성, 김정일에 이어 김정은 현 통치자도 고전번역에 관심을 갖는 언급을 한다.

"민족고전학 부문에서는 중요민족고전들에 대한 번역편찬사업을 빨리 끝내여 우리 인민의 값높은 향유물로, 나라의 재보로 되게 할 높은 목표를 내세우고 힘있게 밀고 나가야 합니다." (2012. 12. 1.)

'민족고전'은 남북한에서 지금도 발굴되고 번역되고 있다. 무술도보 책인 《무예도보통지》가 평안도 어느 곳에서 발견되어 유네스코 세계기록문화유산에 등재되기도 하고 한국고전번역원에서는 세계 최대 분량의 사료라고 보는 《승정원일기》를 인공지능(AI) 번역기로 번역하는 작업도 하고 있다. 고전의 한글 번역사업 같은 것은 '역사주의 원칙'이니 '현대성의 원칙'이니 하는 북한의 번역방침에도 불구하고 향후 남북한이 서로 가르쳐 주고 배우기로 한다면 협력할 수 있는 좋은 교류협력대상이 될 수도 있다. 이 과정에서 북한에서는 〈동동〉이란 고려가요를 왜 고구려 가요라고 하는지, 이두가 왜 신라가 아닌 고구려에서 처음 사용되었다고 주장하는지 등등의 수많은 논란거리들을 토의하고 확인할 수 있을 것이다. ●

북한에서의 민속놀이

쉬는 날 명절날 어깨성 쌓고 앉아
민속오락 우리 장기 승벽내기 신나네
장훈이야 멍훈이야 종횡무진 묘한 수
배심있게 겨루는 우리 장기 제일일세

〈우리 장기 제일일세〉라는 제목의 노래 가사 1절이다. 어깨와 어깨
를 맞대고 성처럼 빙 둘러싸고 장기구경을 하는데 서로 지지 않으려
고 기를 쓰는 모습을 드러내는 작품이다. 그런데 눈길을 끄는 표현이
'장훈이야, 멍훈이야'다. '장군아! 멍군아!'가 아니다. 언제부터인가
북한에서는 장군, 멍군 대신에 '장훈, 멍훈' 하면서 장기를 둔다. 어
떻게 된 걸까. '장훈아'라고 외쳐도 상대방을 호통치면서 몰아붙이는
재미가 날까? 북한에서 민족 명절이라는 설날에 어른들은 장기를 두

▲ 북한에서도 민속 명절인 설날이 다가오면 거리에 플래카드를 내걸고 어른들은 장기를 두거나 윷놀이를 하고 어린이들은 김일성광장에서 제기차기 팽이치기 널뛰기 등으로 설날을 즐겁게 보낸다.

거나 윷놀이를 하고 어린이들은 광장에서 제기차기, 팽이치기, 연날리기를 하는 광경을 본다. 이런 전승놀이는 세시풍속을 반영하는 놀이로 한마디로 민속놀이다. 우리나라 민속놀이는 설날에서 보름까지 전체의 절반 이상이 행해진다고 한다.

설날의 북한 민속놀이

이제 장훈과 멍훈의 말 풀이를 알아보자. 장훈은 '장기놀이에서 장군을 이르는 말', 멍훈은 '장기놀이에서 멍군을 달리 이르는 말'(조선말대사전)이다. 그럼 장군, 멍군은 없어진 말이 되었는가? 그렇지는 않다. 사전에 장군도 있고 멍군도 있다. 그런데도 실제로 장기들 둘 때는 장군 멍군은 피한다. 왜일까? 짐작하겠거니와 장군아! 하고 외치면 어떻게 되나? 장군으로 불리는 그들 수령을 호통치는 불경을 범하게 될 것 아닐까? 그래서 북한사람들은 '장훈!' 하던가, '장이야', '포장이야' 한다. 그래서 장기판 외통수일 때도 '통장훈'이라 한다. "언제나 련전련승의 기적과 승리의 통장훈을 부르는 김정일……"(조선중앙통신 2017. 7. 28. 화성14 2차 발사 보도.)에서 보듯이 외통수로 몰아칠 때 통장훈을 외친다.

▲ 북한에서 장기는 아주 대중적이어서 굳이 명절이 아니라도 공원의 나무 밑 또는 역전 광장 등에서 빙 둘러앉아 내기 장기를 두는 주민들을 쉽게 볼 수 있다.

▲ 북한의 장기는 남쪽의 장기판과는 조금 다르다.

북한에서 장기는 대중적이어서 공원이나 거리에서 장기 두는 모습
은 흔하다. 설 명절에는 직장대항 장기시합도 한다. 설 명절에 바둑
을 두는 사람도 있겠지만 상대적으로 장기가 더 선호된다. 장기가 전
투마당을 본 따서 전투서열대로 16개 말을 가지고 노는 전투적 놀이
라고 보기 때문에 주민들이 좋아한다고 한다. 『천리마』같은 대중잡
지에는 매호마다 장기 묘수풀이가 실리고 있다. 장기는 나라에서 육
성하는 국기(國技)라고까지 말하는데, 인민체육대회에도 장기부문이
있고 4살 때부터 뒀다는 장기영웅도 있다. 장기놀이 내용이나 방식은
남쪽이나 같은데 장기판은 가로 70cm, 세로 60cm로 남쪽보다 크

고 장기 말도 크다. 장기 말 글자는 한글이다. 한(漢), 초(楚)가 아니라
한은 왕, 초는 궁으로 쓴다.

북한에는 군사장기란 것도 있다. 군사장기는 무기 이름으로 된 장
기 말을 가지고 승부를 가르는데 그 이름은 비행기, 포, 고사포, 땅크
(탱크), 지뢰, 어뢰정, 구축함, 잠수함, 전투함, 수뢰, 공병, 군기 등 12가
지다.

말들의 기능은 이렇다.

공병은 지뢰를 잡고 비행기는 땅크를 잡고 전투함은 구축함을 잡
는다. 포는 땅크를 잡고 땅크는 고사포를 잡고 고사포는 비행기를 잡
는 방식으로 둔다. 적(상대방)의 군기를 잡든가 나머지 말들을 다 잡으
면 이긴 것이 된다.

북한에서 바둑은 양반들이 한가롭게 하던 놀이라는 인식이 있고
상대적으로 시간도 많이 잡아먹는다고 기피되던 오락이었다. 그러다
가 1989년 되어서야 바둑협회가 설립되고 이듬해 1990년 5월 전 지
역 바둑대회가 열리게 되고 1991년 평양바둑원이 설립되고 1993년
부터는 지방에도 바둑협회가 조직되고 1995년부터는 전문기사에 해
당하는 '완전선수제'가 실시되고 있다. 그리고 국제바둑협회에도 가
입하고 국제대회에 출전도 하게 된다. 이 과정에서 바둑을 등한시 한
이유를 이렇게 밝힌다. 장기알은 나무를 깎으면 되지만 바둑은 바둑
판을 만드는 것도 정교해야 하고 돌도 곱게 연마해야 했기에 널리 보
급되지 못했다는 것이다. 그래도 지금은 바둑 인구도 3만 명은 넘어
간다. 장기나 바둑이 다 삼국시대부터 즐겨오던 지능겨루기 놀이고
오락이지만 북한에서는 민족체육이라 해서 체육 단체에 속하게 하고

▲ 북한은 1989년 바둑협회가 설립되고 이듬해인 1990년 5월 전 지역 바둑대회가 열렸다. 1991년에는 평양바둑원이 설립되고 1993년부터는 지방에도 바둑협회가 조직되어 바둑을 배우는 어린이와 학생층 전문기사들도 늘어나고 있다.

있다. 민족체육의 범위와 민속놀이 내용을 보자.

민족체육과 민속놀이

북한에서 민족체육은 크게 7가지를 든다. 태권도, 조선씨름, 널뛰기, 그네뛰기, 바둑, 조선장기 그리고 민속놀이다. 왜 민족체육인가? 각 민족이 고유한 오랜 역사적 전통을 가진 체육이라서 민족체육이

다. 태권도는 우리나라에서 태어난 것으로 국제공인이 되었지만 씨름
이나 장기는 다른 나라에도 있기에 조선씨름, 조선장기라고 한다.

태권도는 전통무예인 수박희(手搏戲)나 택견(태껸)에서 발전된 것이지
만 전 세계인이 사랑하는 스포츠가 되었다. 김정일도 한마디 했다.
"태권도는 우리 민족의 기상과 넋이 깃들어 있는 고유한 운동입니
다." 그래서 무술운동으로 아주 중시한다. 태권도가 세계적인 스포츠
가 되고 올림픽 종목이 된 것은 사실상 한국이 주축이 된 세계태권
도연맹(WTF)의 노력 결과다. 북한은 국제태권도연맹(ITF)의 평양식 태권
도를 하면서도 태권도 인기에 편승한다. 그러나 품새나 경기규칙에서
는 서울식 태권도와는 많이 다르다.

▲ 북한의 민족체육 7개 종목 중의 하나인 조선씨름은 출전 선수들이 윗도리 셔츠를 입고 경기
를 하는 것이 남쪽과는 다르다.

씨름은 고구려를 세운 주몽이 부족의 족장으로 있을 때 했다는 기록이 있을 정도로 오래된 운동이다. 고구려 고분벽화에도 씨름장면이 있고 신라 화랑도 무예로 씨름을 연마했고 고려 때도 어떤 왕은 씨름경기를 친히 관람했으며 조선 시대에는 대중화돼서 누구나 어디서나 하는 놀이가 되었다. 일본 강점기 때인 1927년 9월 제1회 전 조선 씨름대회가 열린 것을 비롯해서 일제 탄압으로 중단된 1941년까지 여러 종류의 전국 규모 씨름대회가 있었다. 분단 후에도 남북한에서 각각으로 씨름대회는 열렸다.

씨름은 유네스코 인류무형문화유산이 되었다. 남북한이 공동으로 신청해서 승인된 것이다. 신청은 북한이 먼저였다. 북한은 2015년에 신청했고 한국은 그다음 해인 2016년 3월에 별도로 신청했다. 북한 신청내용은 정치용어가 들어가고 엘리트 체육 위주라는 점 때문에 보류되었는데, 2017년 3월에 다시 신청했다. 결국 양쪽이 경쟁을 하는 모양세가 돼서 유네스코 측은 공동 등재방안을 권유했다. 남쪽은 받아들였지만 북쪽이 반대했다. 그러다가 2018년 유네스코가 적극적으로 북한을 설득해서 극적으로 이뤄졌다. 당초 따로 신청한 것을 공동신청으로 처리한 것은 예외적인 것이었다.

그러나 실제로 남북한 씨름은 다른 부분이 많다. 경기장, 경기복장, 경기규칙에서 다르다. 남쪽에서는 모래판, 북쪽에서는 매트, 남쪽에서는 상체를 드러내고 북쪽은 상의를 입는다. 시합은 남북이 다 오른쪽 다리에 샅바를 매는 왼씨름을 하는데도 경기규칙은 조금씩은 다르다. 이런 규칙문제는 협의를 통해 통일시킬 수도 있기는 하다.

▲ 설 명절날 고운 한복 차림으로 김일성광장에서 널뛰기를 즐기는 북한 소녀들의 모습.

널뛰기는 설날 놀이고 그네뛰기는 단오날 놀이지만 북한에서는 체육 종목으로 장려되니까 수시로 열리기도 한다. 그네뛰기는《고려사》에 단오 풍속으로 등장할 정도로 오랜 전승놀이고 남쪽에서는 1970년대까지 경복궁에서 5월 그네뛰기대회도 열었다. 강릉 단오제, 밀양 아랑제, 남원 춘향제에서 열리는 그네뛰기대회가 유명했다. 널뛰기는 "처녀 때 널을 뛰지 않으면 시집가서 아기를 낳지 못한다."는 속설이 있고 널뛰기 노래도 지방마다 있을 정도로 성행하던 놀이다. 북한에서 그네뛰기나 널뛰기는 명절 때 인기를 끌면서 행해진다. 참가자들 높이 오르기는 그네나 널뛰기 다 곡예사 수준이다.

민속놀이는 "인민들 속에서 창조되고 계승발전되어 온 전통적인 민간놀이"라고 정의되듯이 전통놀이다. 민속놀이 역시 민족체육으로 분류되지만 오락적 요소가 더 크다. 북한에서 민속놀이는 26종을 정리하고 있다. 고누·고리던지기놀이·공기놀이·공 던져 맞히기·공 안고 달리기·공차기 놀이·공치고 달리기·꼬리잡기·다리씨름·돌가위보·말 차기·말 타고 모자 벗기기·망차기·무릎싸움놀이·바람개비놀이·바줄당기기·발목대고 달리기·보물찾기·사람 찾아 달리기·숨박꼭질·연뛰우기·윷놀이·제기차기·줄넘기·팔씨름·팽이치기 등이다.

이 가운데는 돌가위보, 연띄우기, 바줄당기기, 무릎싸움놀이처럼 남쪽과 표현이 다른 것도 있고 공 안고 달리기, 공차기놀이, 보물찾기, 사람 찾아 달리기처럼 전통시대 민속놀이일까 의문 나는 것도 있다.

가위바위보는 북한에서 언제부터 돌가위보가 되었을까? 가위바위보 유래는 중국, 인도, 이집트가 있지만 미상이고 우리나라에는 일제 때 들어왔는데 아동문학가 윤석중이 가위바위보로 명명한 것으로 알려진다. 그게 북한에서는 1960년대 문화어운동을 벌이면서 지금처럼 바꾼 것으로 추정된다. 돌, 가위, 보라는 순서는 일본의 잔껜보, 중국의 젠다오 스터우 부 순서와 같다는 것이다. 세계가위바위보협회가 있어서 매년 가위바위보 국제대회도 개최한다고 한다.

▲ 북한에서는 1960년대 문화어운동을 벌이면서 어린이들의 가위바위보 놀이를 지금처럼 《돌가보》 또는 《돌가위보》로 바꾼 것으로 추정된다.

가위바위보는 하나의 놀이지만 그것은 나라 사이 힘의 논리와 관계되는 의미도 갖는다. 이어령 교수의 〈가위바위보 문명론〉을 보면 주먹과 보자기만 있는 서구식 이항대립 논리로는 중국이 내세우는 중화주의나 일본이 주장했던 대동아주의가 오늘날에도 나올 수밖에 없다고 한다. 중화대국주의 중국의 보자기와 경제대국을 지향하는 일본의 주먹 사이에서 한반도는 가위가 돼 상생의 순환고리 역할을 해야 한다고 말한다. 그래서 한반도 통일은 동북아시아 발전과 조화를 위해서 절대적으로 필요하다는 것이다.

윷놀이는 백제 저포(樗蒲)라는 놀이가 발전된 것으로 추정한다. 대체로 가족 단위로 하지만 북한에서는 넓은 공간에서 단체시합을 한다. 직장대항이나 지역 단위 근로자대회도 연다. 이런 단체시합에서는 대형 윷판에 윷가치도 크고 윷말은 물건이 아니라 사람 10명이다. 한쪽에 일고여덟 살쯤 되는 소년 소녀들 10명이 윷가치를 던질 때마다 들락날락한다. 3동을 합칠 때는 세 사람이 윷판에 들어간다.

▲ 《동국여지승람》에 줄다리기는 "풍년을 비는 농경의식에서 비롯되었거나 두 나라 사이 전쟁에서 유래됐다."라고 전해오는 민속놀이로 북한에서는 '바줄당기기'라는 이름으로 남쪽과 놀이명칭을 달리한다.

바줄당기기(줄다리기)는 풍년을 비는 농경의식에서 비롯되었거나 두 나라 사이 전쟁에서 유래됐다고 조선조 초 기록인 《동국여지승람》에 나오지만 훨씬 이전부터 행해졌다고 봐야 한다. 정월 대보름이나 단오에 많이 행해졌는데, 협동심과 단결력을 바탕으로 하기 때문에 북한에서는 아주 선호한다. 우리나라에서 알려진 줄다리기는 충남 당진, 강원도 삼척, 경남 영산줄다리기가 있다. 줄다리기는 국제줄다리기연맹(TWIF)도 결성되고 규칙도 정해져 있는 놀이다.

북한에서는 민속놀이를 포함한 민족체육을 유형별로 무술연마놀이, 체력단련놀이, 지능겨루기놀이, 인형 및 탈놀이 그리고 어린이놀이로 분류도 하고 있다. 무술연마놀이에는 활쏘기, 칼쓰기, 창쓰기, 수박희, 석전, 말타기를 들고, 체력단련놀이에는 씨름, 바줄당기기, 널뛰기, 그네뛰기, 격구, 장치기를 포함하고 있다. 지능겨루기놀이는 장기, 바둑, 윷, 남승도놀이 등을 들고 인형 및 탈놀이에는 꼭두각시놀이, 탈놀이, 사자놀이, 소놀이 등을 든다. 그리고 어린이놀이는 팽이치기, 자치기, 딱지치기, 연띄우기, 제기차기, 숨바꼭질, 깨끔발놀이, 말타기, 수건돌리기, 진지점령놀이, 고니, 공기놀이, 칠교놀이, 실뜨기, 산가지놀이, 귀속말 놀이 등등을 든다.

실제로 행해지지 않더라도 남쪽에서 주로 하는 동채싸움, 놋다리밟기, 강강수월래를 소개는 하는데 고싸움, 대동놀이 같은 것은 언급도 하지 않고 있다.

맺는말

"사돈 바둑 두십니까?"

"아니 못 둡니다"

"사돈 장기는 뭐요?"

"못 둡니다"

"사돈 그럼 꼰은 둘 줄 알아?"

"………."

위 대화에서 사돈에 대한 물음이 경어에서 시작해서 반말로 끝나고 있다. 경어법으로 보면 예사높임에서 예사낮춤을 거쳐 아주 낮춤으로 화계(話階)가 바뀌고 있다. 이는 곧 꼰(고누), 장기, 바둑에 대한 위계를 반영하는 것이다. 사람이 즐겨 하는 오락에도 위계가 있다는 것 아닌가. 북한에서 장기가 대중적이라 했지만 정작 김일성이나 김정일이 바둑에 대해서는 한마디씩 했지만 장기에 대한 언급은 찾기 어렵다.

2017년 5월 대한장기협회란 단체가 남북통일장기경기를 하겠다고 한 일이 있다. 이 단체는 추진위원회까지 조직하고 "장기를 통해 남북이 마주 앉게 되면 대화와 소통의 문이 자연스럽게 열릴 수 있을 것"이라면서 기대를 했지만 무산되었다. 장기가 전통적으로 남북한 모두가 즐기는 민속게임이라서 남북이 공유하기에 딱 좋은 스포츠라고 했지만 성사되지 못했다. 하기야 남북장기대회가 열린다 해도 한쪽에선 장군아 하고 다른 쪽에선 장훈아 한들 재미가 있을까? 그보다 장군을 장훈으로 부르지 않으면 대회 자체를 못하겠다는 북한의 몽니가 나오면 성사나 될까. 이 단체에서는 장기판도 1만 세트를 만들어 됐다는데 장기판 크기는 어떤 크기로 한 것일까? 장기 말은 한초(漢楚)도 아니고 북한에서 쓰는 왕궁도 아닌 통일(統一)로 했다지만 그걸 한글로 썼다니까 장기판이 낯설 것도 같다.

남북 바둑대회는 없었지만 기사들끼리 대국은 있었다. 2005년 평양에서 열린 국제무도대회에서 남북한 기사들이 겨룬 것이다. 바둑도 한국 측에서 북한에 체육 교류 차원에서 지원하겠다고 했지만 성사가 안 되고 있다. 태권도 경우는 2017년 6월 전라북도 무주에서 열린 태권도세계대회에 북한선수단이 주축이 된 국제태권도연맹 22명의 시범단이 품새, 겨루기 등에서 시범을 보인 일이 있다.

북한에도 〈오징어게임〉이란 작품에 나오는 딱지치기나 '무궁화꽃이 피었습니다' 같은 놀이가 있다. 이 놀이들은 전승된 민속놀이는 아닌 것 같지만 현재 남북한에 다 있는 놀이다. 이런 놀이를 소비지향이나 도박에 이용하지 않고 건강성을 담보하는 방향으로 활용해야 할 일도 향후 공통의 과제다.

우리는 북한 주민들이 설날이나 명절에 장기, 바둑도 두고 윷놀이도 하고 그네타기도 하고 널뛰기도 하는가 하면 어린이들은 광장에서 제기차기, 팽이치기, 연날리기를 하는 영상물을 본다. 탈북자 증언으로는 그게 다 사전에 조직된 모임이라지만 어떻든 전승되는 민속놀이를 강조하는 방향이나 모습은 중요하다. 북한 어린이들도 앞으로는 김일성광장에서 제기를 차고 팽이를 돌리기보다 전자게임 속으로 들어갈 것이라는 예상도 할 수 있다. 그렇다고 민속놀이가 뒤안길로 결코 사라지지는 않을 것이다. 사람은 놀이하는 인간(Homo Ludens)이기도 하니까 민속놀이도 형태를 바꿔서라도 재현될 것이다. 좋은 민속놀이를 남북한에서 함께 많이 찾아내고 슬기와 용기를 얻는 유익한 놀이로 계승하면 좋은 일이다. 건전한 민속놀이를 통해서도 남북한 동질성의 바탕을 넓혀갈 수 있을 것이다. ●

북한 향토음식 흘낏 보기

2018년 4월, 판문점에 평양냉면이 등장했다. 그때 평양에서 날라 온 냉면을 두고 색깔이 왜 저리 검으냐면서 설왕설래했다. 서울의 평양냉면은 검지 않는데 왜 평양 옥류관 냉면은 검으냐니까 음식 전문가들 사이에는 육수에 간장을 써서 그렇다는 견해가 가장 유력했다. 옥류관 주방에서 일했다는 탈북자도 그렇게 증언하고 탈북외교관 태영호도 간장 육수를 사용해서 그렇다고 답했기 때문이다. 그러나 정답은 아닌 것 같다. 냉면을 비롯해서 단고기 그리고 북한이 우리나라 3대 음식이라고 꼽는 김치 · 불고기 · 지짐 등 북한지역 음식에 대해서 일별(一瞥)해 보기로 한다.

평양냉면 색깔은?

▲ 평양시 중구역 경상동 대동강변 옥류교 근처에 위치한 옥류관. 북한의 국가기관 음식점으로 냉면이 유명하다. '평양에 옥류관이, 함흥에 신흥관이 있다.'라고 말할 정도로 냉면으로 명성이 높지만 평양의 젊은 층은 청류관을 선호한다고 한다.

평양냉면은 "우리 인민들이 오랜 옛날부터 사랑하는 민족 음식입니다. 평양냉면을 좋아하지 않는 사람은 별로 없을 것입니다."라고 김정일이 단정할 정도로 북한이 자랑하는 음식이다. 그런데 판문점 냉면은 왜 서울의 평양냉면과 색깔이 다를까. 북한에서 나온 한 자료가 그 비밀을 설명하고 있다. 정상회담 뒤에 나온 자료인데, 김정일은 평양냉면을 만들 때 메밀껍질을 벗기지 말고 냉면 발 색깔을 좀 검실검실하게 하라고 했다. 검실검실하다는 것은 꽤 거무스레한 것을 말한다. 김정일은 일찍부터 메밀가루에 농마(녹말)가루를 섞지 말고 순 메

▲ 김정일은 1962년 9월, 1966년 1월, 1966년 11월, 1983년 7월, 1983년 12월 등 다섯 차례의 현지지도와 교시를 내리며 "평양냉면은 녹말가루를 섞지 않고, 순 메밀 만으로 국수 올이 질기게 하면서 좋은 성분이 들어있는 메밀껍질을 벗기지 않아야 하고, 국물은 닭고기로 만들되 동치미 국물을 알맞게 섞어야 하며, 냉면 발 색깔을 좀 검실검실하게, 즉 제법 거무스레하게 만들어야 제맛을 낸다."라고 교시해 오늘날의 평양냉면이 재탄생한 것으로 북한의 매체들은 전하고 있다.

밀만 쓰면서 껍질을 벗기지 말고 국수 색깔을 거무스레하게 하라고 강조했다. (정혁철, 평양랭면의 진미를 잘 살려나가도록, 민족문화유산, 2018. 제3호.) 이대로 한 것이 판문점 냉면이 아닐까 싶다.

김정일은 일찍이 1962년 9월에 평남면옥을 찾아서 냉면은 국수물이 시원하고 달며 새큼한 맛이 잘 어울려 감칠맛이 있어야 한다고 말했다. 이때부터 시작된 이른바 '교시'가 새로 생긴 옥류관으로 바뀌어서 1966년 1월과 11월에도 이어지고 1983년 7월과 12월로도 계속된다. 그가 말하는 평양냉면은 순 메밀만으로 국수 올이 질기게 하면서 좋은 성분이 들어있는 메밀껍질을 벗기지 않아야 하고 국물은 닭고기로 만들되 동치미 국물을 알맞게 섞어야 한다는 것이다. 이렇게 자세히 가르쳐 주는데도 마음에 안 들었는지 1984년 1월 초에는 현장보다 관계 일꾼을 불러서 무엇보다 평양냉면의 특징을 알아야 한다면서 평양냉면은 올이 질기고 국물은 시원하고 향기롭고 산뜻해서 감칠맛이 나야 한다고 설명한다. 그 뒤 이 관계자와 요리전문가들이 합심해서 만든 평양냉면 맛을 본 뒤에도 메밀 냄새가 나지 않는다, 국수 국물이 아직 제맛이 나지 않는다는 말을 한다. 냄새가 나지 않는 것은 메밀가루를 미리 내두었다가 가루를 고속분쇄기에 볶았기 때문에 기계 열에 메밀 주성분이 파괴되고, 가루를 보드랍게 한다고 속껍질을 벗겼기 때문이라고 했다. 국물이 제맛이 안 나는 것은 고기를 삶을 때 짧은 시간에 급히 삶았거나 간을 맞춘다고 소금 대신 간장을 썼기 때문이라고 지적했다. 이로 볼 때 판문점에 가져온 냉면은 전분 가루를 섞지 않고 소금 대신 간장을 쓰지는 않았을 테고 메밀껍질을 벗기지 않아서 검은빛을 띤 것으로 볼 수 있다.

서울에서 먹는 평양냉면은 메밀가루에 녹말가루를 좀 섞는다고 한다. 순 메밀로만 하지 않고 녹말가루를 섞고 메밀껍질을 벗기면 검은색은 덜 난다. 평양냉면이 본래 이렇게 만들었던 건데 북한에서는 김정일 말대로 만들다 보니 서울과 달라진 것이다.

서울냉면과 평양냉면이 색깔이나 맛에서 분단된 세월만큼이나 달라졌는데 본래 하나의 문화가 다른 곳으로 전파되면 그곳에서 더 전통의 모습을 지키는 경우가 있다는 것 아닌가. 미국 LA에 있는 우리 교포 떡집은 서울에 있는 떡집보다 더 전통적인 모습을 지니고 있고 평양냉면이 서울에서 본래 모습을 더 유지하고 있다고 볼 수 있다.

단고기 요리는 민족 요리

북한 통치자의 음식에 대한 의견 개진은 어디 냉면뿐이겠나? 단고기 요리에 대해서도 어떻게 요리해야 하느냐를 얼마나 자세하게 말하는지, 통치자가 이런 말을 할 시간도 있나 싶을 정도다. 단고기 요리는 우리로는 개고기 요리다. 씹으면 씹을수록 단맛이 난다고 단고기라고 한다는데, "오뉴 월 단고기 국물은 발등에 떨어져도 약이 된다."라고 하는 말이야 그렇다 치고 김정일은 "단고기료리는 우리 인민들이 좋아하는 전통적인 민족료리입니다."라고 말한다. 인민들이야 좋아하든 관계없지만 '민족료리'라고 하면 남쪽 동포들도 끌고 들어가는 게 된다. 프랑스 여배우 브리짓드 바르도가 개고기 먹는 한국인을 비난했을 때 우리는 식용 개(狗)를 먹는 것이지 결코 애완개(犬)를 먹는 것이 아니라고 항변한 것이 무색해진다.

김정일은 단고기 요리에 대해서도 기회 있을 때마다 가르침을 줬다는데 2010년 3월과 4월에 평양단고기 집에서 행한 것을 보기로 한다. 그가 한 말을 보면 단고기 요리는 연하고 순수하여 구수해야 한다, 단고기 장을 만드는 비결은 물을 어떻게 끓이는가, 국물을 어떻게 달게 하는가가 중요한데 국물을 달게 한다고 설탕이나 맛내기를 쳐서는 안 되고 국물에는 노란 기름이 동동 떠 있으면서 쇠고기 국물과 같은 색깔이 나와야 제대로 된 것이라고 말한다. 그뿐이 아니고 개고기로 만드는 순대나 위쌈 만드는 레시피도 일일이 말하고 있다. 순대에는 반드시 피를 넣어야 하고 위쌈에는 기장쌀이나 좁쌀을 넣는 것이 좋다고 가르쳤다. 최고 통치자가 단고기 요리를 좋아하니까 '전국단고기료리 경연'도 열린다.

▲ 단고기 요리는 식용으로 키우는 전래의 개고기 요리로, 씹으면 씹을수록 단맛이 난다고 하여 북한에서는 '단고기'라고 부른다.

한국에서는 동물보호단체들이 개 도살을 막고 개 식용 금지법안을 만들라고 집회를 연다. 개고기 없는 대한민국을 내세운다. 맞불집회도 있다. 식용개를 키우는 육견협회에서는 개고기 먹는다고 야만인이 되지 않으며 북한 주민들도 개고기를 좋아하니까 개고기는 남과 북을 잇는 가치 있는 보양식이고 나아가서 자랑스런 '민족의 통일음식'이라고까지 주장한다. 민족의 통일음식? 글쎄다.

우리 민족의 3대 음식

북한에서는 김치, 불고기, 지짐을 우리 민족의 3대 음식으로 꼽고 있다. (우리 민족 음식이라 했으니 남북한을 포괄한다. 1920년대 잡지 《별건곤》에서는 서울 설렁탕, 평양 어복쟁반, 전주 콩나물국밥을 3대 명물 음식으로 꼽았다.) 김치야 당연히 우리나라를 세계에 알린 음식이기도 하다. 기록대로라면 김치는 고려 때부터 있어 온 식품이고 늦가을에 온 가족이 달려들어 김치를 담그며, 집집마다 서로 도와가면서 품앗이하는 김장은 좋은 풍속이었다. 그래서 한국에서는 김장을 유네스코에 인류무형문화유산으로 신청을 했고 2013년 채택되었다. 현재 남북한에는 크고 작은 김치축제도 여럿이고 국제김치축제도 열고 있다. 김치에 대한 김일성의 말도 있다. "김치는 조선사람들이 제일 좋아하는 부식물의 하나"라는 말도 했고 "평양에 함경도 사람들이 많이 와서 살아서 그런지 맛있는 평양동치미가 점차 없어지고 있습니다. 함경도와 경상도 사람들은 짠 음식을 만드는 방법밖에 모릅니다."라고 얼추 맞는 말도 했다. 김정일은 1980년대 중반 어느 날 김치공장 김치를 맛보면서 고추는 맛을 돋울 만큼만 넣어야지 너무 많이 넣으면 위를 자극해서 건강에 안 좋다는 말도 했다.

북한에서는 김치를 봄김치, 여름김치, 가을김치, 겨울김장으로 나누는데 양념이 다를 뿐 종류에서는 특별히 남쪽과 다를 것도 없다. 봄김치는 풋김치, 나박김치, 돌나물김치, 참나물김치들이고 여름김치는 오이김치, 오이소박이, 파김치를 든다. 가을김치로는 무통김치, 보쌈김치, 깍두기를 들고 있다. 겨울김치인 김장김치에는 통배추김치, 동치미, 보쌈김치, 갓김치, 짠지가 있다.

김장은 우리 조상들이 겨울을 나기 위해 준비하던 반 식량이라고 했지만 요즘에는 워낙 좋은 먹거리들도 많고 겨울철에 신선한 채소도 구할 수 있으니 김장을 꼭 해야 하는가 하지만 아직은 남북한 다 김장을 중요한 일로 치고 있다.

불고기는 불에 구운 소고기 음식이다. 고기를 넓게 저몄다고 너비아니라고도 하는데 궁중이나 양반집에서나 먹었지 일반 서민은 잘 먹지 못하던 음식이다. 불고기는 맥적(貊炙)에서 유래되었다고 보는데 이때의 맥은 고구려 영역이고 적은 꼬챙이에 꿴 것을 말한다. 석쇠가 나오기 전에는 꼬챙이에 꿰어 불에 바로 구웠다.

북한에서 불고기는 소고기 · 오리고기 · 양고기를 전문으로 하는 요릿집이 있지만 특별 음식이고 술안주 요리다.

지짐은 전적탕반(煎炙湯飯) 할 때 전을 말하는데 저냐, 지짐, 부침개라고도 한다. 그런데 북한에서는 지짐과 전을 구분하고 있다. 지짐은 녹두지짐, 매밀지짐, 수수지짐처럼 곡물가루를 개어 기름에 지져낸 음식이고 전은 고기전, 생선전, 새우전, 고추전처럼 재료에 밀가루를 씌워 기름으로 지져낸 음식이다. 북한에서는 지짐 중에서도 평안도 지방의 녹두지짐을 자랑스러운 음식으로 치면서 녹두지짐=건강식품이라 소개한다. 녹두지짐은 평안도 음식이라지만 황해도에서는 막부치, 중부 이남에서는 손님 접대 음식이라고 빈대떡, 또 가난한 사람들이 흔히 먹는다고 빈자떡이라고도 한다는 설명을 하고 있다. (민족문화유산 2009년 제3호.)

음식 이야기가 나온 김에 통치자의 다른 음식 관심도 보자.

김일성은 어느 자리에서 숭어국 끓이는 이야기도 한다. 숭어국은 돌가마에 찬물을 붓고 끓여야 제맛이 나는데 숭어국에는 양념장을 꼭 안 넣어도 된다는 말을 한다. 물고기 순대를 만들 때는 해바라기 기름보다 옥수수기름을 쓰라고도 말하고 과자를 만들 때도 설탕을 꼭 안 넣어도 된다는 말까지 했다. 평안도 향토 음식 노티(북한에서는 노치)에 대해서도 한마디 했다. 찰기장 가루를 엿기름으로 삭혀 기름에 지져낸 떡 종류인데 김일성은 노티를 찹쌀이나 차조 또는 찰수수로 만들어도 된다는 말을 한다.

한 가지 더. 함경도 음식 중에는 식해가 있다. 생선으로 만드는 식해는 함경도, 강원도, 경상도 등 동해 쪽의 향토 음식인데, 가자미나 명태, 도루묵, 갈치 등을 쓴다. 이 식해(食醢)는 음료로 마시는 식혜(食醯)와는 다른데 북한에서는 가자미식해도 가재미식혜라고 쓴다. '해'와 '혜'를 분별하는 것을 해혜지변(醢醯之辨)이라 해서 옛날에는 이 두 글자 구별을 하느냐 못하느냐로 선비들 실력을 확인했던 글자다.

▲ 생선으로 만드는 식해는 함경도, 강원도, 경상도 등 동해 쪽의 향토 음식으로 가자미나 명태, 도루묵, 갈치 등을 쓰는데, 북한에서는 '가자미식해'도 '가재미식혜라'고 표기하고 있다.

맺는말

지금까지 북한 음식 몇몇 가지를 통치자의 언급과 관련해서 흘낏 봤다. 그러고 보니 통치자들이 말한 평양냉면을 비롯한 음식들이 다 북쪽 지방 향토 음식이다. 이 향토 음식들은 남쪽에도 이미 알려진 남북한 공유음식이기도 하다. 냉면만 해도 조선 시대에도 있던 음식이고 평양냉면도 분단 이전부터 남쪽 지방에 이미 알려졌던 음식이다. 녹두지짐, 노치, 숭어국, 명태순대, 가자미식해, 농마국수 해주골 동반 등도 평안도, 함경도, 황해도의 향토 음식으로 남쪽에도 잘 알려졌다. 반면에 게살자반, 닭마늘탕밥, 양고기 쌈, 송이즙 쇠고기편육, 전복볶음, 사슴고기구이, 꽃게즙구이 같은 음식은 좀 낯선데 분단 후 새로 개발된 정권 음식이다. 이런 정권 음식들도 탈북요리사에 의해 남쪽에도 더러 소개되고 있는데, 이 음식 중에는 고급 음식이 많다. 북한 고위층이나 외국인 접대 때 나오는 것들이어서 이런 북한 음식을 먹어본 외국인들 중에는 남쪽 음식보다 더 맛있다는 증언도 하고 있다. 북한 음식을 굳이 "향토 음식이다, 정권 음식이다."라고 나눌 필요는 뭔가? 그것은 전통과 그것을 이어 새로 창안된 문화를 찾아내려는 안목의 필요성 때문이다. 북한 향토 음식과 정권 음식을 아우르면서 조리법이나 식탁예절, 더 나아가서 생명존중 사상을 담은 음식 윤리에 이르기까지 북한 음식문화도 나중에는 남북한 공유의 음식문화로 꽃 피워질 것이다.

"남북한 통일은 밥상에서부터" 이런 주장을 하는 탈북자도 있고 음식 이름의 통일도 중요한 과제라고 보는 견해도 있다. 분단 이전에도 같은 음식이라도 지방에 따라 이름이 달랐는데 항차 남북분단 이후 음식 이름이 달라진 것이야 문제가 될까. 그러나 김치, 불고기처럼 국제적으로 하나의 이름으로 알려지면 더 좋을 것이다. 통일 후 음식 이름 때문에 얼굴 붉힐 일이야 없겠지만 오징어나 낙지같이 식품 재료 이름에서부터 서로 달라서 혼란스러운 것도 명쾌하게 해결되면 더 좋지 않겠나 싶다. ●

제2부

북한문학, 다르거나 달라졌거나

북한에서 정한 한반도 산맥

한반도의 1월 산하는 얼어붙은 겨울의 한 가운데 있다. 겨울은 만물이 활동을 접고 기다리는 침잠의 계절이다. 농사를 짓던 우리 조상들도 겨울에는 모처럼 힘든 노동에서 벗어나서 농한기를 즐기는 시간이었다. 하지만 오늘날 우리들은 다르다. 1월은 활동을 접는 것이 아니라 오히려 더 바쁘게 움직이는 달이 된다. 새해를 시작하는 한 해 계획도 세우고 겨울스포츠를 즐기려는 여행도 하고 설산을 찾는 겨울산행도 한다. 산악인들은 산을 오르면서 이 산과 저 산을 잇는 산줄기를 보면서 산맥을 따지기도 하고 흐르는 저 산맥이 북녘 산하로 어떻게 이어질까를 가슴에 그리기도 하리라.

북한에서는 산맥을 산줄기라고 한다. 산맥이란 용어가 일본학자가 붙인 것이라서 한국에서도 선조들이 말한 산경(山經)을 산줄기로 이해하는 주장도 없지 않다. 산맥이든 산줄기든 나중에 통일시키면 되는 것이지만 남북한에서 파악하는 산맥 내용에서는 다른 부분은 없

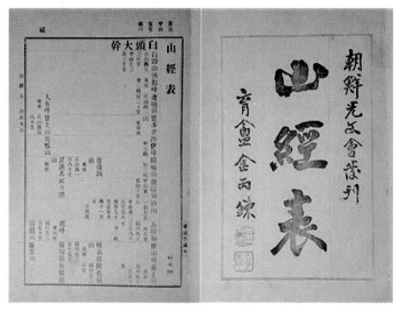

▲ 조선조 영조 때 신경준(申景濬)이 편찬한 한반도 산맥체계를 도표로 정리한 《산경표》

을까? 남쪽과 북쪽이 어떻게 다르고 어떤 것이 같은지를 보기로 한
다.

산경표와 백두대간

88서울올림픽은 한국의 전통문화를 현대적 미감에 맞게 잘 풀
어 세계에 알린 성공적인 행사였다. 이후로 한국에서는 전통에 바탕

한 민족문화를 찾으려는 움직임이 세차게 일어난다. 산악인들이 《산경표(山經表)》라는 책에서 백두대간을 찾아 인식하는 것도 이런 모습의 하나였다. 《산경표》는 조선조 영조 때 신경준(申景濬)이 편찬한 한반도 산맥체계를 도표로 정리한 책인데, 이를 통해 우리나라 산맥은 산경이라 하고 산경에는 대간(大幹)과 정간(正幹)이 있고 정맥(正脈)이 있다는 것을 알게 된다. 구체적으로는 대간이 백두대간 1개, 정간이 장백정간 1개, 정맥이 청북정맥, 청남정맥 등 13개다. 그리고 보니 그간 알아왔던 낭림산맥이다, 태백산맥이다, 하던 것은 일본 지질학자, 지리학자들이 붙인 것이고 그것도 부정확하다는 것을 알게 된다. 이렇게 산경이라는 우리 고유의 산맥 이름이 있었다는 인식이 보편화되면서 백두대간이 한반도 산맥의 기둥이 되는 척량(脊梁)산맥이니 이 척량산맥을 종주해보자는 붐이 일어나기도 했다. 산경표는 학자들에게는 알려진 책이지만 일군의 산악인들이 1980년대 중반부터 그 존재를 확인하고 고증하면서, 1990년대에는 온 국민에게 알려지게 된다.

백두대간 개념을 알기 전에 우리가 아는 한반도 산맥은 14개였다. 낭림산맥·함경산맥·마천령산맥·강남산맥·적유령산맥·묘향산맥·언진산맥·멸악산맥·마식령산맥·광주산맥·차령산맥·태백산맥·노령산맥·소백산맥이 그것인데 지리 교과서에 나와서 누구나 알던 것이다. 그런데 알고 보면 이 이름들은 일본학자들이 붙인 이름이고 아직 사용 중이다.

그 경위를 들여다보자.

고또 분지로(小藤文次郞)라는 일본 지질학자가 1900년과 1902년 두 차례 걸쳐 14개월간 우리나라 전국을 답사하면서 지질과 지형을 조

사했다. 명분은 광물탐사였다는데 당시 대한제국 당국이 허용한 것
인지, 일제의 일방적인 것인지는 미상이다. 고또의 탐사결과에 근거
해서 〈야스쑈에이〉라는 학자가 산맥지형도를 그렸다. 이 산맥지형도
에 한반도 산맥 이름이 나온다. 몇 년 뒤 대한제국 학무국은 이를 채
택하여 1908년 교과서에 이 산맥 이름들을 실었다. "우리나라의 산
지는 종래 그 구조의 검사가 정확치 못하여 산맥의 논(論)이 태반 오
차를 면치 못하고 있으므로 일본의 전문 대가인 야스쑈에이의 지리
를 채택하여 산맥을 개정하노라" (조석필, 산경표를 위하여, 산악문화, 1993. 11.)

　이렇게 우리의 산맥은 그 전의 백두대간 같은 산경 개념 대신 산맥
개념으로 바뀌게 된다. 우리 산맥 이름을 일본학자가 붙였다는 것이
문제가 아니라 지질학자가 연구한 결과에 따른 것이어서 실제 오류가
드러난다는 지적도 나왔다. 야스쑈에이의 산맥지형도가 산경도와 다
른 점은 이렇게 정리된다. (조석필, 같은 책.)

《산경도》
　1) 산경도는 실재하는 산과 강에 기초하여 산줄기를 그렸다.
　2) 따라서 산줄기는 산에서 산으로만 이어지고
　3) 실제 지형과 일치하며
　4) 지리학적으로 자연스러운 산이다.

《산맥지형도》
　1) 땅속의 지질구조선에 근거하여 땅 위의 산들을 분류하였다.
　2) 따라서 산맥선은 도중에 강에 의해 여러 차례 끊기고

▲ 산림청이 발간한 한반도의 중심 산줄기 백두대간 체계.

3) 실제 지형에 일치하지 않으며
4) 인위적으로 가공된, 지질학적인 선이다.

　신경도와 산맥도를 두고 볼 때 산경도는 겉으로 드러난 것만을 그
렸고 산맥도는 X-레이로 몸속 뼈를 보는 것이라고 한다. 그래서 어느
것이 반드시 맞고 어느 것이 틀렸다고 말하기 어렵다는 견해도 있다.

그러나 산경도에 의하면 지리산과 광양의 백운산(1,217m)은 같은 산맥이 아니지만 산맥도로 보면 지리산과 백운산은 같은 소백산맥에 속한다. 소백산맥은 속리산, 덕유산을 거쳐 지리산까지 내려온 후 남해안의 여수반도에 이른다고 되어있다. 지리산과 백운산 사이에는 섬진강이 흐른다. 산경 개념으로 보면 산은 물을 가르고 물은 산을 건너지 않는다(山自水分嶺)니 지리산줄기가 섬짐강을 넘어갈 수는 없다. 그러니 지리산과 백운산이 같은 산맥일 수 없다. 산맥을 땅속 기준으로 보느냐, 땅 위 기준으로 보느냐에 따라 달라지겠는데, 한국학계에서는 견해가 엇갈린다. 백두대간을 내세우는 경우 민족적 정서를 내세운 비과학적인 것으로도 지적된다. 산맥은 지형형성 작용으로 이뤄지므로 산의 규모나 연속성만으로 규정하면 안 된다는 견해가 우세해서 지리교과서에도 아직 산경도의 산줄기가 아닌 고또의 산맥체계가 그대로 수록되어 있다.

북한학계의 백두대간 인식과 산맥체계 확립

1990년대가 되면 북한에서도 한반도 산맥에 대한 조사와 연구에 박차를 가한다. 백두대간을 거론하면서 선조들이 써 온 산줄기 체계를 파악하는 가운데 백두대간을 백두산으로부터 지리산까지 하나의 산줄기로 이어진 우리나라 척량산줄기라고 이해한다. 북한 학계도 우리나라 산맥은 1902년까지 산경표의 산줄기와 이름을 그대로 써왔는데 일제가 멋대로 산줄기 체계를 세워 산맥이라 했다고 지적하면서 그것은 일제가 우리나라 이름에서 '백두'라는 말을 없애려는데 목적이 있었다고 단정한다. (《조선대백과사전》, 12권.) 일제가 우리 선조들이 써오던 산맥체계를 없애고 비과학적인 산줄기 체계를 조작하는데 그 중심에 앞에 말한 고또 분지로가 있다고도 지적한다. 고또가 한반도의 척량산맥인 백두대간을 무시하고 낭림산맥과 태백산맥을 척량산맥으로 봤다고 지적하면서 "우리 선조들이 써오던 백두대간을 끊어놓고 없앤 것은 민족의 기상이며 상징인 백두산의 정기를 우리 인민들의 마음속에서 지워버리기 위한 조선민족 말살정책의 산물"로 비판한다. (《조선의 산줄기》, 과학기술출판사, 1999. 8.)

북한에서 한반도 산맥체계를 세운 것은 1995년이다. 이해 12월에 지리학자들은 김정일에게 새로 확정된 산맥체계를 보고한다. 이보다 앞서 1994년 8월에 김정일은 지라학자들에게 산맥체계와 이름들을 바로 잡으라는 지시를 했다. 이 지시에 따라 지형측량, 지질조사를 하고 지구물리자료와 인공위성정보자료들을 분석하여 한반도 산맥형성에 미친 지질구조 요인들과 자연지리 요인들을 밝혀냈다는데 이렇게 단시간에 산맥체계를 확정 지은 것은 이전부터의 연구축적이 있어서 가능했으리라 짐작된다. 그것은 김일성이 일찍이 혁명을 잘하기 위해서는 조국의 역사와 지리를 잘 알아야 한다고 강조한 바가 있다. (《김일성저작집》 1권.) 6.25 전쟁 후 지질조사와 함께 지형조사를 대대적으로 실시했고 1959년부터는 지층 종합탐사를 하면서 산맥에 대한 조사도 이뤄졌다. 이 과정에서 한반도 산맥은 백두산에서 시작해서 지리산으로 이어지는 산줄기가 하나로 연결되어 있고 이 척량산줄기에서 뻗어 내린 가지산줄기(지맥)들이 한반도 모든 산맥을 형성한 것으

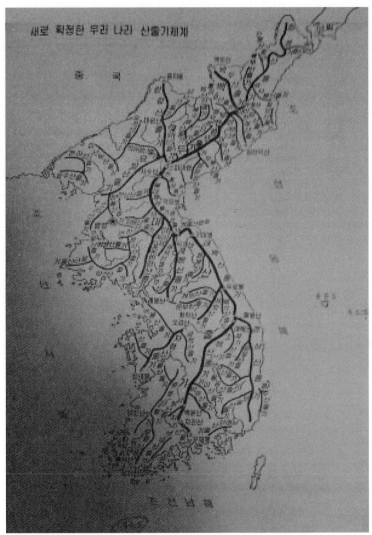

▲ 북한의 과학기술출판사가 발간한 《조선의 산줄기》 32면에 수록된 〈새로 확정한 우리나라 산줄기체계〉 지도

로 확인했다. 이것이 1970년대다.

산줄기 연구는 1980년대에 와서 그간의 지형조사 결과를 종합하여 84개 산줄기 구간의 평균 높이와 길이, 주요 산들의 높이와 위치, 고개와 영(嶺)의 높이와 위치를 밝혀냈다. 1988년에는 백두산에 대한 종합탐험을 진행하고 1990년에는 산줄기를 239개로 세분하였다. 그리고 앞에서 말한 1995년이 되면 한반도의 모든 산맥은 백두대산줄기에서 뻗어 내린 지맥이라고 확정하고 김정일에게 보고한다. 김정일이 이 산줄기 이름을 백두대산줄기로 부르도록 했다. 백두대산줄기는 백두산에서 시작하여 두류산(2,309m)을 거쳐 철령(685m), 태백산(1,567m), 소백산(1,440m), 지리산줄기의 끝점인 구재봉(767m)까지 하나로 연결된 산줄기라고 하고 있다.

백두대산줄기

북한에서 확정했다는 백두대산줄기는 길이가 1,470km다. 그것은 산경표에 나오는 백두대간과 거의 같은 모습이다. 북한에서는 한반도 산줄기를 몇 개로 파악하고 있는가. 기둥이 된다는 백두대산줄기에서는 8개의 큰 산줄기가 나온다는데, 먼저 백두대산줄기에서 갈라진다는 8개를 보자. 이 갈래 줄기들은 북서-남동 방향이거나 북동-남서 방향으로 흐른다.

백두산줄기 : 백두산~두류산(양강도 백암군·운흥군·함남 단천시 경계)

부전령산줄기 : 두류산~사수산(함남 요덕군·정평군·평남 대홍군)

북대봉산줄기 : 사수산~두류산(평남 양덕군·강원 천내군·법동군)

마식령산줄기 : 두류산~623고지(강원 세포군)

철령산줄기 : 623고지~깃대봉(강원 안변군·통천군·회양군)

태백산줄기 : 깃대봉~태백산(태백시·경북 봉화군)

소백산줄기 : 태백산~백운산(전북 장수군·경남 함양군)

지리산줄기 : 백운산~구재봉(경남 하동군)

여기서 부전령산줄기, 북대봉산줄기, 철령산줄기, 지리산줄기는 종전 우리나라 산맥 14개에는 없는 것들이다. 백두대산줄기를 확정하기 위해서 새로 이름도 짓고(만풍산줄기, 계방산줄기, 남원산줄기, 지리산줄기.) 일부 산줄기는 시작점을 달리하거나 이름을 다르게 했다.(태백산맥.) 또 산줄기 구간을 고친 것도 있고(낭림산줄기, 차령산줄기.) 없앤 것도 있다. (강남산줄기, 광주산줄기, 마천령산맥.) 광주산줄기는 북쪽 부분을 철령산줄기로 정했으므로 없앴는데 남쪽 부분은 예봉산줄기로 이름 붙였다. 마천령산맥은 백두산맥에 포함해서 이름이 없어졌다.

없어진 강남산맥은 낭림산맥의 아득령에서 갈라져서 압록강과 나란히 북동에서 남서 방향으로 달리는 산맥인데, 강과 하천에 의해 산줄기가 여러 개로 끊겨 산줄기 형태를 갖추지 못했다고 한다. 광주산맥은 태백산맥 금강산 부근에서 시작하여 남서 방향으로 서울 부근에 이르는 산맥인데 그 북쪽 부분이 철령산줄기로 새로 설정했기 때문에 없애버리고 산맥 남쪽 부분을 예봉산줄기로 정했다고 한다.

광주산맥은 하천으로 절단되어 사실상 산맥으로 인정하기 어려울 정도라고 남쪽에서도 인정한다. 그렇다고 남쪽에도 걸쳐있는 것을 일방적으로 이름을 붙였다.

주목되는 산맥은 태백산맥이다. 한국에서는 태백산맥이 안변 황룡산(1268m)에서 부산 다대포에 이르는 길이 500km 산맥으로 우리나라에서 가장 긴 산맥으로 본다.

북한에서는 백두대산줄기에 속하는 산맥으로 기대봉(강원도 회양군과 안변군 사이.)에서 남쪽 강원도 태백산(강원도 태백시)까지 뻗어 있는 산맥으로 본다. 그래서 태백산맥은 백두대산줄기와 이어져 있다고 주장한다. 테백산줄기 시작점 부근 고산-세포-평강 일대에도 해발 600~1,000m가 넘는 산과 봉, 영들이 줄지어 하나의 산줄기를 이루고 있어 이것을 철령산줄기라 이름 짓고 이 철령산줄기가 마식령산줄기 북쪽부분과 태백산줄기에 연결되었다고 한다. 이 산줄기에 의해 마식령산줄기와 태백산줄기가 형태적으로 연결되어 있다고 한다. 고또가 추가령지구대를 경계로 남북이 갈라진다고 했으나 틀렸다고 지적한다.

백두대산줄기 외에 주요산줄기는 마천령산줄기, 함경산줄기, 낭림산줄기, 적유령산줄기, 언진산줄기, 멸악산줄기, 차령산줄기, 노령산줄기를 포함해서 75개로 나눈다. 75개 산줄기에서 또 갈라지는 산줄기를 모두 다 합치면 239개가 된다고도 한다. 일제가 정리한 15개에 비하면 엄청나게 세분화된 것이다.

▲ 북한이 2017년 우표로 발행한 〈근역강산맹호기상도(槿域江山猛虎氣像圖)〉. (일본의 지질학
자 고토 분지로가 한반도의 지형 지세를 토끼 모양에다 비유하며 '반도가 토끼를 닮아서 조선인들
이 겁이 많고 수동적'이라는 논리를 폈는데, 이에 육당 최남선은 1908년 잡지 『소년』을 창간하며
한반도 지형 지세를 "호랑이가 앞발을 높이 들고 대륙을 할퀴며 달려드는 진취적 기상"을 보이는
'호랑이 지도'를 창간호에다 게재했는데, 이게 바로 〈근역강산맹호기상도〉이다. 북한은 이 〈근역
강산맹호기상도〉를 2017년 우표로 발행해 방송 보도까지 한 바 있다.)

맺는말

북한에서는 김정일이 1994년 8월 지리학자들에게 산줄기 체계와 이름을 바로 잡는 과업을 줬고 학자들은 산줄기 형성과 변화를 밝혀 내고 이듬해 12월에 보고했다. 이 자리에서 척량산맥이 되는 산맥 이름은 백두대산줄기로 명명되었다. 이 산줄기는 《산경표》에서 말하는 백두대간과 유사한 흐름을 보인다. 한국에서는 1990년대 백두대간 개념이 등장하고 새로운 산맥체계 확립이 과제로 떠올랐지만 북한처럼 일도양단으로 결정 못하고 있다. 2004년 국토연구원에서 백두산에서 지리산에 이르는 1차 산맥 1개, 여기에서 뻗어 나간 2차 산맥 20개, 또 여기에서 뻗어 나간 3차 산맥 24개, 그리고 독립산맥 3개 등 모두 48개 산맥을 확인한 연구결과도 내놓았지만 반대의견도 나오고 있다. 학계에서는 지표상의 산줄기와 지질상의 산맥 개념을 둔 논란도 있고 산맥(mountain ranges)과 산줄기(mountain ridges)가 다르다는 개념상의 견해도 일치를 못 보고 있다. 산맥이냐 산줄기냐?

산맥과 산맥은 지형과 지세를 만들고 산들은 사람들 삶의 터전을 이룩한다. 산에는 역사와 문화가 배어있고 산맥은 강과 더불어 그것을 후대에 전달해 온다. 한반도 산맥체계에 대한 정확한 인식이 중요한 이유이기도 하다. 위성영상도 발달된 21세기에 하루빨리 이뤄내야 할 과제다.

백두대간이 시작되는 백두산은 누구나 알듯이 우리나라 조종(祖宗)

의 산이다. 그래서 분단 후 백두산은 통일의 상징이 된다. 남쪽에서는 그 상징성 때문에 "우리는 백두산 영봉에 태극기 날리고 남북통일을 완수하자"(우리의 맹세, 1949. 7.)라고 다짐하기도 했다. 그런데 북한에서는 백두산이 조종의 산일뿐 아니라 '혁명의 성산'으로도 덧칠하고 있다. 백두산이 갖는 의미와 상징성을 백두대산줄기 확정에까지 연결 지으면서 한껏 성역화하고 있다. 그래서 혁명의 성산에서 내리는 혁명 전설이 남쪽 바닷가까지 이어진다는 것을 강조한다. 그 때문에 북한이 일방적으로 지은 산맥 이름도 몇 개가 된다. 이런 것은 학문적 엄밀성에 의해 채택 여부가 검토될 일이다. ●

북한이 내세우는 평양풍수

　　북한에서 평양은 심장이다. 평양은 조선의 심장이고 우리 민족의 심장이란 말을 입에 달고 있다. 어느 나라나 자기 수도는 자랑하지만 북한은 좀 유난스럽다. 지방에서 오는 평양행 열차는 평양역을 한 정거장 앞두고는 "지금으로부터 혁명의 수도 평양으로 들어선다."라는 내용의 차내 방송을 요란하게 한다는 것이 탈북자들의 전언이다. 차내 방송원은 숨을 한 번 고른 뒤 아주 고조된 음성으로 수도 평양, 평양을 외친다고 한다. 북한에서 평양은 특별한 곳이고 평양시민도 특별한 사람들이다. 남다른 충성심을 가져야 하고 키가 작아서도 안 되고 불구여서도 안 된다. "수령을 몸 가까이 모시고 있어서 수령을 더 잘 모시고 받들어야 한다는 성스러운 위치와 무거운 책임감을 느끼고 살아야 하는 사람들"이다. "평양은 조선인민의 심장이며 사회주의 조국의 수도이며 우리 혁명의 발원지입니다."(김일성) 같은 말도 평양시민의 자부심을 한껏 북돋아 주고 다른 지역 주민의 평양에 대한 동경을 깊게 했다. 외국인의 평양행 열기도 평양 자랑의 하나로 된다. 북한 한 주민은 중국 베이징역에서 가장 사람들이 붐비고 제일 줄이 긴 것은 바로 평양행 차표 매표구 앞이라고 자랑스럽게 말한다. 평양 행 개찰이 시작되면 대기실에 있던 외국인들은 '와' 함성을 울리려 트렁크며 손짐들을 들고 세찬 물결 모양 뒤설레게 된다는 것이다. (평양행 차표, 조선문학 2018년 10월호.)

　평양에 대한 북한 주민의 동경과 평양에 사는 주민의 자부심, 북한당국의 평양 자랑은 이렇게 대단한데, 김일성 사후에는 평양의 풍수(風水)도 평양 자랑 대열에 보태지고 있다. 그 내용을 보려고 한다.

▲ 평양시 대성구역 려명거리 전경. 북한 고위 권력층이 주로 거주하는 이 거리는 영생탑부터 금수산태양궁전까지다. 김일성종합대학도 이 거리에 있다.

금수산 풍수 자랑

평양에 금수산이 있다. 평양시 지역으로 봐서는 중심부에 있고 대동강 오른쪽에 위치한다. 제일 높은 봉우리는 최승대(95m)이고 주봉은 모란봉이다. 평양 경승 자랑에서 빠질 수 없는 것이 모란봉인데, 모란봉은 최승대를 가운데 두고 마주 솟은 산봉우리들이 마치 방금 피어난 모란꽃 같다고 해서 따로 붙여진 이름이다. 그러니까 이 모란봉을 둘러싸고 이어지는 산이 금수산이다. 이 산 동쪽 경사면에 북한 이전 통치자 두 사람의 시신이 안치된 금수산태양궁전이 있다. 궁전이 있다는 이곳은 어떤 곳인가?

▲ 평양시 대성구역 미암동 있는 금수산태양궁전. 2층에는 1994년에 사망한 김일성의 시신을, 1층에는 2011년에 사망한 김정일의 시신을 보존, 전시하고 있다.

▲ 위성에서 본 금수산태양궁전의 지형도

김일성이 안치된 지 5년이 되어 올 무렵 『로동신문』에 기사가 하나 실린다. '혁명전설' 〈금수산의 지맥〉이란 제목인데 내용인즉 해외 동포 지리학자가 이곳을 찾았고 그가 말하기를 금수산의 생김이 풍수설에서 1등 진혈로 여기는 '금구몰니(金龜沒泥: 금거북이 늪에 들어가는 모양.)' 형국인데 이런 땅은 예로부터 굳건한 금성탕지이고 귀인이 배출될 대길지이며 민족구원의 성지로 인정되어왔다는 내용이다. (금수산의 지맥, 『로동신문』 1999년 4월 5일 2면.)

『로동신문』뿐 아니라 다음날에는 평양방송을 통해서도 같은 내용을 알리고 있다. 그리고 2년 반이 지나서 『조선예술』 지에 앞의 『로동신문』에 소개된 사람의 기사가 또다시 실렸다. 제목도 같고 내용도 같지만 동포학자라는 이 사람의 서울, 평양 풍수 비교내용까지 언급되고 있다. (『조선예술』, 2001년 제4호.)

기사 내용을 소개한다.

언젠가 찾아온 해외동포학자(북아메리카)의 이야기는 전설이 돼 전해진다. 그 학자는 조선 고유의 풍수법을 세계지리와 거기에 담긴 역사 속에서 재음미해보고 그것을 과학으로 정립해 보려는 것이었다. 그의 주장인즉 풍수설에서는 궁성이나 도읍, 주택, 묘지, 심지어 나무 한 그루를 심고 떠 옮겨도 반드시 지세의 형국을 살피고 음양 이치를 따져 화를 피하고 사람들에게 복이 들도록 자리를 잡아준다고 한다. 그것이 미신이고 비과학적이라고 속단해 버릴 수 없다는 것이다. 그는 30대 이전에 이미 관서지방이나 해서지방에서는 알려진 풍수꾼이었는데 백의민족의 진혈을 찾아 남북 삼천리를 다녔으나 끝내 찾지 못했다. 전란과 풍운의 세월에 떠밀려 해외로 다니다가 '민족의 진혈'을 찾으려 다시 한반도를 찾았다. 그는 알프스, 히말라야, 안데스산맥에도 올랐던 사람으로 어느 한 나라, 한 민족의 흥망은 지맥과 관련됐다는 것을 믿고 있다. 그는 먼저 서울에 와서 삼각산을 올랐는데 사흘 동안 내려다본 도심은 허무감과 실망을 안겨주었다. 고층건물이 빼곡히 들어서고 현란한 네온 불빛이 명멸하는 서울이 한갓 폐허로 여겨졌다. 지맥이 쇠하고 이지러진 것 같았다. 그래서 평양을 보려고 조선에 왔다. 그는 평양이라면 대성산이며 아미산, 대동강을 어린

시절부터 훤히 알고 있었다. 그는 김정일이 금수산 지구를 주체의 최고성지로 꾸몄다고 알기 때문에 금수산을 주목했다.

그가 대성산 장수봉에 올라 금수산을 보는데 신기한 빛에 싸인 듯 밝게만 느껴졌다. 큰 강인 대동강이 서남으로 이 땅을 감싸 안으며 흐르고 수려한 절벽이 보이는 이곳이 금구몰니(金龜沒泥)의 형상이 아닌가 하고 찬탄했다. 금구몰니는 세상의 진혈 중에서 1등 되는 진혈로 바로 금거북이가 늪에 들어가는 형국을 말한다. 그래서 5천 년 전 단군이 첫 도읍을 정한 것이나 천년 강국 고구려가 이리로 천도했던 것은 다 이 금수산 지맥을 바로 봤기 때문이요 역사에 큰일을 한 통일고려가 500년을 넘기지 못하고 리조왕조가 500년을 넘기지 못한 것도 개경이나 서울이 이 나라의 참진혈이 아니기 때문이라는 결론을 내린다.

그 뒤 이 사람은 금수산태양궁전에 안치된 김일성 시신을 보게 되는데, 그 순간 지맥이나 산수가 출중한 위인을 배출한다는 그간의 자기견해를 바꾸게 된다. 김일성 경우는 사람이 지맥을 이롭게 변화시켰다는 것이다. 금수산이 1등 진혈 된 것도 바로 김일성이 서해갑문을 만들어 흐르는 대동강 물을 멈춰 세워 금거북이를 평안하게 해주었기에 금수산이 '민족만대의 진혈'이 된 것이라고 본다.

풍수는 미신 잡설

북한에서 풍수는 당연히 배격된다. 북한에서는 풍수를 풍수지리설이라 한다. 풍수지리는 "풍수설에 기초하여 지형과 지세를 인간의 운명이나 길흉화복과 연결해 설명하는 미신적인 주장"이거나 '미신적인 지리설', '유치하고 허황한 미신잡설'로 규정된다. 풍수는 사람들이 자주의식과 과학지식이 부족한 데서 나온 것이라 실학자 정약용같이 각성된 사람들이 비판했듯이 봉건 시기에 막대한 해독을 끼쳤다고 본다.

　이런저런 자료들을 좀 더 들여다봐도 대체로 같은 내용이다. 풍수설은 봉건시대에 국가적으로도 공인된 학문으로 되어 고려에서는 풍수설에 따라 절과 궁실을 짓고 관료 지주들은 집이나 무덤 자리를 잡았고 조선 시대 양반들 사이에서는 좋은 무덤 자리를 차지하기 위한 추악한 싸움이 벌어졌다. 봉건통치배들이 풍수설을 퍼트리는 것은 잘살고 못사는 것, 신분적으로 높고 낮은 차이가 사회제도 자체의 모순에 있는 것이 아니라 마치 집 자리, 무덤 자리와 관련이 있는 것처럼 인식케 해서 하층민의 계급의식과 투쟁 정신을 마비시키려고 했다는 것이다. 그래선지 풍수에 대한 통치자의 직접적인 언급은 찾기 어렵다. 그러나 김일성의 풍수관을 짐작해 볼 수 있는 언급은 앞의 글에서 보인다. "저기 당중앙위원회가 자리 잡은 창광산으로부터 해방산, 인민대학습당이 앉은 남산재와 학생소년궁전이 있는 장대재 그리고 만수대는 다 이 금수산의 지맥으로 이어져 있습니다. 바로 여기에 김정일 동지가 의사당 자리를 잡아주었습니다. 이렇게 되어 금수산의 한끝에는 내가 있고 저 끝에는 김정일 동지가 있게 되었습니다."

　이 말은 김일성이 수행원들에게 한 말이라는데 이 언급을 보면 김

▲ 만수대의사당. 평양시 중구역 만수대거리 만수동에 있으며, 1984년 10월에 완공되었다. 북한 최고인민회의 회의장으로 북한의 주요 정치 행사, 또는 국가회의 개최 장소다. 만수대는 대동강 오른쪽 연안에 위치한 해발 60미터 언덕으로 모란봉의 남쪽 능선과 연결되어 솟아 있다. 이곳에 김일성 김정일 부자의 대형 동상과 혁명박물관이 자리 잡고 있어 북한에서는 신성시하는 곳이다.

일성도 풍수에 대해 전혀 외면한 것은 아닌 것으로 보이고 금수산에 대한 관심도 있는 것으로 보인다. 앞의 학자가 실재한 인물인지 아니면 가공의 인물인지 모르지만 그가 한 말은 금수산이 금거북 형국이더라도 그것이 빛을 내는 것은 대동강에 서해갑문을 만들어 대동강의 흐름을 막았기 때문에 금거북의 형상이 살아났다는 것이다. 그 학자는 김일성이 세상만사에 도통하고 천문지리까지 꿰뚫어 봤다고 찬사를 보내면서 한마디로 지맥이나 산수가 뛰어난 인물을 낳는 것이

아니라 위인이 풍수를 사람에게 이롭게 바꾼다고 말한다. 그러니까
금수산지구가 '민족만대의 진혈'이 된 것은 김일성과 김정일이 이룩
한 업적에 대한 해외동포 학자의 경탄이 낳은 위인 전설이지, 풍수설
을 부인하는 북한의 관점은 아니란 것이다. 남의 입을 빌려 자기들 수
령을 찬양하고 금수산 풍수를 은근히 자랑하고 있다.

평양의 심장은?

평양이 조선의 심장이라고 했다. 그럼 평양의 심장은 어딜까? 해외
동포학자 말처럼 평양의 진혈인 금수산태양궁전 터인가, 아니면 평양
의 혈처로 알려진 김일성광장 주석단 밑 북한 도로원표가 있는 곳일
까? 김정일이 답을 하고 있다. 언젠가 김정일은 기록영화촬영소에서
만든 〈평양〉을 보다가 만경대가 소개되지 않았다면서 "만경대를 떠
나서는 조선에 대하여, 평양에 대하여 말할 수 없습니다. 조선의 심
장은 평양이며, 평양의 심장은 만경대입니다."(『천리마』 1986년 5월호.)라 일
갈했다. 만경대가 빠지면 심장이 없는 평양이 된다는 게 김정일 관점
이다. '김일성민족의 최대의 국보'로 치는 금수산태양궁전도 평양의
심장은 못 된다. 김정일이 아버지를 위해 만든 자리인 만큼 충성과 효
성의 최고 정화이기도 하지만 평양의 심장은 아니다.

여기서 잠시 심장이라는 말과 관련된 김일성 언급 하나를 본다.
1966년 5월 어느 날 김일성은 국어학자들을 불러두고 담화를 했다.
한자 말을 우리말로 바꾼다고 해서 아무렇게나 해서는 안 된다면서

가령 지하와 땅속, 심장과 염통은 뜻이 같지만 그 폭이 다르므로 한
자말과 고유어를 다 그대로 두는 수밖에 없다고 했다. "만일 지하투
쟁이란 말을 땅속투쟁이라고 고친다든가, 평양은 나의 심장이라는
말을 평양은 나의 염통이라고 고치려고 해서는 안 될 것입니다."라고
말한다. 이런 지적대로 안 됐더라면 "평양은 조선의 염통"이 될 뻔했
다.

▲ 만경대 김일성 생가를 찾아 참배하는 북한 학생층과 인민들 모습. 김정일은 "조선의 심장은
평양이며, 평양의 심장은 만경대입니다."라고 일갈했다. (『천리마』 1986년 5월호)

맺는말

앞에서 해외동포학자라는 사람 입을 통해 서울의 지맥이 쇠했다고 했다. 북한소설에 그려진 서울도 한결같이 환락과 탐욕의 모습이고 풍수상 불길한 곳이다. 반면에 북한문학작품에 나타난 평양은 지상 낙원이다. 그런데도 한국의 K컬처는 세계를 휩쓸고 있다. 한 풍수학자는 이게 다 서울 삼각산의 정기 덕분이라고 본다.

땅이야 무슨 이데올로기적 색채를 띠겠는가만 이 땅에서 첫째가고 둘째가던 서울과 평양이 분단 후 선의의 경쟁을 넘어 한반도의 주도적 지위를 차지하려고 대결하고 있다. 북한은 분단 후 평양을 '혁명의 수도'라고 강조해 오더니 1990년대부터는 '민족의 본향', '민족의 성지'라고 내세운다. 그 근거로 세 가지를 주장한다. 첫째로, 100만여 년 전 평양 부근에서 사람이 태어나서 살았고 구석기, 신석기 문화가 생긴 곳이어서 인류 원고향의 하나이고 둘째로, 단군이 태어나고 나라를 세운 곳이어서 우리 민족의 첫걸음이 시작된 곳이고, 세 번째로, 평양을 거점으로 해서 우리 민족이 형성되었고 조선족 여러 갈래가 하나로 단일성을 이뤄냈다는 것이다. 첫 번째 주장과 관련해서 대동강문화를 내세우고 두 번째 주장으로 서울보다 오랜 고도라고 내세우고 세 번째 주장으로 평양은 오르고 서울은 내린다는 '평양대세설'이란 것도 내세운다.

이런 찬사는 체제 우월성과 정통성을 과시하려는 것이지만 따지고 보면 결국 서울에 대한 열등 심리의 반영이다. 북한 주민들도 분단 전의 수도가 서울이었다는 것을 안다. 1972년 12월 개정되기 전의 북한헌법에 수도가 서울로 명시됐던 것을 모를 리 없다. 서울의 위광 효과를 의식해서 그들 정권수립 때는 평양을 내세우지 못했다. 서울은 한반도에서 다른 어떤 곳보다 나은 땅이라는 뜻으로 수선지지(首善之地)로 일컬어지던 땅이고 지금도 그렇다. ●

북한의 지명변경 양상

광복 당시 평안남도 영원군에 태극면과 태극리가 있었다. 본래는 덕천군 지역이었으나 1935년 영원군으로 이관되었다. 태극이란 이름은 대동강 상류가 태극형으로 휘돌아 흐르는 데서 유래했겠는데, 1952년 12월 북한의 행정구역 개편으로 없어진다. 이때의 개편은 아주 커서 면이 없어지고 새로운 군이 많이 생기고 노동자구가 신설되었다. 이전에도 4차례나 행정구역 개편이 있었지만 이때는 종래 4단계 행정단계를 3단계로 바꾸는 대대적인 개편이었다. 이 개편으로 군(郡)은 숫자가 늘어나고 이(里)는 줄어든다. 6. 25전쟁 중이던 이 시기에 굳이 행정구역 개편을 한 것은 왜였을까.

행정구역을 개편하면 당연히 지명도 변경되는데 무슨 평화리, 해방리 같은 이름, 철벽리, 승전리, 주둔리(駐屯里) 같은 이름, 영웅리, 문화리, 개선동 같은 변경된 이름들이 새로 생기고 늘어나서 눈에 띄었다. 평화리, 해방리는 광복 직후에도 생긴 곳이 있지만 이때 많이 등

▲ 위성에서 본 남과 북의 야경. 남북 분단 78년 동안 우리가 쉽게 가볼 수 없는 북한은 지명마저 바뀌거나 너무 많이 달라져 일아 볼 수 없는 지명이 많다.

장한다. 북한의 행성지명에는 새별군 같은 우리말 지명도 등장하고 김책시나· 사오동처럼 사람이름, 숫자로 된 땅이름도 있다. 또 영광이니 은덕이니 충성이니 하는 일반 어휘들로 당과 수령에게 감사를 표하는 이름들도 보인다.

이름은 인간사에서 아주 중요하다. 사람 이름을 비롯해서 땅, 마을, 상점, 다리, 건물, 단체, 약, 과자에 이르기까지 모든 이름은 처음에 부름의 뜻으로 정해지지만 나중에는 그 존재를 상징하는 의미로 된다. 북한에서의 땅이름과 관련해서 눈길을 끄는 특이한 이름들과 이름 짓고 바꾸는 이런저런 모습을 짚어보기로 한다.

유형별로 본 특이 지명들

북한에서 1952년 행정구역 개편으로 군은 98개에서 168개로 늘어나고 이(里)는 10,120개에서 3,658개로 줄어든다. (양태진, 북한 행정구역 개편에 관한 고찰, 1990. 7.) 그 이(里)·동(洞) 중에서 평화리, 평화동이란 이름만도 열 군데가 넘는다. 이렇게 특이한 지명으로 바뀐 양상을 유형별로 정리해 본다.

(1) 정치, 사회적 변화 현실반영
이 유형에 해당하는 지명으로는 평화·해방·광복·전승·승전·주둔·철벽·영웅·낙원·문화·선봉·개혁·혁신·전진·노동·근로·봉화·천리마 등등이 있다. 먼저 평화리, 평화동이다. 평화리는 10곳이 보인다. ①황해남도 강령군 ②황해북도 신평군 ③황북 린산군 ④평안남도 숙천군 ⑤평남 대흥군 ⑥평안북도 운산군 ⑦평북 대관군 ⑧양강도 갑산군 ⑨함경남도 금야군 ⑩개성시 판문군이다. 평화리만 있는 게 아니라 평화동도 있다. 평양 모란봉구역, 신의

주시와 원산시, 라선시에는 평화동이 있다. 평화리나 평화동은 거의
가 1952년에 신설되는데 강령군 평화리와 개성시 평화리는 6.25 전
쟁 때 북쪽에 편입된 지역이다.

　평화리, 평화동은 현재 있는 이곳들 외에도 몇 군데 더 있었는데
폐지되었다. 평북 영변군에는 1949년 팔원면에 평화리가 신설되었
으나 1952년 개편 때 송하리에 편입되었고 같은 영변군 소림면 원등
리에도 1949년 평화리가 신설되었으나 1952년 개편 때 없어졌다. 같
은 평북 정주군에도 1949년 정주면에 평화리가 신설되었으나 1952
년 없어졌다. 함경남도 영흥군과 강원도 평강군 지역에도 평화리가
몇 군데 있었다가 없어졌다. 없어진 평화리는 대개 1949년에 생긴 것
들로 광복 후 평화로운 마을이 되었다고 붙인 이름인데, 1952년 개
편 때 없어진다. 1952년에 생긴 평화리는 전쟁승리를 앞당기고 평화
로운 새 생활을 마련하려는 주민들의 소원을 담아서 평화리로 했다
는 것이다. 평화리 중에서도 대관군 평화리는 삭주군 외남면 태평리
의 평과 태화리 화를 따서 평화리라고 한 곳이다.

　해방리를 보자. 해방리는 4곳이고 해방동도 4곳이다. 강원도 고성
군 동부, 고산군 북부, 평강군 남동부 그리고 황해남도 옹진군 북서
부에 해방리가 있다. 옹진군 해방리 외에는 3곳 모두 강원도 지역이
다.

　고성군은 휴전 이후 남쪽 고성과 북쪽 고성으로 나뉘졌고 해방리
는 북쪽 고성군 외금강면 서아리와 영진리가 1952년 개편 때 신설된
것이다. 고산군 해방리는 안변군에서 갈라진 고산군 일부 지역이 새
이름을 얻은 것이다. 평강군 해방리는 평강면 지역의 어룡포리 등이

없어지면서 해방리란 이름을 얻었다. 옹진군 해방리는 이 군 북서부에 있는데 교정면 월암리, 비파리 등이 합쳐서 해방리가 되었다. 해방동도 몇 군데 있다. 원산시, 신의주시 청진시, 함흥시 등 주로 시 지역이다.

해방리, 해방동은 일제강점에서 벗어났다고 붙인 이름이지만, 있다가 없어진 곳이 몇 군데 있다. 광복 당시 지명으로 평양 오탄동, 평북 강계군 만포읍, 삭주군 외남면, 함남 신흥군 상원천면, 갑산군 진동면 동점리, 문천군 운천면, 함북 성진시 청학동 지역인데, 해방 직후나 1949년 생겼다가 1952년 또는 그 이후에 없어졌다. 해방이라 하지만 조국 해방을 뜻하는 것이 아니라 고성군이나 옹진군에서처럼 6. 25전쟁 때 인민유격대가 해방시켰다고 붙인 이름도 있다. 또 평양 오탄동은 일제시기 치욕스런 유곽생활에서 벗어났다고 해서 한때 해방리라고도 했다. 해방노동자구도 3곳에 있다가 없어졌다.

해방이 있으면 광복은 없는가. 광복이 리 단위 이름으로는 없고 동 이름으로는 평양 만경대구역과 평남 개천시에 있다. 이 두 지명 다 김일성의 이른바 '광복의 천리길'과 관련된다. 거리, 다리, 골 이름으로 광복이 더러 보이는데 광복(光復)도 있지만 광복(廣福)의 뜻으로도 붙여진 이름도 있다.

전승리는 2곳에 있다. 평안북도 운산군에 있는데 운산전투 승리한 마을이라고 운산면 입석하리와 계림리를 병합해서 1952년 신설되었다. 또 하나는 강원도 평강군에 있는데 이 역시 6.25 당시 두루봉 전투를 비롯한 승리를 얻은 지역이라 하여 1952년 평강군 남면 중동리와 학전리를 통합해서 신설된 지명이다. 승전리도 있다. 강원

도 천내군에 있는 지명인데, 6.25 때 운림면에서 활동하던 문천인민
유격대가 승리를 거둔 곳이라 해서 승전리가 되었다는 것이다. 천내
군도 문천군 천내면을 중심으로 몇 개 면이 합해져서 1952년 12월
신설된 군이다.

주둔리는 강원도 고성군에 있다. 1952년 고성군 외금강면 용계리
일부와 서면의 유성리, 화우리, 간천리 일부를 합하여 신설된 이름으
로 6.25 전쟁 중 일시적 전략적 후퇴 때 고성유격대가 주둔하던 마
을이라고 이런 이름이 붙었다.

철벽리는 창도군 점방리를 철벽의 요새로 쌓은 마을이라고 철벽리
라고 이름을 바꿨으나 2000년 11월 금강군 오천리에 편입되면서 없
어졌다. 창도군은 김화군 창도면을 중심으로 몇 개 면 지역이 통합되
면서 1952년에 신설된 군이다.

영웅리는 몇 군데인가. 평북 운산군, 함남 신흥군에 있다. 다 6.25
전쟁 때 전투 영웅들이 나온 곳들이다. 행정지명은 아니지만 영웅거
리, 영웅고개, 영웅고지는 아주 많다.

낙원군(함남)이 있고 낙원동(평양 보통강구역, 평북 신의주시, 함남 덕성군, 청진시 나남구역.)
도 여럿이다. 낙원군은 1952년 이전의 함주군, 홍원군, 흥남시 일부
지역으로 생겼으나 1960년 함흥시 퇴조구역으로 바뀌었다가 함흥시
에서 분리되어 다시 퇴조군으로 되었다가 1982년 8월에는 낙원군으
로 개칭되었다. 문화리는 평양 강동군, 자강도 동신군, 황북 연탄군
에 있고 문화동은 남포시에 특히 많은데 문화주택들이 들어섰다고
붙인 이름도 있고 문화봉사 시설이 다른 곳들보다 많다고 붙여진 곳
도 있다.

선봉군(함경북도)이 있고 선봉리(황해북도 황주시)도 있다. 혁신리(자강도 장강군), 개혁리(평안북도 태천군)도 있고 개혁동(신의주시)도 있다. 천리마구역(남포시)이 있고 노동자동(자강도 강계시), 근로자리(황해남도 신천군)도 있다.

경제적 특성을 반영한 지명도 있다. 산업동(남포 강서구역), 발전노동자구(함경남도 신흥군), 방직동(평안북도 신의주시), 유벌리(자강도 낭림군) 등이다.

(2) 당과 수령에 대한 충성 지명

이런 유형의 이름에는 영광, 은덕, 은정, 은혜, 충성, 개선, 광명 등이 보인다. 영광에는 함남 영광군이 있다. 광복 당시 함주군과 신흥군 지역으로 1952년 오로군이었다가 1981년 10월 이름이 변경되었다. 은덕은 은덕군 이름으로 함북 1952년 경흥군, 종성군, 경원군의 일부지역이 경흥군이 되었다가 1977년 9월 은덕군으로 바뀌었다. 충성이란 지명은 남포시 대안구역, 자강도 강계시 등에 보인다. 개선동도 평양 모란봉구역과 강원도 원산시에 있다. 강원도 도청소재지인 원산에는 해방동, 평화동, 승리동, 개선동이 다 있다.

(3) 사람 이름 지명

사람 이름으로 된 땅이름에는 김책시, 김형직군, 김형권군, 김정숙군, 김제원리, 안길리 등이 보인다. 김책시는 1951년에 함경북도 성진시가 이름이 바뀐 것으로 김책은 김일성의 전우다. 김형직군은 김일성 아버지 이름을 딴 지명으로 평북 후창군을 1988년 8월 바꾼 것이고 김형권군은 함남 풍산군 일부지역이 1954년 양강도로 되고 1990년 8월 김형권군으로 개칭되었다. 김형권은 김일성 숙부다. 김

일성보다 7살이 많은데 김일성을 도와 무슨 청년동맹을 이끌고 조선
혁명군에서 항일활동을 했다는 사람이다. (국가보훈처가 2016년 김형권에게 건국훈장
애국장을 추서해서 논란을 빚었다.)

　김정숙군은 1954년 10월 신파군에서 이름이 바뀌었는데 신파군
은 함남 삼수군 삼수면을 중심으로 신설된 군으로 함남에서 양강도
로 변경되었다. 김제원리는 황남 재령군에 있는데, 해방 후 많은 쌀을
바친 애국농민 김제원을 기려 1961년에 개칭했다. 안길리는 함북 은
덕군에 있는데 안길은 '항일혁명투사'로 알려진 사람이다.

(4) 숫자 지명

　숫자로 된 땅이름에는 5.1노동자구(자강도 장강군, 양강도 갑산
군), 9.5동(자강도 만포시), 구월동(평안남도 평성시), 사오동(함경남도 단천시), 이
팔리(함경남도 부전군), 십일리(함경북도 길주군)가 있다. 대개가 통치자의 현지지도
날짜를 기린다고 정해졌다.

(5) 고유어 지명

　고유어 이름이 늘어나서 군 단위에서 과일군(황해남도), 새별군(함경북도)
을 비롯해서 이 동·단위 새살림동(평양 동대원구역, 황북 송림시), 꽃핀동(황해북도
송림시), 샘물동(자강도 만포시), 능금동(평양 역포구역), 새날동(평안북도 구성시), 네길동
(황해북도 송림시), 솔모루동(자강도 희천시), 새마을리(평양시 평천구역, 남포시 대안구역, 자강도
만포시, 황해북도 송림시, 황해남도 신천군), 긴골리(평양 낙랑구역), 새길리(황해남도 신천군) 등등,
상당히 많이 찾을 수 있다. 물론 고유어만으로 이름 짓기 어려운 경
우는 동늪리(함경남도 부전군), 늪수리(함경남도 장진군)처럼 한자와 섞어 쓴 지명

도 있다.

지명변경의 특징

앞에서 유형별로 특이한 지명들이 만들어진 계기나 과정을 보다
자세히 밝히지는 못했지만 북한은 그들 기준으로 낡고 부정적인 지
명이나 일제 잔재로 보이는 지명은 1960년대 후반까지 거의 없애버
렸다. 이런 변경은 자연촌락이나 산천의 이름은 고사하고 행정지명까
지 통치자 한 사람의 의견으로 쉽사리 바꿀 수 있는 체제이기에 가능
했다. 1981년 5월 함경북도를 현지지도하던 북한 통치자는 아오지(阿
吾地)와 주을(朱乙)의 이름을 바꾸라고 지시한다. 두 이름이 여진(女眞)과
관계되는 것이라 민족 자부심을 훼손한다는 명분이다. 그래서 은덕
군 아오지리는 학송리(鶴松里)가 되고 경성군 주을은 통치자가 직접 온
포리로 바꿨다. (박명훈, 해방 후 우리나라 강하천 이름에서 일어난 변화, 문화어학습 1991. 제2호.)
은덕군 아오지리가 아오지탄광이란 악명 때문에 바뀐 것이 아니라
여진 말이라고 바꾸라고 했다는 것이니 미상불 이해가 되는 면도 있
다. 또 태극리를 없애듯이 북한 땅에 있던 미륵리(彌勒里)도 거의 사라
졌다. 또한 혜산진, 만포진 같은 진(鎭)이 든 이름도 왕조시대 냄새가
난다고 없앴다. 평화리, 해방리 하듯이 정치사상적 염원을 담은 지명
만 있는 것이 아니라 샘물동(만포시), 고개동(만포시) 같은 우리말 고유어
로 지명을 만든 것도 많이 등장했다. 북한에서는 이를 '인민적인 어
휘에 기초하여 재편성'되고 '정치사상적으로 건전한 어휘들로 재편

성'되었다고 평가한다. (선우룡화, 해방후 우리나라 행정지명의 주체적 발전, 언어학론문집7, 과학백과사전출판사, 1987. 1.)

맺는말

이북5도위원회가 주최하는 대통령기 쟁탈 이북5도민 체육대회가 있다. 실향민들이 고향 사람 만나서 향수를 달래고 친목을 다지는 행사다. 언젠가의 이 대회에서 초등학교 3학년 정도의 학생에게 기자가 고향을 물었다. 함경남도 문천군 ○○면이라고 또렷이 대답했다. 평소 부모나 조부모로부터 들은 대로 답했을 것이다. 문천군은 지금 함경남도가 아니라 강원도 문천시가 되었고 ○○면은 없어졌다. 행정구역 개편 사정을 몰랐거나 알았더라도 월남 당시 지명을 가슴에 담고 싶어 옛 지명 그대로 가르쳤을 수 있다.

김일성은 일찍이 일군의 국어학자들, 예컨대 김두봉(金枓奉) 같은 사람들이 문자개혁을 제안했을 때 글자를 바꾸면 '남조선'과 편지왕래도 어렵고 신문, 잡지도 서로 알아볼 수 없게 된다면서 문자개혁은 통일된 뒤에 해야 한다고 말했다. (김일성, 조선어를 발전시키기 위한 몇 가지 문제, 1964. 1.) 또 남쪽에서 한자를 계속 쓰고 있는 이상 교류를 위해서는 한자를 가르쳐야 한다고 말하기도 했다. 그런데도 행정구역 개편과 이에 따른 지명변경에 대해서는 통일 후에 혼란을 준다고 생각하지 않았는지 미루지 않았다.

북한 정권수립 이후 발생한 사안과 관련된 이름이야 어떻게 붙여지더라도 분단 전 쓰던 지명이 바뀐다는 것은 그만큼 남북한 공통분모를 줄이는 것이 된다. 1970년대 초 남북대화가 시작되면서 북한이라는 존재의 사실 인식과 더불어 변경된 북한지명은 현실적인 문제로 다가왔다. 황해북도 은파군, 평안북도 운전군 신오리라는 변경된 지명으로는 그 지역 실향민들도 잘 모를 수 있다. 따라서 광복 당시 지명을 기준하되 변경된 지명을 '북한의 행정구역상 ○○도 ○○군'이라는 방식으로 함께 명시해야 할 일이다.

어떻든 행정구역 개편은 남북한이 다 필요에 의해 실시했고 현실적으로 인정하지 않을 수 없는 면이 있더라도 정통성 관점에서는 통일 후 재검토될 수도 있는 사안이라고 봐야 한다. 끝으로 가급적 우리말을 살려 쓴 북한의 지명변경 방식은 타산지석이 될 수 있다. ●

북한의 광복 전 대중가요 평가

알려지기로는 김정일은 광복 전 대중가요 중에서 〈눈물 젖은 두만강〉을 좋아했다고 한다. 실제 부르거나 흥얼거리기도 했는지는 모르지만 이 노래가 자기 어머니 김정숙을 떠올리게 한다는 말도 한 모양이다.

북한에서는 〈눈물 젖은 두만강〉 같은 유행가나 광복 전 가요들을 묶어서 계몽기 가요라고 한다. 계몽기 가요에는 우리나라에 서양음악이 들어오면서 창작된 창가, 동요, 가곡, 신민요, 유행가가 포함된다. 창가는 개화기에 서양곡조 맞춰 지은 노래를 말하는데 〈소년대한〉·〈경부철도가〉·〈한양가〉·〈세계일주가〉 등이 있고 신민요는 1930년대 민요풍의 가락에 서양악기로 반주하는 노래들인데 〈노들강변〉·〈울산큰 애기〉·〈맹꽁이 타령〉·〈대한팔경〉 등이 있다. 가곡은 〈봉선화〉·〈고향생각〉·〈그집 앞〉 등이 광복 전 가곡인데 한국에서는 가곡을 가요와 구별하지만, 북한에서는 가곡도 예술가요^(서정가요)라면서 가요에 포함한다.

　유행가는 초기에 연극의 막간에 불리던 노래여서 예술성보다 오락성, 통속성이 짙었고 1939년 전후해서부터는 악단에서 대중가요라고 불렸다. 이 시기는 일제의 검열강화로 민족정신 고취나 시국풍자 노랫말이 일체 금지되는 때였다. 북한에서는 지금도 유행가 또는 대중가요를 혼용한다.

　북한에서는 광복 전 유행가가 1920년대 중엽부터 1930년대 전반기까지 창작이 왕성했고 1937년까지 아주 성행했다면서 유행가 중에는 퇴폐적인 것도 있고 그렇지 않은 것도 있고 또한 반동적인 유행가도 있고 진보적인 유행가도 있다고 본다. 대체로 1990년대 들어서기까지는 퇴폐적이라고 규정되어 못 부르는 노래였다. 1960년대 김일성이 민요형식을 띈 유행가는 살리자고 말한 바 있고 김정일이 유행가에 대한 새로운 관점을 언급한 뒤부터 평가가 달라졌고 부를 수도 있게 되었다. 그럼 실제로 일상적으로 흥얼거리거나 노래자랑 경연 같은 데서 불려지고는 있는가? 북한이 말하는 계몽기 가요 중 유행가(대중가요)에 대한 관점변화와 그 평가를 들여다보기로 한다.

북한에서 부르는 광복 전 유행가

　《조선노래대전집》이란 노래책이 있다. 2002년 12월에 출판되고 2년 뒤 재판되었는데 4×6배판 2,566면으로 가히 벽돌책이라 할 만큼 두껍다. 이 책에 가요는 광복 전 가요와 광복 후 가요가 편찬되었는

▲ 2002년 12월에 초판된 후 2년 뒤 재판된 4×6배판 2,566면 두께의 《조선노래대전집》

는데 광복 전 가요는 156곡으로 광복 후 북한정권하에서 창작된 가요의 27분의 1 수준이다. 그것도 창가, 동요, 신민요, 동요, 유행가를 다 포함한 것이어서 유행가만을 말하면 56곡 정도다. 이 노래전집보다 앞서 발간된 《계몽기 가요선곡집》(문학예술종합출판사, 1999. 7.)에서 소개된 27곡보다는 많지만 양적으로 아주 적은 숫자다. 조선음악가동맹과 평양음악무용대학 민족음악연구실이 주동적으로 계몽기 가요를 발굴하고 고증해 오고 있다지만 성과가 미진한 모양이다.

56곡 중에는 〈감격시대〉·〈강남달〉·〈나그네 설음〉·〈눈물젖은 두만강〉·〈목포의 눈물〉·〈불효자는 웁니다〉·〈울며 헤진 부산항〉·〈진주라 천리길〉·〈타향살이〉·〈황성옛터〉 등이 보인다. 그럼 이런 노래들이 북한에서 불리고는 있을까?

북한에도 1986년부터 시작된 노래자랑 경연이 있다. 조선중앙텔레비전 방송이 주최하는 '전국 근로자 노래경연대회'인데, 인기가 높은 프로그램으로 방송국 차원이 아니라 당적 차원에서 관심과 지원을 받는다. 명칭은 근로자 노래경연이지만 노동자, 농민, 사무원, 학생, 주부가 다 참가하고 부문별로 경쟁을 한다. 그것은 근로자라는 개념에는 전 인민이 포함되기 때문이다. 노래경연대회 참가자들은 대부분 혁명가요를 부르지 광복 전 유행가는 거의 부르지 않는다. 광복 전 유행가가 금지곡은 아니지만 심사기준에서 가창력보다 사상예술성을 중시하기에 불리할까 싶어서가 아닐까 싶다. 외국에 있는 북한식당에서 종업원이 광복 전 유행가를 부른다고 해서 완전히 자유롭게 부르는 것으로 아는데, 그렇지 않다는 것이 탈북자들이 말하는 실상이다. 실제로 북한 주민들이 부르지 않더라도 광복 전 대중가요들을 소개하고 평가하는 것도 변화다. 그 과정은 역시 통치자의 언급으로 시작된다.

유행가에 대한 통치자의 언급

김일성이 퇴폐적이 아닌 유행가는 부르라고 한 것은 1960년대이다. "……류행가 가운데서도 퇴폐적이 아니고 조선민요의 형식을 계

승하여 만든 좀 경쾌한 노래들은 계속 부를 수 있습니다." (김일성, 혁명적 문
학예술을 창작할데 대하여, 1964. 11. 7.)

그래도 큰 변화가 없더니 김정일이 한마디 하면서 달라졌다. "한때
계몽기 가요를 류행가라고 하면서 부르지 못하게 하였는데 류행가라
는 것은 해당 시기 인민들 속에서 널리 불리워진 노래라는 말입니다.
사람들 속에서 널리 불리워지고 류행되면 류행가이지 류행가가 따로
있는 것은 아닙니다."

이 말을 바로 받아서 유행가에 대한 관점을 달리한다.

"위대한 령도자 김정일 동지께서는 최근 류행가에 대한 관점을 바
로 가질데 대하여 가르치시면서 류행가가 지난 시기 창작되었다고 하
여 다 나쁜 것이 아니며 거기엔 인민들의 지향과 감정이 생활적으로
체현되어 있다고 하시면서 혁명적인 사상은 없어도 민족적 울분과 향
토애, 고유한 정서가 있다고 일깨워 주시였다." (리동수, 광복 전 대중가요와 민족문
화유산, 조선문학 2000. 8.)

그리고 광복 전 유행가를 돌보지 않았던 이유를 통치자 아닌 다른
데서 찾는다.

"광복 후 우리 당에 기여들었던 얼마우제(극좌익분자)들은 이 노래
들을 혁명성이 없는 것으로 단정하고 부르지 못하게 하였으며 결국
1920년대부터 광복 전까지 우리나라 음악발전사에는 공백이 생기게
되었다." (우연오, 반일, 애국, 광복의 리념을 심어준 계몽기 류행가, 조선예술 2002. 9.)

앞에서 언급한 《조선노래대전집》에는 노래, 음악과 관련해서 김정
일 한 말이 소개되어 있다. 음악 전반, 혁명가요, 전시가요, 가극, 영
화음악, 아동가요, 민요 등등에서 모두 1,252건인데 가요에 대한 것

은 541건이다. 이 541건은 모두 광복 후 북한에서 창작된 가요를 언급했다. 어떤 노래는 5번, 6번 언급도 한다. 가령 〈휘파람〉 같은 노래는 4번, 〈지새지 말아다오 평양의 밤아〉는 5번, 〈높이 들자 붉은기〉는 6번을 언급하고 있다. 하지만 광복 전 대중가요에 대한 것은 하나도 보이지 않는다. 이제 살폈듯이 아직은 일반화되지는 않는 모습이다. 그러나 그들 기준으로 진보적인 유행가를 인정한 것만은 평가될 수 있다.

진보적인 유행가 유형별 분류

북한에서 진보적이라고 보는 유행가를 몇 가지 유형으로 분류해 본다. ①망국노가 된 민족적 울분과 설움을 통해 반일감정을 표현한 것, ②사랑, 이별과 같은 감정을 통해 조국 사랑과 반일감정을 담은 것, ③고향을 그리워하는 향수를 노래한 것, ④광복의 앞날을 확신하는 신념을 담은 낭만적인 것, 네 가지다. 모두 반일, 애국, 광복의 이념을 심어준 것으로 평가한다.

①에 해당하는 노래는 〈황성옛터〉·〈서울노래〉·〈타향살이〉·〈나그네 설음〉·〈집 없는 천사〉 등이다. 〈황성옛터〉는 허물어지고 폐허로 된 고려의 옛 궁터를 통하여, 또한 왜놈들의 등쌀에 못 이겨 고향 땅에서 더는 살 수가 없어 떠돌이 신세가 된 주인공의 심정을 통하여 나라 잃은 민족의 슬픔과 울분을 토해 냈고 이 때문에 이 노래들은 탄압을 받았다고 말한다. 〈서울노래〉는 3.1운동과 6.10만세사건,

그리고 광주학생사건으로 이어져 왔던 겨레의 숨소리가 일제에 총칼 앞에 쓰러진 것을 '무궁화 가지마다 꽃잎이 지고' '앞 남산 봉화불이 꺼진 것'으로 비유하고 혁명 기운과 광복이념을 '아시아의 바람아 서울의 잠을 깨라'는 시어로 은유적으로 노래했다고 소개한다. 여기 '아시아의 바람'은 작사자 조영출이 백두산에서 전설처럼 전해오는 이야기를 뜻한다고 술회했으니까 김일성과 관련지어 당연히 평가받는다.

②에 해당되는 것에는 〈목포의 눈물〉·〈홍도야 울지 마라〉·〈울며 헤어진 부산항〉·〈눈물 젖은 두만강〉·〈연락선은 떠난다〉 등이 있다. 이들 노래의 사랑과 이별은 단순한 연정문제가 아니라 일제의 검열을 통과하기 위한 통로였을 뿐 거기에는 반일 애국의 감정이 강하게 깔려있었다는 해석이다. 가령 〈눈물 젖은 두만강〉은 남편 잃은 아내의 슬픔에 나라 없는 민족의 슬픔을 담았지만 이 노래 가사에 나오는 님은 남편에 대한 것만이 아니라 잃어버린 조국에 대한 뜻도 있다고 본다. 민족적 울분을 기본정서로 하고 있다는 평가다.

〈목포의 눈물〉이나 〈울며 헤어진 부산항〉 역시 그리운 정을 앗아가는 작별을 통탄하지만 그 설움은 울분으로 터져 오른다고 본다. 〈목포의 눈물〉은 1절에서 님을 잃은 슬픔을 노래하고 2절에서는 님을 그리며 3절에서 님 앞에서 절개를 다짐하고 목포의 사랑으로 승화되어 가는 주인공의 정서가 표현되었다고 본다.

③에 해당하는 노래는 〈진주라 천리길〉·〈서귀포 칠십리〉·〈잃어진 고향〉 등이 있다. 〈진주라 천리길〉은 논개의 애국적인 사연이 깃든 진주 촉석루도 고향에 돌아온 주인공의 울적한 심사를 위로해 주지 못하는 데서 일제에 대한 반항감정을 불러일으키는 노래로 본다. 〈서

▲ KBS 남북의 창이 소개한 북한 TV 방송의 〈북한에서 부르는 광복 전 유행가〉 방영 화면.

귀포 칠십리〉는 한 폭의 그림 같던 서귀포 칠십리가 물새만 울어 예
는 한적한 곳이 되었으니 이게 누구 탓인가 하는 사회적 문제를 제기
한 노래로 본다.

④에 해당하는 것에는 〈감격시대〉·〈낙화유수〉·〈바다의 교향시〉
·〈청춘일기〉 등을 든다. 우리나라 최초의 대중가요라는 〈낙화유수〉
(1927)를 제외하고 이 노래들은 1930년대 말과 1940년대 초 '항일혁
명투쟁'의 승리에 대한 확신이 높아진 것을 반영한다는 평가다. 이들
노래들은 비애적인 감정이 지배적이지만 그렇다고 염세적이고 비관적
인 정서로만 젖지는 않았다고 말한다.

일제는 조선사람의 반일감정을 마비시키고 조선사람들을 타락시

킬 목적으로 유행가의 명목 밑에 퍼트린 퇴폐적이며 반동적인 가요들
도 있지만 망국노의 신세, 향토애, 우리의 고유한 정서가 담긴 유행가
도 있었다는 주장이다. (민족음악예술의 귀중한 유산 계몽기 가요, 금수강산 2001. 1호.) 그래서
〈황성옛터〉·〈목포의 눈물〉·〈타향살이〉·〈홍도야 울지 마라〉·〈눈물
젖은 두만강〉도 다 퇴폐적인 노래로 규정되다가 다시 진보적인 노래
로 평가된 것이다. 반면에 〈노들강변〉·〈울산타령〉·〈조선팔경가〉·〈
능수버들〉·〈뻐꾹새〉 등 주로 신민요에 해당하는 노래들은 처음부터
퇴폐적이지 않은 것으로 규정되었다. 이는 김일성이 이미 민요풍 노
래들은 살리자는 말을 한 데 따른 것이다.

한 가지 눈여겨볼 것은 이런 지난 시기에 창작된 진보적인 유행가
뿐 아니라 지금 창작되는 것도 대중의 사랑을 받으면 유행가라고 한
다는 점이다.

"류행가는 광복 전 낡은 시대에만 있는 것이 아니다. 새사회 건설
을 위한 장엄한 투쟁 속에서 태여나 인민들 속에서 널리 불리워지는
노래들도 류행가라 말 할 수 있다." (류행가, 『로동신문』 2001. 10. 21. 4면.)

그래서 〈눈물 젖은 두만강〉, 〈홍도야 울지 마라〉만 유행가가 아니
라 노동당시대 청년들의 낭만을 노래한 〈휘파람〉도 유행가다. 그 이
유는 이렇다.

"하루 계획을 300%로 넘쳐 수행하는 보람찬 로동생활 속에서 청
춘의 사랑도 아름답게 꽃피워 나가는 로동당 시대 청년들의 랑만을
노래한 〈휘파람〉과 같은 노래들과 위대한 선군시대를 반영하여 나온
수많은 명곡들이 있다. 인민들 속에서 널리 불리워지고 있는 이런 노
래들은 새 시대의 류행가라 말할 수 있다." (위의 신문.)

〈휘파람〉류의 북한 군중가요도 유행가지만 새 시대의 유행가라서 광복 전 유행가와는 구별하려 한다.

맺는말

몇 년 전 한 신문에 이런 기사가 있었다. "음악은 혁명가요가 쇠퇴하고 사랑을 주제로 한 트로트 풍 가요가 등장해 우리 노래인 〈이별〉, 〈낙화유수〉 등이 애창되고 있다." 이 기사는 북한에서도 남쪽 노래인 트로트 풍 노래가 불리고 있다는 것인데 이 〈이별〉이나 〈낙화유수〉를 '우리 노래'라고 말한 것은 잘못된 것이다. 우리 노래가 아니라 남북한이 공유하는 노래지 남쪽 사람만이 부르는 우리 노래가 아니다. 남북한이 공유한다는 것은 시간적으로 광복 이전, 공간적으로 전한반도에 존재했던 사상(事象)이기 때문이다. 북한은 그간 공유가 가능했던 많은 전통문화들을 폄하하고 외면했기 때문에 남쪽의 젊은 세대에서는 그것이 북한과는 전혀 무관한 것으로 인식될 수 있었다. 그러다가 1990년대 들어서서는 북한도 근대화 시기나 일제 시기의 문화 내용을 선별적으로 수용하기 시작했다. 가요에서도 근대화 시기 창가나 신민요, 가곡, 동요, 대중가요(유행가)를 '계몽기 가요'라면서 '민족음악예술의 귀중한 유산'으로 평가했다. 앞의 〈낙화유수〉도 선조들이 남긴 문화유산으로 평가받아 숨어서 부르는 노래가 아니다. 그러나 노래경연 같은 공개적인 자리에는 아직도 부르기를 꺼린다.

북한은 자기들 '주체의 조국'이 '음악의 나라', '명곡의 나라'로 세상에 알려져 있다고 말한다. 김정일도 "나의 첫사랑은 음악입니다."
라고 하고 "생활이 있는 곳에는 음악이 있고 음악이 있는 곳에는 생
활이 있다."라고도 했다. 그런데도 광복 전 대중가요에 대해서는 아
직도 폄하하고 있다. 앞에서 음악 전반에 걸친 김정일 언급에서도 잘
나타났다. 그러나 북한이 민족문화의 많은 부분을 부정했던 것이 많
은 것을 잃고 있다는 것을 깨닫고 한국과 공유하려 드는 것은 나쁘지
않다. 광복 전 가요의 일정 부분을 받아들인 것도 남북한 문화의 공
통분모를 조금이라도 넓히는데 긍정적이다. 남쪽의 트로트 열풍 같
은 것이 언젠가는 북한 주민들에게 전파되고 영향을 주리라고 본다.

북한의 전쟁문학

7월의 시, 이육사의 〈청포도〉를 읊어본다.

내 고장 칠월은 청포도가 익어가는 시절/
이 마을 전설이 주저리주저리 열리고/
　　(중략)
내가 바라는 손님은 고달픈 몸으로/
청포를 입고 찾아온다고 했으니
　　(후략)

　여기서 청포(靑袍)는 푸른색 도포가 아니라 중국 망명 독립투사들의 일상복이라는 해석이 설득력을 가진다. 그러니까 청포를 입은 손님은 우리 독립운동을 이끌 염원의 대상인 것이다. 이육사(李陸史)는 북한에서도 식민지 청년으로서 민족적 울분과 항거가 구현된 시를 썼다고 평가된다. 하지만 오늘날 북한의 7월은 전쟁 노병들을 기리는 달이다. 코로나 속에서도 '전국노병대회'를 열면서 이른바 '조국해방전쟁' 승리를 한껏 외치는 달이 된다.

▲ 조국해방전쟁 승리 64주년 기념 중앙보고대회 모습.

왜 '조국해방전쟁'인가?

미군이 지배하는 남조선을 해방하고 민족의 자주권을 옹호하며 국토의 완전한 정복 전쟁이기 때문이라고 한다. 이런 전쟁이라서 '신성하고 정의로운 전쟁'이라고 주장한다. 그래서 7월이면 이런 정의의 전쟁에 참가한 노병들을 나라의 귀중한 보배라면서 모두가 그 노병들의 고결한 정신세계를 따라 배우자고 가르친다. 그리고 그런 노병들

이 싸운 '조국해방전쟁'을 주제로 한 예술작품을 하나라도 더 창작하
라고 오늘도 목소리를 높이면서 독려한다. 역대 통치자들이 다 그랬
다. 그래서 북한예술작품에서는 군대 이야기나 전쟁 이야기가 지금
도 끊이지 않고 이어지는데, 수많은 전쟁주제 문학작품들 중 몇몇 작
품을 들여다보기로 한다.

전쟁 주제 대표적인 문예작품들

북한에서 전쟁을 주제로 한 수많은 문학예술작품들 중에서 대표
적인 것들을 찾아보면 분야별로 이런 작품들을 제시하고 있다.

조기천의 시 〈조선은 싸운다〉(1951), 석윤기의 장편소설 〈시대의 탄
생〉(1964), 가요 〈결전의 길로〉(1951), 영화 《월미도》(1982), 가극 〈당의 참
된 딸〉(1971), 조선화 〈남강마을의 녀성들〉(1966) 〈결전의 길로〉라는 가
요는 북한에서 전시가요로 분류되는 노래다. 석광희 작사 김옥성 작
곡인 4분의 4박자로 가사 일부는 이렇다.

가렬한 전투의 저 언덕 피 흘린 동지를 잊지 말아라/
쓰러진 전우의 원한 씻으려 나가자 동무여 섬멸의 길로/
만세 만세 만세 높이 부르며 원쑤의 화점을 짓부시며 앞으로/
원쑤의 화점을 짓부시며 앞으로 나가자 동무여 결전의 길로

영화 〈월미도〉는 2.8예술영화촬영소에서 1982년 제작한 '예술영

화'로 월미도를 지킨 해안포병들의 전투를 그린 것인데, 황건의 단편
소설 〈불타는 섬〉을 영화화한 것이다. 주인공인 해안포중대장과 무
전수인 여자 병사는 다 실제 인물로 해안포중대장은《조선대백과사
전》에도 그 이름이 등재돼 있다. 영화는 인민군 주력부대 후퇴를 보
장하기 위해 월미도에서 며칠을 버텨야 하는 작전 내용대로 '온몸이
육탄'이 되면서 싸웠다는 내용이다.

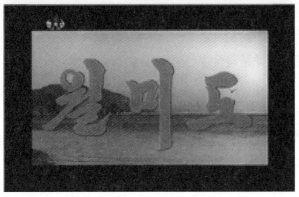

▲ 북한 조선영화사가 제작한 6.25 전쟁 영화 〈월미도〉 선전 화면.

가극 〈당의 참된 딸〉은 조선인민군협주단에서 제작한 〈혁명가극〉으로 당과 조국이 맡겨준 임무를 완수한 나이 어린 여전사를 주인공으로 한다. 여전사 강연옥이 적기의 맹폭 속에서도 적탄을 몸으로 막으면서 환자를 구하고 자신은 죽는다는 설정이다.

조선화 〈남강마을의 녀성들〉은 1966년 김의관이 그렸다. 강원도 고성군 남강 연안의 인민들이 동부 주요고지인 월비산이나 351고지에 총폭탄과 식량을 나르고 부상병을 치료하면서 전투의 승리를 가져오는데 큰 기여를 한 정황을 묘사한 그림이다. 그림에서는 볏짚을 이고 지면서 소를 끌고 강을 건너는 두 여성을 묘사했는데, 볏짚을 지게로 진 여성은 한 손에 장총까지 들고 있다. 두 여성 다 긴장하면서도 용기를 다지는 모습이라는데, 이 그림을 두고 김일성이 칭찬하기를 끌려가는 소도 용기를 내는 듯하다는 것이다. 더욱이 이 그림은 조선화를 채색화 위주로 그려야 한다는 김일성의 언급(1965년) 바로 다음 해 창작된 채색화였다.

'조국해방전쟁' 주제 문학작품

북한 공간자료인 《조선대백과사전》에서는 '조국해방전쟁' 시기 문학작품들 중 대표적인 것으로 앞의 시 〈조선은 싸운다〉(조기천), 장편소설 〈시대의 탄생〉(석윤기)를 비롯해서 시 〈나의 따발총〉(안룡만), 〈증오의 불길로써〉(김상오) 단편소설 〈불타는 섬〉(황건), 〈구대원과 신대원〉(윤세중), 중편소설 〈싸우는 마을 사람들〉, 〈행복〉, 장편소설 〈대동강〉 그리고 종군기 〈우리는 이렇게 이겼다〉(김사량), 희곡 〈명령은 하나밖에 받지 않았다〉 등등을 예거하고 있다. 몇몇 작품들을 본다.

조기천의 시 〈조선은 싸운다〉는 작품은 7개 단락으로 된 장시다. 전체적으로는 6.25 전쟁 시기 침략자를 반대하여 싸우는 인민과 인민군대가 불굴의 투지를 갖고 싸우는 것을 묘사한 내용이다. 첫 단락에서는 전쟁이 가져온 참상을 그린다.

이 땅에서 도시와 마을은 찾지 말라/
남북 3천리에 잿더미만 남았다/

　(중략)

폭격에 참새들마저 없어진 조선!

둘째 단락과 셋째 단락에서는 낮과 밤을 모르고 싸우는 인민군대를 돕는 후방의 인민을 묘사한다.

만일 하늘에 '하느님'이 있어/
낮과 밤을 내였다면/
조선사람을 보고 놀라리라/
밤을 모르는 인민을!

넷째 단락은 전선에서 홀로 싸우는 인민군을 그리고 다섯째 단락은 항일의 전통을 이어 싸우는 인민 전체를 그린다. 여섯 번째 단락은 세계를 향해 '미제침략자'의 '만행'을 고발한다. 마지막 단락은 세

▲ 북한의 전쟁독려 영화의 한 장면.

계의 반제전선에서 조선이 싸우고 있다고 호소한다. 북한에서는 이 시 〈조선은 싸운다〉가 "미제침략자들과 맞서 싸우는 조선의 영웅적 기상을 생동하게 보여주는 인상 깊은 화폭"으로 평가한다. (조선문학사 11, 사회과학출판사 1994. 3. p66.)

조기천(1913. 11~1951. 7.)은 김일성의 '보천보전투'를 다룬 장편서사시 〈백두산〉(1947), 여순사건을 소재로 한 〈항쟁의 려수〉(1949)를 발표한 시인이다. 6.25 전쟁 중에는 종군작가로 낙동강까지 갔으며 〈조선의 어머니〉(1950), 〈불타는 거리에서〉(1950) 등을 지었다. 뒤에 김정일로부터

'혁명시인'이란 칭호를 받았다.

　석윤기의 장편소설 〈시대의 탄생〉은 전쟁이 일어나고 7월 초 '대전
해방전투'까지를 시대적 배경으로 한 내용이다. 전체적으로는 전쟁이
어떻게 일어났고 '조선인민'이 침략자들을 어떻게 때려 부수고 역사
의 새 시대를 열어 놓았는가를 밝혔다는 내용이다.

　소설의 시작은 1904년 4월 초순부터 시작하는데, 그때는 러일전
쟁이 벌어진 때로 훗날 유엔군 사령관이 되는 다글라스 맥아더 육군
소위가 그 아버지 아더 맥아더 장군과 함께 조선 침략의 야망을 품고
황해도 검산 땅(현재 황해북도 송림시)에 기어든다는 설정을 한다. 아더 맥아
더가 일본군의 관전무관으로 오면서 아들 더글러스 맥아더를 부관격
으로 데려왔다. 이들이 일본통역들을 데리고 전선을 따라 움직이다
가 검산 땅 한 곳에서 산세를 보다가 산 이름을 알려고 한다. 이 과정
에서 이 지방에서 글을 아는 사람으로부터 이 산 참녀암 바위에 새겨
진 한시(漢詩)의 내용을 듣기도 한다. 이 자리에서 맥아더 부자에게 당
당했던 박억쇠는 항일의병이 되었다는 소문이고 그 손자 박세진은
김일성 유격대에서 전사했고 동생 세철은 6.25 전쟁에 참가하여 미
군 사단장 딘 소장을 생포하는 전공을 세운다는 줄거리다. 세철은 당
초 광산 모범노동자로, 또 당원으로 돼서 대학추천까지 받고 기뻐하
는데 그때 찾아온 연대장 전학민으로부터 형 세진이가 항일무장투쟁
때 전사했다는 말을 듣고 전쟁이 일어나자 즉시 입대해서 대전해방전
투에서 부모 형제의 원쑤인 미군 선교사 골드빈을 바위로 쳐 죽이고
딘 소장을 생포한다. 소설의 거의 마지막 부분에서 졸병 옷으로 갈아
입고 도망치던 딘 소장을 세철이가 잡는 장면이 나온다.

"뒤따라오던 미국 졸병-전선사령관 띤소장은 우선 총소리에 놀라 선자리에서 엎드려 있다가 조용해지자 무엇이 어떻게 됐는가 해서 조심히 나뭇가지를 헤쳤는데 눈앞에 벌어져 있는 끔찍한 광경(세철이 손에 죽은 골드빈 시체.)에 그만 혼비백산해서 황급히 두 손을 쳐들며 '항복, 항복'하고 서투른 조선말로 웨쳤다. ……그러나 세철은 이미 정신이 희미해지고 있었다. 그래도 그의 총구는 원쑤의 가슴팍을 겨눈채 까딱도 하지 않았다. 띤은 무시무시한 조선 인민군전사의 침묵 앞에서 몸서리를 쳤다. '항복, 항복'하고 거듭 소리쳤으나 얼굴이 강철빛으로 된 그 전사는 미동도 않고 쏘아보고 있었다. 띤은 땀을 철철 흘리며 끔찍한 골드빈의 몸뚱이를 힐끔힐끔 곁눈질 보면서 울음 섞인 소리로 중얼거렸다. '항복, 항복, 항복'.

이때 산릉선 뒤로 달려가던 두 사람의 인민군전사가 띤의 처량한 목소리를 듣고 달려오지 않았던들 이 '저명한' 미국 장군 역시 움직이지 않는 총구와 내려쬐는 한여름 뙤약볕에 그만 정신을 잃고 말았을 것이다."

이 작품을 두고 "평범하고 소박한 보통사람들이 어떻게 미제를 때려부시는 영웅으로 자라났는가 하는 것을 진실하게 개성적으로 보여주는 전형적 형상"이라면서 "조국해방전쟁의 전 인민적 성격과 그 세계사적 의의를 예술적으로 확인한 작품으로서 문학사적 의의를 가진다."라고 평가한다. 그러나 맥아더 부자가 1904년 러일전쟁 당시에 관전무관 자격으로 왔는지 사실 여부를 떠나 그때 이미 조선 침략의 야망을 안고 기어들었다는 설정은 미국이 신민양요(1871) 때부터 조선을 침략했다는 주장을 도식대로 그린 것에 불과하다.

전쟁실기문학 종군기

종군기는 북한에서 전쟁실기문학으로 분류되는데 북한 문학평론
가 엄호석(1912~1975)은 전쟁종군기를 '예리한 전투적 무기로서의 산문'
이라면서 6.25 당시 전쟁실기문학의 대표작품으로 김사량의 종군기
와 박웅걸의 〈전선일기〉를 꼽았다. (엄호석, 조국해방전쟁 시기의 우리문학, 해방후 10년간의
조선문학, 조선작가동맹출판사, 1955. 9. p3.)

김사량의 종군기를 살펴본다.
김사량(1914~1950)은 평양고등보통학교 재학 때 동맹휴학으로 퇴학
당하고 일본에 가서 공부하면서 소설창작을 시작한 작가다. 1945년
에는 중국에서 장편기행문을 썼고 해방 후 김일성을 형상화한 〈뢰성〉
이란 희곡도 쓴 북한문단의 중심적인 인물이다. 그는 6.25 전쟁 바로
다음 날 김일성의 전쟁독려 연설을 듣고는 그날로 종군의 길에 나서
는데, 그가 쓴 종군기는 〈서울서 수원으로〉, 〈우리는 이렇게 이겼다〉,
〈낙동강반의 전호 속에서〉, 〈바다가 보인다〉, 〈지리산유격구를 지나
며〉 등으로 낱낱의 기사들은 『로동신문』을 비롯해서 여러 신문과 잡
지에 게재되었다.
내용은 대체로 이렇다.
〈서울서 수원으로〉에는 미군 폭격기들이 한강철도를 폭파하려고

날뛰였으나 종시 파괴하지 못했고 7월 4일이면 노량진 쪽에는 벌써 내무성 보안대원들이 들어가서 잔당을 처리했으며, 서울을 '해방'한 인민군대는 수원을 거쳐 대전공략전을 벌이는데 금강계선에 방어선을 구축한 미군 24군단을 우회돌파로 대전시가전을 벌여 섬멸하고 낙동강을 거쳐 진해만이 발아래 보이고 마산이 불과 지척간인 고지를 점령하여 남해를 바라본다는 것으로 끝을 맺는다. 이 고지는 함안군 여항면에 있는 서북산(739m)이다.

엄호석은 〈바다가 보인다〉라는 말을 두고 이렇게 평했다.

"한 종군작가가 자기 루뽀르따쥬에 붙이기 위하여 머리에서 고안해 낸 단순한 표제가 아니라 우리 군대용사들과 전체 후방인민들의 조국의 통일 독립에 대한 불붙는 념원과 하루라도 속히 평화적 로력으로 돌아가려는 평화애호적 심정의 단적 표현이었다."(엄호석, 앞의 책 p204.)

또 다른 평론가 장형준은 김사량의 종군기를 이렇게 말한다.

"……우리 인민군대의 영웅적 전투와 승리적 로정에 대한 생동한 력사인 동시에 그들의 애국주의와 영웅주의에 대한 열렬한 찬가, 그 영웅적 전사들에 대한 감동적인 실기."(엄호석, 앞의 책 p204.)

김사량의 종군기를 둔 남쪽의 평가도 많겠지만 주목되는 것이 하나 있다. 사회학자 송호근 교수가 지은 소설 〈다시, 빛 속으로〉(나남, 2018. 2.)를 보자. 이 소설 작가의 말에서 1940년 〈빛 속으로〉를 써서 일본 아쿠타가와상 후보작이 될 정도로 뛰어났던 김사량인데 그가 쓴 종군기는 "뜻밖의 변신이었다"라고 표현하고 있다. 결코 같은 작가가 썼을 거라고는 믿기지 않는 필체이자 문장이라는 것이다. 이런 관

점은 소설 속에서도 주인공 입을 통해서, 또 김사량 친구(재일 작가 김달
수 등.)를 통해서도 곳곳에 나타난다. 거친 슬로건(slogan)이 난무하는 그
글이 김사량의 정교하게 그려내던 문장이라고는 볼 수 없다고 한다.
그리고 종군기 중 〈지리산 유격구를 지나며〉는 김사량 사망 시기와
도 맞지 않는 것이어서 다른 사람이 쓴 것으로 의심을 보내고 있다.

맺는말

북한에서 전쟁문학은 "전쟁 또는 그와 관련된 이야기를 주되는 내
용으로 삼고 있는 문학"이다. 호메로스의 〈일리아드〉를 비롯해서 레
마르크의 〈서부전선 이상 없다〉, 헤밍웨이의 〈무기여 잘 있거라〉, 〈누
구를 위하여 종은 울리나〉 등과 우리나라 〈임진록〉, 〈임경업전〉과 앞
에서 살펴본 소설 〈시대의 탄생〉을 전쟁문학으로 소개하고 있다. 〈시
대의 탄생〉에 등장하는 주인공들 중에는 아직 생존해 있는 노병들도
있을 수 있겠다.

작품들에서는 한결같이 전쟁의 승리를 노래했고 엄호석이 말하듯
이 "이 승리는 동시에 이 전쟁에 직접 참가한 우리 문학의 승리"라고
도 한다. 그는 "조국해방전쟁은 우리 문학을 인민을 교양하는 교과서
로부터 원쑤를 타승하는 투쟁의 무기로, 인민을 승리에로 고무하는
쟁쟁한 애국적 목소리로, 원쑤를 공격하는 포화로 되게 하였다."라고
말한다. (엄호석, 앞의 책 p201.)

이런 관점은 지금도 계속된다.

"전세대들의 영웅적 투쟁정신은 오늘도 우리를 결사전에로 부른다." (『문학신문』, 2017. 9. 30. 4면.)

한국의 한 문학평론가가 "아마도 우리 문학은 6.25가 없었다면 참으로 초라했을지도 모른다."라고 했듯이 전쟁문학은 문학을 풍부화하는 역할은 했을 것이다. 하지만 아직도 6.25 전쟁과 인민군대를 주제로 다루는 것을 문학 앞에 나서는 '전투적 과업'으로 설정하는 북한문학을 그 어떤 간극도 느끼지 않고 읽을 수 있는 날은 언제일까?

●

북한의 미의식

　북한에서는 여성들의 옷차림이나 머리 모양에도 당국이 입을 댄다. 그런데도 특수층이나 장사해서 돈을 번 돈주 여성들은 목거리, 귀거리 등 온갖 장식품들로 치장해서 외출을 한다. 북한식 미감에 따른 몸치장이 아니라 자본주의사회 귀부인처럼 치장을 한다는 것이다. 미적감정이나 미의식은 개인적으로도 다르고 집단이나 민족별로도 다를 수 있다. 77년이 넘는 남북한 격절은 미의식에서도 차이를 가져 왔을 것이 틀림없다. 우선 일상생활상의 미적 감정이나 의식도 달라졌을 것이고 전통예술을 보는 미의식도 달라졌을 것이다. 그간 몇 차례 있었던 남북 예술교환공연에서도 드러났듯이 예술상의 미의식도 달라졌다. 하지만 같은 민족으로서 지닌 미의식은 표층문화의 차이에도 불구하고 심층문화로 남아있는 부분도 있을 것이라 기대도 하게 된다. 가령 이런 것들을 보면 그렇다.

　"맑은 아침의 나라에서 사는 우리 인민은 색을 선택하여도 밝고 고상한 색을 선택하며 하나의 선율을 선택하여도 부드럽고 우아한 선율을 선택한다. 우리 인민은 끝없이 무연히 펼쳐진 초원보다도 맑은 시내물이 흐르는 냇가의 오붓한 고향 마을을 더 미적인 것으로 여기며 모란꽃이나 벚꽃보다도 조선민족의 억센기상을 연상시키는 목란꽃을 더 사랑한다." (김정본, 미학개론, 사회과학출판사, 1991.)

북한의 미의식을 들여다보기로 한다.

전통 미의식

설날 서울의 한 TV에서는 〈국악동요부르기 한마당〉이란 프로그램을 방송했다. 주로 초등학교, 중학교 학생들이 창, 판소리, 민요를 창작동요로 부르는 경연대회로 명절날 분위기에 맞아서 어깨를 들썩이는 사람들도 많았을 것 같다. 전통음악인 국악이 남쪽에서는 최근 전통에 머물지 않고 한류의 본산이 돼서 전 세계로 뻗쳐나서고 있다. 그간 전통의 현대화, 대중화 노력이 빛을 발해서 가히 K팝 못지않은 눈길을 끌며 열풍을 일으키고 있다는 평이다.

같은 설날 평양 만수대예술극장에서는 김정은 내외가 참석한 가운데 음악공연이 열렸다. 판소리는 물론 없었다. 김일성은 서도창은 좋은 데 판소리는 듣기 싫다고 했다. 그는 "판소리는 사람을 흥분시키지 못하며 투쟁에로 불러일으키지 못한다. 판소리처럼 쐑소리를 내는 남도창을 음악의 기본으로는 삼을 수 없다."라고 말한 바 있다. 이것은 통치자 한 사람의 심미성이나 미의식이 작용했겠지만 판소리가 양반들 대상으로 공연되고 양반들이 흥얼거리던 것으로 잘못 본 인식의 오류도 있을 것이다. 판소리는 본래 하층민 출신 광대들이 양민이나 상민에게 즐거움을 주려고 하던 공연이 정답이다. 판소리는 창(唱)을 기본으로 하지만 거기에는 말(대사)도 있고 몸짓도 있어서 연극이라 해도 될 종합예술이다. 전라도 지방과 충청도 서부지방, 경기도 남부에 이르는 지역에 전승돼 오다가 황해도, 평안도에도 전파된 전국적인 민속음악이다. 다만 한 작품이 몇 시간씩이나 걸리니까 쉽사리 무대를 꾸미기가 어렵다 보니 들을 기회도 드물었다. 그래도 판소리 맛을 아는 세계 뮤지션들의 귀에는 흥을 주고 영감을 주는 음악으로 되고 있다. 그런 사례가 많다. 2018년 2월 평창올림픽 때 온 북한 공연관계자들도 축하공연 〈평창흥보가〉를 듣고 판소리의 맛을 알았을까. 그때 판소리 명창 안숙선과 세계적인 첼로연주가 정명화가 이룬 협연은 아주 특색 있는 볼거리로 주목받았다.

어떻든 판소리는 북한에서 공연대상이 아니다. 전통음악으로 보존은 해도 장려는 하지 않을 대상이다. 판소리가 "인민들의 현대적 미감에 맞지 않는 본질적 제한성을 가지고 있다."라고 본다. 북한 전통문화정책은 ①이어받을 것, ②보존해 두기만 할 것 ③없애버릴 것으로 대상을 구분하는데 판소리는 현재 ②에 해당한다.

미적 범주와 미의식

북한의 미학자들은 사람들이 파악하는 미적 현상들을 이렇게 꼽고 있다. "현실에는 아름다운 호수, 수려한 강산, 고운 얼굴, 조화로운 몸매, 어울리는 옷차림, 건전한 윤리도덕, 혁명적인 사상과 정신, 기쁨, 흥분, 웃음, 앙양, 우울, 락망, 슬픔, 비장성, 점잖음, 정중한 것, 장엄한 것, 숭엄한 것, 용감성, 대담성, 영웅성 등 실로 헤아릴 수 없이 다양한 미적현상들이 있다." (리기도, 주체의 미학, 사회과학출판사, 2010. 4.)

이를 연관된 공통성으로 분류하면 자연의 아름다움(호수, 강산 등), 사람 겉모습의 아름다움(고운 얼굴, 조화로운 몸매, 어울리는 옷차림 등.), 사람의 정신적 아름다움(건전한 륜리도덕, 혁명적인 사상.), 비극적 감정(우울, 락망, 슬픔, 비장성.), 숭고한 정신(점잖음, 정중, 장엄, 숭엄.), 영웅적 성격(용감성, 대담성, 영웅성.) 등이 되겠는데, 이를 바탕으로 아름다운 것, 숭고한 것, 영웅적인 것, 비극적인 것, 그리고 희극적인 것 다섯 가지를 미학적 범주로 규정했다.

아름다운 것의 미적 기준은 인민 대중의 자주적 지향과 요구다. 따라서 이에 맞느냐 맞지 않느냐에 따라 아름답거나 아름답지 못한 것으로 갈라진다. 일상생활에서의 수많은 미적 현상들을 이 기준에 따라 아름다운 것을 결정하고 예술작품 창작에서도 그렇다. 예술작품을 두고 인민 대중의 요구에 맞느냐 하는 것은 한마디로 예술지상주의를 배격하는 말이다. "……인민이 받아들이고 인민이 사랑하며 즐겨 부르는 노래라야 쓸모가 있지 몇몇 전문가들만이 이해하고 좋아하는 노래야 무슨 소용이 있겠습니까"라는 것이다. (《김일성저작선집》 2권 p578.)

숭고한 것은 자연현상에서 장엄함을 느낄 때 일어나는 미의식이기도 하다. 가령 설레는 바다, 수천 년 우거진 밀림, 무연한 들판, 별이 반짝이는 밤하늘은 장엄한 감정을 불러일으킨다. 그러나 이런 자연

현상의 장엄함도 사회생활의 장엄함과 연결되어야만 더 숭고해진다
고 본다. 사람이 보지 않으면 무슨 의미가 있느냐 하는 것이다. 백두
산의 태고연한 밀림도 김일성의 항일투쟁의 역사가 깃들어 있어서 숭
고한 감정을 일으킨다는 것이다. 막말로 "인간이 발생하기 이전의 자
연계에는 그 어떤 미도 없었다."라면서 사람을 떠난 미란 세상에 존
재할 수 없다는 주장을 한다. (리혜숙, 숭고한 것의 본질에 대한 주체적 리해, 철학연구 1991년
제4호.)

영웅적인 것도 미의 범주에 들어가게 되는데, 주체미학 이론 때문
에 가능했다는 주장을 내세운다. 영웅적인 것의 본질은 수령에 대한
절대적이며 무조건적인 충실성에서 발현된다고 한다. 김정일은 수령
에게 충실치 못한 '영웅'은 있을 수 없고 수령의 교시와 어긋나는 '영
웅주의'도 있을 수 없다고 말한다.

사람은 혁명을 하면서 살아야 사는 보람이 있지 혁명도 하지 않고
편안히 앉아서 밥이나 먹고 세월을 보내서는 사는 보람이 없다면서
문제해결을 위한 헌신과 투쟁 속에서 영웅적인 것을 본다고 한다. 이
런 사례를 영화 〈월미도〉를 비롯해서 수많은 문예작품에서 찾고 있
다.

비극적인 것은 오직 사람에 의한 사람의 착취가 원인이라고 본다.
비극적 생활 자체는 바람직하지 않지만 비극적 인간은 투쟁 가치를
지닌 미적 대상이 된다. 비극적 인간은 자주성을 유린당하면서 고통
과 불행을 겪는 사람이어서 비극은 개인의 고통이나 불행이 아니라
사회성을 띤 혁명적인 비극이 된다. 사회주의 사회에서는 이런 비극
적인 것이 태어날 요인이 없으니 문예작품도 비극에서 끝나는 것이

아니라 혁명적 낙관주의로 그려진다.

　희극적인 것은 비판적 웃음을 자아내게 하는 미의식이다. 비판적 웃음은 대중의 요구에 맞지 않기 때문에 나온다. 비판적 웃음은 주로 낡고 반동적인 것 때문에 나오지만 사회주의 사회에도 없지 않다. 봉건사회나 자본주의사회에서 물려받은 낡은 모습이 아직 남아있어서 희극적인 현상이 일어난다고 본다. 현실에서 희극적인 것은 독일, 이탈리아, 일본 등 제국주의 국가들이 새것의 진출을 막으려고 사회주의나라를 공격했지만 결국 비극으로 끝난 것이나 미국이 조선을 반대하여 3년 동안 전쟁을 하였으나 자기들이 무력침범을 하였던 그 자리에 주저앉아서 정전협정에 조인하였던 사실들이 웃음을 자아내게 한다고 본다.

　예술작품에서 희극적인 것은 종교의 허위성을 폭로하는 내용(성황당)이나 자기 딴에는 잘한다고 하지만 발전하는 현실을 따라가지 못하는 분조장의 웃음거리(우리 선전원)나 자기 아내를 혁명화하지 못해서 과오를 범하는 희극적 현상을 그린 작품(우리집 문제)을 예거한다. 희극적인 것도 전적으로 거부되어야 할 봉건사회나 자본주의사회에서의 부정에 대해서는 풍자적 웃음으로 폭로하지만 사회주의 사회에서 일어나는 부분적인 결함과 부족한 부분에 대해서는 해학적 웃음으로 교양해야 한다는 지침도 보인다.

　지금까지 언급된 미적 범주를 정리하면 아름다운 것은 대중의 요구에 맞는 미적 현상이고 숭고한 것은 사람의 자주적 요구를 끊임없이 높여주는 미적현상, 영웅적인 것은 실천적 투쟁을 통해서 나타나는 미적 현상, 비극적인 것은 대중의 요구가 유린된 인간이 당하는 고

통과 죽음, 희극적인 것은 대중의 요구에 맞지 않는 것을 억지로 맞는 것으로 가장하는 미적 현상으로 나타난다.

일상에서의 미의식

일상생활에서 우리는 매일 미적 현상들을 대하고 있다. 우리가 옷이나 화장품 색깔을 고르는 것도 미적 활동이고 미의식을 느끼는 현상이다. 미적 활동은 의상실이나 미용실에서도 나타나고 일터인 방직공장이나 용광로나 사무실에서도 일상적으로도 이뤄진다. 예술작품 창작에서는 집중적으로 나타난다.

▲ 평양의 3대혁명전시관에서 열리고 있는 '여성 옷 전시회 2022' 전시장 모습. 가운데 대형전광판이 보인다(사진=조선의 오늘)

사람은 미의식을 가지고 있기 때문에 아름다움을 창조하는 미적 활동이 가능하다. 북한 미학자들은 사람이 사유할 수 있는 고도로 발전된 뇌수와 섬세한 음을 가려들을 수 있는 귀, 사물의 형태미를 알아볼 수 있는 눈 등 육체적 기관들을 가졌기에 미의식이 발생한다고 말한다. 이러한 기관들이 창조적 노동과정을 통해 음악이나 무용을 창작해낸다고 본다. (리기도, 앞의 책.)

북한에서는 "얼굴이 고운 것이 아니라 일이 곱다."라는 말을 흔히 한다. 이를 예술작품에서는 "꽃이 곱다면 얼마나 고우랴 일 잘하는 우리 님 제일 곱더라."라는 가사(바다의 노래)로 표현된다. 노동에 대한 가치부여로 노동이 아름답다는 것을 시적으로 표현한 것이다. 또 미적 대상을 외양으로 보이는 감성적 형식보다 사람에게 얼마나 가치나 의미가 있는가에 따라 평가한다. 금강산은 아름답지만 백두산은 '혁명의 성산'이기에 아름답기보다 숭고하다고 말한다. 묘향산은 옛날이나 지금이나 그 자연미는 그대로지만 그 산이 인민의 휴양지로 되고 나서 그 가치가 커지고 더욱 아름다운 절경으로 되었다는 것이다. 일상생활의 미의식에는 교제미도 있다. 교제미는 "사람들이 교제 과정에 사회적 인간의 본성적 요구에 맞는 자주적인 사상감정과 문화수준이 말과 행동, 옷차림과 머리단장과 같은 감성적형식을 통하여 표현되는 미의 한 형태"라고 한다. (교제미의 본질, 철학, 사회정치학 연구 2018. 2호)

꽃은 일상생활에서 미의식을 갖게 하는 좋은 대상이고 예술작품에서 미의식을 나타내게 하는 대상이다. 우리나라 3대 시조집인《가곡원류》에 나오는 꽃을 조사했더니 1위 복숭아꽃, 2위 매화, 3위 국화, 4위 배꽃 순이었다고 한다. 또 누군가가 시조 5천여 수와 민요 1

만2천여 곡 가사를 살펴봤더니 복숭아꽃이 1위였다고 한다. 또 다른 누군가는 한시(漢詩) 수만여 수를 조사했더니 매화가 1위를 차지했다고 한다. 우리 조상들은 복숭아꽃이나 매화를 매우 좋아했던 것 같다. 매화는 눈 속에 핀다는 말처럼 추운 겨울에도 피는 꽃이어서 선비들의 사랑을 받는 꽃이다. 그런데 이렇게 빨리 핀다고 시비를 거는 사람이 북한에 있었다. 6.25 때 종군기자였다는 이인모(1917~2007)라는 사람이다. 비전향 장기수인 그를 김영삼 대통령 때 북한으로 보냈더니 김일성이 병원으로 직접 찾아서 위로도 했단다. 그의 〈진달래의 마음〉이란 시에 이런 구절이 있다.

(전략)

세상 천하 꽃들 중에 먼저 피여 뽐내려고
눈도 녹기 전에 먼저 피여 나는
리기적인 매화처럼 첫 번째로는 안 피지만
훈훈한 봄바람에 때를 옳게 맞춰가며
붉게, 붉게 활짝 피여 산에 들에 물들이니

(후략)

김일성을 향한 자기 충성을 알리는 진달래보다 매화가 먼저 피니까 미웠던 것일까. 한 개인이 진달래를 사랑하고 매화를 미워하는 거야 뭐가 문제일까만 북한의 온 매체가 덤벼들어 이 시를 소개하면서 매화를 폄하하는 요란을 떨었다. 이런 것도 북한 미의식의 일단을 보여준다.

실제로 화초, 정물, 동물 그림도 봉건시대 그림처럼 매화, 난초 따위가 아니라 김일성화, 김정일화, 진달래, 목란, 해당화 등을 그려야 한다고 강조한다. 목란 꽃은 조선 인민의 억센 기상을 상징하기 때문에 더 아름답고 봄에 먼저 피는 진달래는 시대의 선구자를 상징함으로써 더 아름답다는 것이 북한의 미의식이다.

지금까지 본 북한의 미의식은 맑은 시냇물이 흐르는 냇가의 오붓한 고향 마을을 미적 대상으로 하는 것은 잘 보이지를 않고 방직공장에서 옷감이 나오는 것, 용광로에서 쇳물이 나오는 것을 미의식의 대상으로 강조하는 모습이다. 오히려 혁명투쟁심, 노동에의 헌신성과 열성 같은 것들이 미의식의 중요한 대상으로 자리 잡고 있을 뿐이다.

맺는말

분단 이전 우리 전통예술에서 '애상의 미'나 '비애의 미'를 찾았던 미의식은 북한에선 완강히 부인된다. 그뿐만 아니라 오래전부터 한국 문화예술의 반소설, 전위영화, 추상예술, 전자음악을 비난해 왔다. 신문사 신춘문예 작품들은 '보통의 조선사람'으로서는 구역질나는 내용인데도 거기서 미를 찾는다고 비난했다. 대중가요 중 〈그 사람 이름은 잊었지만〉 같은 곡을 지적해서 '루루루루' 하면서 뜻 모를 짐승 소리를 낸다고 욕을 퍼붓기도 했다. 〈그리운 금강산〉을 두고도 오그라드는 창법으로 민족 정서에는 전혀 맞지 않는다고 매도한다. 북한의 관점으로는 민족 정서란 콧물만큼도 없다던 한국의 문예작품들인데, 이제는 세계가 주목하는 음악이고 영화이다 보니 북한사람 중에서도 몰래라도 훔쳐 듣고 보는 것이 일상이 되어간다.

　백범 김구는 "나는 우리나라가 세계에서 가장 아름다운 나라가 되기를 원한다."라면서 그러한 나라에서 "한없이 가지고 싶은 것은 높은 문화의 힘"이라고 했다. 문화의 힘은 우리 자신을 행복 되게 하고 나아가서 남에게 행복을 주기 때문이라 했다. 남쪽의 문화의 힘이 북쪽의 동포들에게 행복을 줄 날이 하루빨리 다가서기를 바래본다. ●

북한에서 말하는 전쟁과 평화

6.25 전쟁이 일어난 6월이면 전쟁과 평화를 생각하게 된다. 고대 그리스 역사가 헤로도토스가 말했다던가, "평화는 아들이 아버지 무덤을 만들 때이고, 전쟁은 아버지가 아들의 무덤을 만들 때"라고. 세상의 누가 아들 무덤을 만들기를 바랄까. 그럼에도 이런 일은 인류 역사 이래 끊이지 않는다. 1950년 한반도에서도 일어났고 그 전쟁은 아직 끝나지 않았다.

북한은 전쟁을 어떻게 보기에 그때 전쟁을 일으켰고 지금도 그런 관점을 가지고 있는가? 또 평화는 어떻게 보며 어떤 모습으로 다가서기를 바라는가?

준비된 '남조선정복 안' 3가지

▲ 북한이 제작한 6.25 전쟁 당시의 북한군 진격 장면. 인공기와 정규군의 무장, 소련제 탱크와 전투기까지 보인다.

북한에서는 6.25 전쟁을 '조국해방전쟁'이라 칭한다. 왜 '조국해 방전쟁'인가? 그것은 "미제의 침략을 물리치고 제국주의 식민지 통치기반에서 남조선을 해방"하는 전쟁으로 보기 때문이다. 자기 조국 을 지키고 '원쑤'들에게 빼앗긴 땅을 도로 찾는 해방전쟁이기에 이 전 쟁은 좋은 전쟁이라고 '정의의 전쟁'이란 규정도 한다. 정의의 전쟁이 있다면 부정의의 전쟁도 있는가. 공산주의자에게는 그것이 있다. 그 럼 정의롭지 못한 부정의 전쟁은 어떤 것일까. 뒤에 보기로 하고 먼저 6.25 전쟁을 일으킨 과정을 본다. 김일성의 1950년 신년사 요지(要旨) 가 이러했다. "지난해 우리 인민은 조국을 완전히 통일하는 위업을 완수치 못했다. ······1950년 새해를 맞이하여 조국통일을 위한 투쟁에서 승리를 쟁취하기 위하여 힘차게 전진하자." 그러면서 인민군대의 전투태세 완비를 독려했다.

잘 알려졌다시피 김일성은 스탈린에게 남조선정복 의사를 밝히고 승인과 지원을 여러 차례 요청하고 있었다. 이때 제기된 방안은 3가지였다. 김일성(金日成) 안(案), 박헌영(朴憲永) 안, 김두봉(金枓奉) 안이었다. 김일성 안은 혁명 정세를 높여놓고 객관적 정세가 한반도에 유리하게 전개되면 그 시기를 놓치지 않고 즉각 타격의 기회를 만들어 군사적으로 남한지역을 점령한다는 것이다.

그 뒤는 우리가 알다시피 온갖 대남위장평화공세를 퍼붓고 연막전술까지 쓰면서 침략의 발톱을 감췄다. 남침 다음 날 김일성은 남조선이 북침했다고 외치면서 반공격에 나서라고 독려하는데, 그 시간보다 이른 26일 새벽에 육전대 600명을 실은 북한함정 한 척이 대한해협에서 한국해군 함정에 의해 격침된다. 이것은 무엇을 말하는가. 25일 새벽에 이미 38선을 넘어 은밀히 남하했다는 증좌다. 실제로 북한함정은 25일 오전 3시 30분에 한국영해에 침투했고 이를 발견한 해군 전투함 백두산함은 추격 끝에 26일 오전 1시 38분에 1천 톤급 적선을 격침시켰다. 6.25 첫 해전인 대한해협해전으로 적의 후방교란작전을 막아냈다.

남침 사흘째인 27일 밤에는 인민군 주공(主攻) 병력이 이미 서울 외곽까지 근접했다. 이때 김일성은 중요한 전략적 결정을 한다. 그 밤으로 한강 쪽으로 내닫지 않고 주춤하면서 공격을 멈춘다. 서울해방작전은 다음 날 새벽 5시에 시작된다. 인민군은 중앙청, 방송국, 형무소

점령을 우선하고는 사흘간 서울에 머물게 된다. 이것이 작전실패인지 서울주민의 선무를 중시한 정치적 의도인지는 모르지만 이때의 상황을 미화하는 시가 한 편 있다. 〈6월의 밤 그 새벽〉이다. (최원찬, 『청년문학』 2019. 6.)

······(전략)

영용한 남진의 대오는/

파죽지세로 의정부의 미아리고개를 차고 넘어/

서울 문전을 위협하는데/

······(중략)

우리 수령님/

작전도 앞에서 지그시 색연필을 틀어쥐시네/

-105땅크려단 려단장동무에게 서울입성공격을 중지하라고 하시오

-예?

······(중략)

-서울엔/

사랑하는 남녘의 동포들이 있소 경복궁 덕수궁 창경궁 민족문화유산들이 있소 이 밤에 서울을 공격하면 우리 동포들과 민족유산이 상할 수 있소.

······(후략)

김일성이 서울시민과 문화재를 위해 야간공격을 멈추게 했다는 것인데 글쎄, 그렇게 남녘 동포와 문화유산을 걱정했다면 전쟁은 왜 일

으켰나! 방송국이나 형무소 접수로 심리전을 전개하려고 했을 수도 있다. 김일성은 전쟁을 정치의 연장으로 봤기 때문에 전쟁승리가 눈앞에 있는 이상 서울점령을 군사적인 관점보다 정치적 관점을 우선해 서울시민의 마음을 얻으려 했을 수도 있다. 이제 김일성을 비롯한 북한공산주의자들의 전쟁과 평화관을 훑어보자.

▲ "우리가 수행하는 전쟁은 그 어떤 경우이거나 모두 정의의 전쟁이다. 그것은 미제의 침략을 물리치고 제국주의 식민지 통치기반에서 남조선을 해방하며 민족의 자주권을 옹호하기 위한 민족 해방전쟁이기 때문이다."라며 스탈린의 전쟁발발 승인과 군사지원 지원을 끌어내 6,25 전쟁을 일으킨 김일성이 스탈린과 만찬을 즐기며 담소하고 있는 한때 모습.

전쟁과 평화의 야누스

1975년 4월 30일 남베트남이 패망했다. 5월 초 김일성은 바로 북경을 찾았다. 모택동 등 중국지도부를 만나서 "조선에서 전쟁이 일어나면 잃을 것은 휴전선이며 얻을 것은 통일이다."라면서 전쟁 지원을 요청했다. 중국의 호응이 없어서 의기양양하던 말에 힘이 빠졌지만 언제든지 전쟁을 치를 수 있고 그 전쟁은 가치가 있는 전쟁으로 본 것이다. 왜 가치가 있느냐? "남조선에서 미국놈들을 몰아내고 조국을 통일하기 위하여 어느 때든지 한 번은 꼭 그놈들과 해방전쟁을 하여야 한다는 각오를 가져야 한다." (김일성, 당중앙위 4기 16차 전원회의, 1967. 7. 3.)고 말해 왔기 때문이다. 이 해방전쟁은 정의의 전쟁이라서 피할 수 없다. 6.25 전쟁도 남조선을 해방하는 '정의의 전쟁'이고 앞으로 일어날 전쟁도 어떤 경우에도 정의의 전쟁이라고 본다.

"우리가 수행하는 전쟁은 그 어떤 경우이거나 모두 정의의 전쟁이다. 그것은 미제의 침략을 물리치고 제국주의 식민지 통치기반에서 남조선을 해방하며 민족의 자주권을 옹호하기 위한 민족해방전쟁이기 때문이다." (허종호, 주체사상에 기초한 남조선혁명과 조국통일이론, 사회과학출판사, 1975. p271.)

본래 정의의 전쟁은 레닌의 견해였다. 레닌은 "전쟁의 성격이 반동적이냐 진보적이냐 하는 기준에서 전쟁을 정의의 전쟁과 불의의 전쟁으로 구별하였다." 레닌에 의하면 "고대 · 중세 · 근세 · 현대를 막론하고 그 시대의 억압계급의 지배를 위하여 하는 전쟁은 불의의 전쟁이고 이에 대항하여 피압박계급의 해방을 위하여 하는 전쟁은 정의의 전쟁이 된다." (양호민, 마르크스 레닌주의의 전쟁관, 공산권연구, 1979. 6.)

▲ "우리가 '수행하는 전쟁은 그 어떤 경우이거나 모두 정의의 전쟁이다……."라며 스탈린의 승인과 지원을 받으며 김일성과 그 휘하 공산주의자들의 동족 말살 전쟁놀음에 부모를 잃고 부모 시신 앞에서 오열하는 이 어린이의 비극 앞에서도 과연 〈정의의 전쟁〉이란 것이 있을 수 있을까?

'정의의 전쟁' 개념을 받아들였듯이 북한의 전쟁관은 사실상 공산권 일반의 전쟁관을 그대로 가져온 것이다. 마르크스 · 레닌 · 스탈린 · 모택동이 한결같이 제국주의와 자본주의가 존재하는 한 전쟁은 불가피하다는 관점이고 북한도 이를 수용했다. 레닌은 특히 독일 군사전략가 칼 클라우제비츠(1780~1831)가 《전쟁론》(1832)에서 말한 '다른 수단에 의한 정치의 계속'이 전쟁이란 관점을 받아들였고 이를 받아들인 김일성도 "전쟁은 그 본질에 있어서 특별한 수단에 의한 어떤 계급의 정책의 연장"이며 "전쟁에는 정의의 전쟁과 부정의의 전쟁이 있고 침략전쟁과 해방전쟁이 있다"(김일성, 우리의 혁명과 인민군대의 과업에 대하여, 1968. 2.)라고 언명한다. 이러한 전쟁관은 한마디로 전쟁을 정치 행위의 하나로 보는 데 있다.

전쟁과 야누스적인 관계를 가진 것이 평화다. 북한의 평화관은 어떤가. 1956년 제20차 소련공산당대회에서 소련 수상 후르시초프(Nikita Sergeevich Khrushchyov)는 핵무기를 가진 자본주의체제와 공산주의체제가 전쟁을 하게 되면 두 체제 다 몰락할 수 있다는 논리를 내세워 전쟁을 피할 수 있다는 전쟁가피론(戰爭可避論)을 주장했다. 말하자면 평화공존론이다. 이에 모택동을 비롯한 중공지도부는 이를 수정주의라고 맹렬하게 비난했고 북한도 이에 동조하여 부정하였다. "어떤 사람들은 우리가 미국놈들과 평화적 공존을 해야 한다고 한다. 우리가 어떻게 미제국주의를 반대하지 않고 그놈들과 평화적 공존을 할 수 있겠는가."(김일성, 인민군대는 공산주의 학교다, 1960. 8. 25.)

"지구상에서 제국주의를 쓸어버리지 않고서는 진정한 평화에 대하여 생각할 수 없다"(《정치사전》)는 것이 북한의 평화관이다. 그러니까 미국의 멸망과 남조선정부 존재 자체가 없어지는 것이 평화를 가져오는 길로 본다. 결국 북한의 평화관은 대미전쟁필연론과 짝을 이루면서 야누스적인 성격을 보인다.

김일성은 1991년 신년사에서 이렇게 말했다.

"우리나라에서 전쟁이 터진다면 조국의 통일은 고사하고 민족의 존재마저 위태롭게 될 것입니다. 평화는 나라와 민족의 안녕을 위하여 북과 남이 우선적으로 해결해야 할 가장 긴급한 과제입니다."

1991년으로 말하면 동유럽 공산국가들이 몰락해가고 소련이 변모하던 시기다. 그래서인지 김일성은 평화를 내세웠다. 그러나 이것은 '다른 수단으로 하는 전쟁의 계속' 이상도 이하도 아니었다. 왜냐하면 그 뒤 핵무기를 개발하면서도 화전양면(和戰兩面)의 행동은 계속되어왔고 최근의 8차 당 대회에서도 같은 모습이 드러난다.

8차 당 대회에서 "적대세력들의 위협과 공갈이라는 말 자체가 종식될 때까지 군사적 힘을 지속강화할 것"이라면서 "책임적인 핵보유국으로서 침략적인 적대세력이 우리를 겨냥하여 핵을 사용하지 않는한 핵무기를 람용하지 않을 것임을 다시금 확언한다."라고 말했다. 전인민항전준비 완료를 독려하고 핵기술의 고도화와 핵 선제타격능력향상을 강조하면서도 핵무기 남용을 언급했다. 이런 언명은 화전양면을 언제든지 구사하겠다는 것이고 이는 전쟁관이나 평화관이 과거와 바뀐 것이 없음을 말해준다.

북한에서는 선대통치자들이 강조한 "평화는 우리의 힘이 강할 때에만 보장될 수 있습니다."(김일성.)란 말이나 "총대를 중시해야 사상중시도 확고히 견지할 수 있고 경제강국도 건설할 수 있다."(김정일.)라는 말을 철석같이 믿는 방향으로 행동할 것이다.

맺는말

남북한이 유엔에 가입한 것도 32년이다. 1980년대 중반 소련은 개방정책을 취하고, 중공이 바뀌고, 1990년대가 되면 동유럽이 해체

되면서 사회주의권의 좌절이 온다. 이런 정세변화 속에서 북한은 살아남기 위해 1991년 가을 한국에 뒤따라 유엔에 가입하는 한편 대내적으로는 사상의 혼란을 막으려고 그 전에 내세우던 '조선민족제일주의' 같은 이데올로기를 '우리식 사회주의'로 변모시키면서 민족을 유난히 강조하게 된다. 민족주의를 배격한다고 공개적으로 말하던 김일성은 "나는 공산주의자인 동시에 민족주의자이고 국제주의자라고 말할 수 있을 것입니다."(1991. 8.)라고 하루 아침에 변신을 한다. 그리고 그 연장선에서 민족 공조까지 주장한다. 북한은 하나의 민족이란 명분으로 민족 공조를 하자고 남쪽에 요청하지만, 한 핏줄이고 역사를 같이 하고 같은 말을 쓴다고 '우리는 하나'라지만 남북한 주민들의 심리가 다른데 어떻게 동일 선상의 민족감정이 생길까? 더욱이 북한의 '우리는 하나'라는 민족 찾기는 주로 대미 관계에서만 작동되니까 대외적으로 공조해야 할 운명공동체는 될 수 없는 것이다.

일부 종교인들은 6월 25일을 '민족화해의 날'로 정한 모양이다. 동족상잔의 전쟁이 일어난 날이니까 원한과 증오를 넘어서는 화해를 찾으려 했겠다. 그러나 칸트적인 영구평화를 찾을 수 있는 대상이면 모르지만 '남조선해방'이란 송곳을 숨기고 있는 한 그런 화해의 보자기는 무용지물이다. 칸트가 말한 영구평화는 국민이 통치권을 행사하는 공화국이어야 하기 때문이다. 북한에는 '평화리'란 행정지명도 10곳이나 있는데 그 이름대로 평화를 추구하면서 동포들이 자유로운 바람을 쐴 수 있는 올바른 공화국이 될 가능성이 보일 때 하늘처럼 큰 평화의 보자기가 필요할 것이다. ●

북한이 '고려' 명칭에 집착하는 이유

　북한에는 김일성이 세계 최초라고 주장하는 대학이 있다. 그 이름은 고려성균관이고 2022년 현재 창립 1030년이다. 이 연도라면 유럽에서 오래된 이탈리아 볼로냐 대학이나 체코 프라하대학보다 100여 년이나 더 오래된 것은 틀림없다. 어떻게 1030년인가? 답은 성균관에 있다.

　성균관은 고려 시대에 국자감, 성균감이라 하다가 1308년부터 성균관이라 불렀는데, 이 국자감이 992년에 세워졌다. 이 연도가 고려성균관의 창립연도로 기산된 것이다. 성균관은 고려가 망하고 조선 왕조가 열리면서 한양에도 세워졌는데, 말하자면 오늘날 국립대학 격의 유교교육기관이다. 고려나 조선 시대 교육은 서당이 초등교육을 맡는다면 서원이나 향교는 중등교육, 그리고 성균관이 고등교육을 맡은 것이다. 그렇더라도 고려 시대 성균관을 대학으로 칠 수 있는가?

　김일성은 그렇게 했다. 개성에 있던 개성경공업단과대학을 고려성

▲ 북한 김일성이 "세계 최초"라고 주장하는 대학 개성 소재 〈고려성균관〉의 정문 모습.

균관으로 이름을 바꾸게 하고 창립날짜를 고려 국자감 창립일에 맞춰 992년 9월 1일로 정했다. 그리고는 단과대학에서 종합대학으로 승격시키면서 교사도 확충하고서 종합대학으로 만들었다. 2002년 창립 110돌, 2012년에는 창립 1020돌 기념행사도 했으니 2022년 5월은 1030년이 된다. 이런 결정은 김일성이 1992년 5월 5일 개성 현지지도를 하면서 이뤄지는데, 2022년 5월은 그 현지지도 30주년이 된다.

'고려'로의 명칭변경

1992년 5월 5일 김일성은 새벽 5시 반에 평양에서 개성으로 떠났다. 도중에 곽밥으로 아침을 들었다. 그리고 이날 개성 방직동에 있는 성균관을 비롯해서 고려 시대 유물과 유적을 돌아보는 현지지도를 했다. 김일성은 이날 현지지도를 하면서 고려 시대 성균관은 고려박물관으로 이름을 바꾸고 개성경공업단과대학은 고려성균관으로 바꾸면서 세계 최초의 대학으로 만들었다. 그리고 이날 한 노인이 숨겨왔던 왕씨 집안 족보도 빛을 보게 하는 등 고려에 대한 관심을 높이는 명칭변경이나 행사가 이어졌다.

바로 그해 북한 유일 항공사인 조선민항을 고려항공으로 바꾸더니 (1992. 10.) 동의학도 고려의학으로 바꿔버렸고(1993. 7.) 11세기 고려 때 축조한 천리장성도 고려장성으로 바꿔버렸다. 그리고 이즈음(1993. 4.)에 열린 한 학술회의에서 사회과학원 교수 김하명은 우리 민족을 고려민족이라 칭하기도 했다. 그는 "우리 고려민족의 넋과 슬기가 나래치고 새 시대 인민들의 지향과 요구에 맞는 민족문화를 개화 발전시키는 데서 힘을 합쳐나감으로써……."라고 했다. (김하명, 조선문학예술의 민족적 특성과 그 계승발전에서 나서는 몇 가지 문제, 남북학술 교류 발표논문집, 통일원 1994.)

1985년 8월 평양 중구역 창광거리에 500실 규모의 고려호텔이 들어섰을 때만 해도 고려라는 이름에 특별히 주의를 기울여야 할 정황은 없었다. 그저 1970년대 남북대화 시기 투숙한 대동강여관이니 보통강여관이니 하던 이름보다는 조금 신식이름이 붙었다는 정도였다. 그리고는 5년이 지난 시기에 함흥약학대학이 고려약학대학으로

▲ 북한 유일 항공사인 〈조선민항〉을 1992년 〈고려항공〉으로 바꾼 모습.

이름이 바뀌더니(1990. 10.) 김일성의 개성 현지지도 이후에는 고려라는 이름으로 명칭이 바뀌는 대상이 많아졌다. 물론 '고려'는 이보다 앞서 '고려민주연방제'를 제의해서 남북관계에서는 주목되었지만 여러 대상들의 명칭변경은 아니었다.

남북관계에서 '고려'라는 것이 나타난 것은 1973년 6월 23일에 발표한 '조국통일 5대 강령'에서였다. 이것은 김일성이 통일강령으로 5개 항목을 제시한 것으로 '고려연방공화국' 단일국호에 의한 남북연방제 실시와 유엔가입이란 내용이 들어있다. 김일성의 이 강령발표는 박정희 대통령이 발표한 평화통일외교정책선언(6. 23선언)이 발표된 몇 시간 뒤에 나타난 것이었다. 연방제 주장이야 1960년 8월 이래의 주장이지만 '고려'라는 이름을 붙인 것은 이것이 처음이었다. 김일성

▲ 김일성의 1973년 6월 "조국통일 5대 강령" 발표부터 50년간 계속되어 온 북한의 〈고려민주 련방제〉라는 이름의 북한식 적화통일방안 조형물.

은 '고려'를 붙인 이유를 말했다.

"남북련방제를 실시하는 경우 련방국가의 국호는 우리나라 판도 우에 존재하였던 통일국가로서 세계에 알려진 고려라는 이름을 살려

고려련방공화국이라고 하는 것이 좋을 것입니다." 고려가 세계에 알려졌기 때문이란 설명이다.

고려는 1980년 10월 노동당 6차 대회에서 '고려연방민주공화국' 창립방안에서 다시 한번 내세워지는데, 이후 고려는 늘 붙박이로 붙어있게 된다.

그리고 보면 고려라는 명칭변경은 그 의도성이 드러나게 된다. 우리 역사상 최초의 통일국가라는 명분확보와 더불어 고려의 연원을 천년강국 고구려에서 찾는 논리로써 역사의 정통성을 세우려는 의도가 드러난다. 따라서 고려 이전 삼국사 인식과 삼국통일에 대한 관점을 보지 않을 수 없다.

북한의 삼국사 인식과 삼국통일관

먼저 북한 통치자들의 삼국사 인식을 드러내는 언급들을 보자.

"지난 시기 우리나라가 제일 강했던 때는 고구려 때였습니다.……나라의 위력이 강대하였던 고구려 시기에는 사대주의가 없었습니다" (김일성.)

"고구려 사람들은 어렸을 때부터 조국을 사랑하는 정신으로 교양되고 무술을 배웠으며 용감성으로 단련되였기 때문에 높은 민족적 긍지와 씩씩한 기상을 지닐 수 있었으며 아세아 대륙에서 가장 큰 나

라였던 수나라 300만 대군의 침습을 물리치고 나라의 영예와 민족
의 존엄을 지킬 수 있었습니다." (김일성.)

"고구려는 넓은 령토와 발전된 문화를 가진 강대한 나라였으며 고
구려 인민들은 매우 용감하고 애국심이 강하였습니다." (김정일.)

"고구려는 지난날 우리나라 력사에서 제일 강대한 나라였습니다.
고구려는 삼국시기에 우리나라 력사발전에 중심적인 역할을 놀았을
뿐 아니라 그 이후 우리나라 력사발전에 큰 영향을 준 나라였습니
다." (김정일.)

▲ 북한은 고구려를 '고'와 '구려'라는 두 단어로 이루어진 국호로. "태양이 솟는 신비한 나라",
"천손이 다스리는 신적인 나라"로 해석하고 있다.

다음은 삼국통일과 관련되는 언급들이다.

"나라의 위력이 강대하였던 고구려 시기에는 사대주의가 없었습니다." (김일성.)

"우리나라 력사에서 사대주의가 큰 해독을 미치기 시작한 것은 7세기 중엽부터였다고 볼 수 있습니다. 이 시기에 신라 통치배들은 큰 나라의 힘을 빌어 강대한 고구려를 무너뜨리고 자기의 령토를 넓힐 것을 기도하면서 외세의존의 길로 나갔습니다. 당나라를 찾아간 신라의 김춘추는 그 나라 통치배들과 고구려를 무너뜨리면 대동강 이북의 넓은 고구려 령토를 떼 넘겨주겠다는 전제 밑에 침략군대를 끌어들일 흥정판을 벌렸습니다. (김정일.)

이상 열거한 삼국 인식이나 삼국통일관을 보면 고구려 편애와 신라 폄하가 드러난다.

이러한 관점의 연장에서 《조선전사》를 비롯한 북한의 모든 저작물은 신라에 의한 통일을 국토 남부의 통합에 불과하다는 견해를 강조하면서 우리나라 역사상의 첫 통일은 신라가 아니라 고려라고 보는 관점을 고수한다. 이에 따라 고려는 고조선-고구려-발해-고려로 이어지는 민족사를 계승한 첫 통일국가로 자리매김 된다.

북한 역사학에서는 발해가 고구려를 계승하여 고려와 연결하게 하는 나라로 본다.

"동북아시아의 광활한 대지우에 해동성국(동방의 륭성하는 나라)의 **위용을**

▲ 북한은 "발해에 의하여 천년대국 고구려의 끊어졌던 력사와 강대성이 다시 이어지게 되었다."라고 학생들에게 가르치고 있다.

떨친 발해국에 의하여 천년대국 고구려의 끊어졌던 력사와 강대성이 다시 이어지게 되였으며 우리 민족의 존엄과 슬기가 세계에 빛을 뿌리게 되었다."라고 본다.

발해가 망하고 고려가 그 유민을 받아들이고 고구려 옛 땅이던 서북지방을 차지하면서 영토를 넓혔다고 한다.

"고려는 신라가 차지하고 있던 대동강 이남지역의 주민을 물론 멀리 북쪽에서 이주하여 온 발해의 유민들까지도 하나의 주권 밑에 통합하였으며 광활한 고구려 옛 땅을 되찾기 위하여 힘찬 투쟁을 벌렸다. 고려하는 이름도 고구려에서 유래한 것이다."

이처럼 고려가 삼국을 통일함은 물론 그것이 고구려, 발해를 이었다는 점을 강조함에 따라 고구려와 고려의 관계를 보지 않을 수 없다.

고구려와 고려

먼저 국호다. 고구려는 '고'와 '구려'라는 두 단어로 이루어진 국호다. '고'는 건국자 동명성왕의 성씨이고 해를 가리키는 말이다. '구려'는 고구려 고유말로 신비하다, 신비롭다는 뜻을 가진다. 그래서 고구려는 '태양이 솟는 신비한 나라', '천손이 다스리는 신적인 나라', 또는 '태양이 솟는 성서러운 나라'가 된다고 해석한다. (공명성, 천년강대국의 자랑스러운 국호 고구려에 대하여, 사회과학원학보, 사회과학출판사, 2001. 제1호.)

이 설명에 따르면 고구려라는 국호는 새로 설정한 것이 아니라 선행한 '구려'의 국호를 그대로 답습한 것이라는 주장이다. '구려'라는 본래의 국호에다가 자기 성씨를 붙여 '고씨의 나라'라는 뜻으로 고구려라고 했다는 것이다. 국호 계승에 대한 이 주장은 고구려 건국 당시 우리나라에서는 새 왕조가 설 때 역사적인 계승성과 정통성을 강조하는 의미에서 국호를 새로 정하지 않고 이전 왕조 국호를 그대로 답습한다는 것이다. 그 실례가 단군조선 뒤를 이은 후조선이나 만조선(위만조선), 고려나 조선(이조)이 그러했다고 한다. 이런 논리대로 고구려는 단군조선에 역사적 근원을 둔 구려의 국호를 계승했기 때문에 고조선이 망한 다음 고조선의 옛 영토와 주민을 회복한 것으로 하여 고조선의 역사적 계승자가 되었다는 것이고 그래서 당시 고구려를 가

리켜 조선이라고도 불렀다며 고조선을 이은 고구려는 이 땅을 대표하는 이름이라는 해석이다.

또 이 시기에 고구려 자신이 고려라고도 불렸는데, 이것은 고구려와 고려가 같은 뜻이라고 본 것 때문이다. 중국에서 고구려 국왕을 고려왕으로 한 것도 고구려에서 자기 국호를 고려라고 썼기 때문이라고 한다.

북한 역사학에서는 고구려를 '천년강국'이라 하는데 통설과 달리 기원전 277년에 건국해서 서기 668년 멸망까지 945년을 말하는 것이다. 기원전 277년은 주몽이 구려국(졸본부여) 왕의 사위가 되어 구려 왕위를 계승한 해다.

고구려와 고려의 관계는 국호만이 아니라 언어에서도 계승이 된다고 말한다. 고구려는 신라나 백제에 비해 빨리 건국했고 '동방의 강대한 나라'로 발전하여 5세기경에는 삼국의 영역 가운데 6분의 5(5/6) 크기를 차지했고 언어 등 문화면에서도 '종주국'의 위치였다. 그래서 "세 나라 시기의 조선말이란 고구려 말이고 백제와 신라의 말이란 기껏해서 남쪽 변두리 지역에서 쓰인 방언의 범위를 벗어나지 못하고 있었다 하여도 지나친 말이 아니라는 것을 보여준다."라고 한다. (류렬, 고구려 말은 조선말 발전에서 원줄기를 이루고 주도적 역할을 하였다, 문화어학습 1991년 제2호, 사회과학출판사.)

고구려는 고려로 국호가 계승되는 자랑스런 국호였고 이것은 김일성이 내세우는 '고려민주련방공화국'으로까지 이어진다고 주장한다. 이렇게 볼 때 북한의 고려 강조는 고구려와 고려의 중의적 성격도 띤다.

Korea와 Corea

북한에서 2000년대 들어서면서 우리나라 영어 표기를 바꿔야 한다는 견해가 보였다. 어문잡지 '문화어학습'에 게재된 한 글에서 현재 남북한이 쓰는 Korea가 아니라 Corea가 옳다는 주장을 한다. 이런 주장이야 남쪽에서도 주장하는 학자들이 있어 왔지만 북한에서도 이를 주장하는 것이어서 주목된다. (리승길, Corea는 력사어원론적으로 옳은 우리나라 이름 의 영문표기, 문화어학습 2003년 제2호.)

이 주장에서는 영어 '코레아'로 불리는 우리나라 이름표기는 'Corea'였고 이것은 1255년 프랑스 선교사 뤼브룩크(Guillaume de Rubrouck) 보고서로부터 20세기 초에 이르는 근 700년간 유럽의 모든 말에서 공통적으로 그렇게 쓰였다는 것이다. 그런데 이 Corea를 일제의 조선 침략 이후 Korea로 바뀌었는데, 이는 고약한 제국주의적 심보와 음모책동, 그리고 친일적인 미영 제국주의 공조 책동의 산물이라고 말한다. 그것은 C로 시작하는 우리나라 이름이 J보다 앞에 놓이게 되니까 J보다 뒤에 놓이는 K로 바꾸는 비열한 책동을 감행했다는 것이다. 그리고는 K가 부당한 이유를 네 가지 정도 드는데, 미상불 역사적으로, 어원적으로 매거(枚擧)하는 그 논거야 틀린 것이 아니다. 하지만, 1880년 이전까지는 Corea가 쓰이다가 1890년대 이르면 90%정도가 Korea를 쓴다고 지적했는데, 이 지적대로라면 일제가 1905년 을사5조약이나 1910년 경술국치 이전에도 C를 K로 바꾸는 책동을 했다는 것이 된다. 그것이 조선 국내라면 모를까 전 세계적으로 그렇게 바뀌도록 했다면 그것이 가능한 일인가? 1905년 을

사5조약 이후 대외문서들에서 Korea를 전면적으로 쓰기 시작했고 1910년 8월 '한일합병조약' 이후 Corea를 영원히 없애려고 책동했다는 것은 있을 수 있지만 을사조약 이전에 90%가 Korea로 썼다면 그것은 일제와 무관한 다른 이유가 있을 것이다.

어떻든 이 글에서는 Corea를 되찾는 것은 "조선민족의 자주적 존엄과 얼을 되찾기 위한 더는 미룰 수 없는 민족공동의 과제"라는 표현에서 남북한 공동과제로 던지고 있다.

맺는말

북한에는 '고구려 망신'이란 말이 있다. 고구려 사람처럼 씩씩해야 할 장면에서 그렇지 못한 것을 둔 야유다. 고구려에 대한 사랑은 이처럼 야단스럽다. 북한 역사학계는 삼국시대를 봉건사회로 규정하는데 같은 봉건국가인데도 신라 통치자에 대해서만 '신라통치배'로 부른다. 《조선전사》를 비롯한 역사책에서 '신라봉건통치배'라는 표현을 쉽게 찾아볼 수 있다.

신라의 삼국통일이 비록 불완전해서 고구려 영토이던 요동지방을 차지하지 못하고 다시 발해가 서고 또 후삼국으로 분립되었지만 신라가 고구려와 백제의 문화를 융합하여 계승한 것은 큰 의의를 갖는다. 신라는 고구려와 백제의 선진문물을 고스란히 받아들여 계승을 잘했기에 고려 때 와서 완전히 한 민족으로 통일하는데 큰 밑천이 되는 것이다. 이는 고구려 유민들이 세운 발해가 고구려문화를 온전히 받아들이지 못해서 발해 멸망 이후 그 영토까지 우리 민족의 생활무대에서 떠나버리게 된 것과는 대조되는 일이다. 삼국통일은 신라에 의한 1단계 통일로 민족·언어·문화가 어느 정도 공통성을 가진 바탕 위에서 고려가 발해유민을 흡수해서 재통일을 한 것으로 2단계에 걸쳐서 이뤄진 것으로 봐야 한다. 결국 신라의 삼국통일은 고구려, 백제를 아우르는 1차 통일이고 고려의 통일은 신라와 발해를 아우르는 2차 통일이라 하겠다.

북한은 고려를 강조하는 가운데 우리 민족을 단군민족, 고려민족, 조선민족, 김일성민족 등등으로 쓰는데, 우리 민족을 아직은 무슨 민족으로 고정하기보다 상징성을 가진 모든 이름을 넓게 활용하려는 의도로 보인다. 그러나 어느 시기에 가면 선점했다고 할 고려를 내세워 국호조차 고려(Corea)를 내세우지 않을까도 짐작해보게 한다. ●

북한의 올림픽 출전 막전막후

2021년 8월 끝난 지구촌 축제 올림픽에 북한은 불참했다. 비록 코로나19가 창궐하는 가운데 열렸지만 206개 선수단이 참가하여 5년 전 리우올림픽과 비교해도 규모 면에서는 줄어들지 않았다. 참가국 205개국, 난민 팀 1개였다. 선수 2명이 참가한 나라, 3명이 참가한 나라도 많다. 북한과 사모아(Independent State of Samoa)만이 빠진 이번 제32회 올림픽은 관중도 없이 치뤄졌지만 중반을 넘어서면서 새로운 스포츠 영웅도 나타나고 흥미로운 기록도 등장해서 세계인의 관심을 끌었다. 흥미로운 기록에는 한국 양궁선수단도 한몫했다. 한국은 메달 획득에서는 LA올림픽(1984) 이후 가장 저조해서 16위였지만 희망적인 기록도 많았다. 이런 인류의 축제에 북한은 왜 참가하지 않았을까? 말로는 악성 감염증에 의한 세계적인 보건위기 상황에서 선수들을 보호하기 위해서라고 했다. 그럼 다른 나라들은 자기 나라 선수들을 보호하지 않고 내동댕이친 것인가? 북한이 이번에는 처음부터 불

▲ 북한은 IOC 산하 206개 국가 올림픽위원회 중 유일하게 2020년 도쿄올림픽에 불참하며 선수를 보내지 않아 2022년까지 'IOC 대회 출전 금지' 징계를 받았다.

참을 통고했지만 과거에는 참가하기로 하고 현지까지 왔다가 두 번이나 철수를 한 기록도 있다. 기록을 따라가 보기로 한다.

북한의 올림픽 참가 노력

북한은 1952년부터 IOC(국제올림픽위원회)에 가입하려고 애를 쓰다가 1956년 3월 올림픽위원회를 정식으로 조직했다면서 IOC에 가입승

인을 요청했다. 그러나 거부되었다. 한국이 1947년 6월에 이미 가입
해 있었으므로 1국가 1위원회 원칙에 따라 가입이 될 수 없었다. 북
한은 번번이 거부되었지만 끈질기게 가입요청을 한 끝에 1957년 조
건부로 잠정가입이 허용된다. 그 조건은 북한 올림픽 관련 대외활동
은 서울에 본부를 둔 한국올림픽위원회, 즉 KOC를 통해서만 한다
는 것이다. KOC가 남한만의 대표가 아니라 한반도를 대표한다는 승
인을 받은 것이기 때문이다. 북한에서는 멜버른(Melbourne) 올림픽대회
(1956) 참가를 목표로 했으나 그게 막히자 IOC가 제안하고 있는 남북
한 단일팀 구성만이 올림픽참가 가능성을 열어줄 것이란 점에 착안,
단일팀 구성을 한국에 제안한다. 1957년 6월 『로동신문』을 통해 내
용을 보도하면서 IOC에도 이 사실을 알렸다. 그리고 그해 12월 북한
올림픽위원회 위원장 홍명희(洪命熹, 1888~1968) 명의로 한국올림픽위원회
위원장 이기붕(李起鵬, 1896~1960)에게 편지를 보내 단일팀(유일팀) 구성을 제
의했다. 한국에서는 무반응으로 대했다. 그러자 다음 해 1958년 12
월에 또다시 편지를 보내 판문점, 평양, 서울에서 남북 올림픽 대표들
이 만나서 단일팀 구성을 논의하자고 했다. 한국올림픽위원회는 북
한에 직접 답을 하지 않고 IOC에 서신을 보내 단일팀 구성 원칙에는
찬동하지만 남과 북은 전쟁을 치르지 않은 독일과는 다르고 DMZ
로 분단된 땅에 전쟁과 같은 긴장감이 도는 곳이고 자유를 지키기 위
해 생사를 건 노력을 하고 있는 상황을 강조했다. 북한으로서는 로
마에서 열리는 1960년 17차 올림픽참가를 목표로 했지만 어려웠다.
그 뒤 1962년 6월 모스크바에서 열린 IOC 총회에서 공산권 국가들
의 영향과 압력으로 남북한 단일팀 구성이 권고 사항으로 결정된다.

이에 따라 남북한 체육계 대표들은 1964년 도쿄올림픽 단일팀 구성 회담을 하게 된다.

올림픽단일팀 구성 로잔회담과 홍콩회담

남북단일팀 구성을 위한 남북 체육회담은 로잔회담과 홍콩회담 두 번 개최된다. 먼저 1963년 1월 스위스 로잔에서 양측 5명씩, IOC 사무총장 등이 참석한 가운데 단일팀 구성을 원칙적으로 합의를 했고 국기, 국가, 선수선발문제를 논의했다. 국기 문제는 북측이 전면에 태극기, 후면에 인공기를 합친 깃발을 제의했고 남측이 보는 방향에 따라 불공평한 도안임을 지적했고 북측은 다시 한반도 중심부에 5륜표지를 넣자고 했다. 이에 남측은 한반도를 5륜으로 분할 하는 도안이라고 반대 의사를 표명하면서 역사성을 가진 태극기가 우리 민족의 상징임을 일관되게 주장했다. 다음 국가문제에서는 북측이 남북 양측 애국가를 25초씩 연주하는 것을 제의했고 남측은 우리 고유의 가락 아리랑을 제의했는데, 북한이 바로 받아들여 합의가 되었다. 다음 선수선발은 동서독 경우를 따르기로 하는데, 개인전은 기록 본위로 하고 단체전은 예선을 치러 승리한 팀으로 했다.

임원은 선수 비율에 따라 선출하고 선수단 단장은 출전 선수가 많은 쪽에서 뽑기로 했다. 그래서 결정된 것은 ①단일팀 구성 원칙적으로 합의 ②국가는 아리랑으로 합의 ③국기는 IOC 집행위에 일임 ④선수선발은 동서독 사례 수용이었다. 그 뒤 IOC는 국기를 한반도 지도 중심부에 5륜 마크 넣는 것과 5륜 마크 밑에 'United Korea Team'을 넣는 것 둘 중에 하나를 택하기를 요청해서 북측은 둘 다 무조건 수용했으나 남측은 두 번째를 수정한 5륜표지 밑 Korea를 대안으로 제의, 타결을 봤다.

이상이 로잔회담의 경과였고 보다 구체적인 사항의 추진을 위해 KOC가 북측에 다음 회담을 제의해서 홍콩회담이 열리게 된다. 홍콩회담(1963. 5. 17~6. 1.)은 남측에서는 정상윤 KOC 위원을 수석대표로 대표 5명, 북측에서는 김기수 조선올림픽위원회 부위원장을 수석대표로 10명의 대표가 참가해서 14차례나 본회담을 열었지만 선수선발 1개 의제만 합의를 봤다. 그 내용은 올림픽 전 종목에 걸친 예선실시, 예선전 사용 용구는 도쿄올림픽 규격의 것, 심판은 국제심판, 필요경비는 각자 부담 등등이었다. 여전히 미합의 사항이 남았는데 팀 호칭 문제, 예선장소, 예선일시, 선발선수 훈련문제, 단일팀 임원 구성 문제 등이었다.

미합의 사항을 처리하기 위한 2차 홍콩회담(7. 26)도 곧이어 열렸는데 본회담에 앞서 연락자 회의를 열었다. 이 자리에서 남측은 1차 홍콩회담에 대한 북측 단장 김기수의 허위사실 유포와 한국에 대한 모략 사실을 지적하면서 공개사과를 요구했고 북측은 이를 거부해서 회담은 결렬되었다. 이로써 도쿄올림픽 단일팀 구성은 성사되지 못하고 남북한은 각각 참가하게 된다. 그해 10월 북한은 정식으로 IOC 회원이 된다. 북한으로서는 그렇게 열망하던 올림픽 첫 참가를 앞두고 선수단은 도쿄로 왔다. 그러나 도쿄 현지에서 선수단은 곧 철수하게 된다.

호칭 문제로 올림픽선수단 철수

이때 북한선수단의 철수는 처음에 육상 금메달감인 신금단 선수가 출전하지 못하게 된 사유 때문이라고 알려졌다. 그러나 실상은 팀 호칭 문제였다. 북한은 팀 명칭을 DPRK로 요구했으나 IOC는 North Korea로 결정했다. 이에 북한팀은 철수했다. 신금단 참가불가는 사실이 아니었다. 경위는 이러했다. IOC는 처음 1963년 인도네시아가 주최한 가네포대회 참가선수들의 도쿄올림픽 참가자격 박탈을 결정했다. 가네포(Ganefo)는 당시 제3세계 국가 지도자로 자처하는 인도네시아 대통령 수카르노(Sukarno)가 주창해서 열렸고 46개국 2200여 명 선수단이 참가한 대회였다.

그런데 IOC는 왜 이 대회를 인정하지 않았을까? 그것은 가네포대회 1년 전인 1962년 아시아경기대회에서 주최국인 인도네시아가 지금의 타이완인 중화민국과 이스라엘 선수단에 비자 발급을 거부했기 때문이다. IOC는 이것을 정치행위라고 규정하고 인도네시아의 올림픽 회원국 자격을 박탈했고 이에 반발한 수카르노는 가네포대회를 열었다. 이 대회에서 북한의 신금단은 육상 400m, 800m에서 금메달을 땄다. 이런 선수가 참가하지 못하면 북한으로서는 참가의미가 반으로 쪼개지는 것이나 마찬가지가 된다. 그러나 사실 가네포대회 참가선수 불참문제는 올림픽 직전에 해제가 되어 도쿄올림픽 참가도 가능했다. 그러니까 잘못 알려진 것이다.

북한의 팀 호칭 문제는 1968년 멕시코 올림픽 때까지 이어져서 북한은 멕시코올림픽대회에도 불참하고 철수하게 된다. 이때도 호칭 문제가 미결인 상태에서 선수단은 쿠바까지 와서 머물고 있다가 자기들이 원하는 DPRK가 되지 못하자 철수를 해버렸다. 두 번이나 철수를 한 것이다.

우리는 북한이 처음 참가하려고 했던 1964년 도쿄올림픽 때 앞에서 언급한 신금단 선수 아버지가 딸을 만나려고 동경에 간 사실을 기억한다. 아버지 신문준은 월남 때 딸을 데려오지 못했고 그 회한을 풀기 위해 도쿄로 날아갔다. 그래서 세계의 이목을 끈 부녀상봉이 이뤄졌는데 10분이 채 되지 못했다. 1971년에는 북한 빙상선수 한필화가 삿뽀로(Sapporo) 프레올림픽에 참가했다는 소식에 6.25 때 월남한 오빠가 통화를 했다. 그때 '필화야', '오빠, 오빠' 하면서 목메게 부르던 남매의 목소리는 방송으로 온 국민을 울렸다. 이로부터 19년 뒤 오빠 한필성은 드디어 삿뽀로에서 여동생을 만난다. 한필화는 북한 빙상임원으로 참가했고 지체없이 달려간 오빠와 40년 만에 상봉하게 된다. 8살 16살이던 나이가 48살, 56살이 되던 해였다.

올림픽 참가와 주체전법의 4대 원칙

북한은 멕시코올림픽 4년 뒤 뮌헨올림픽에서 첫 참가의 뜻을 이룬다. 이 대회는 이스라엘 선수단에 대한 테러행위로 얼룩졌던 대회인데 사격에서 북한의 이호준 선수가 금메달을 땄다. 그는 소감을 묻는 기자들에게 "철천지 원쑤 미제의 털가슴을 쏘는 심정으로 쏘았다."라고 해서 스포츠정신에 어긋난다는 비난을 받았고 IOC에서는 메달

박탈도 검토했으나 철회되었다.

　이후 북한은 몬트리올대회(1976), 모스크바대회(1980)까지 참가했으나 LA대회(1984), 서울대회(1988)에는 불참했고 바르셀로나대회(1992) 이후 6회 연속 참가하다가 이번 도쿄대회에 불참했다. 시드니대회(2000), 아테네대회(2004) 때는 남북한선수단이 한반도기를 앞세우고 아리랑 연주 속에 함께 입장하기도 했다. 그간의 성적은 바르셀로나대회와 런던대회(2012) 때는 금메달 4개로 선전했으나 다른 대회에서는 저조했다. 참가종목은 대체로 10개 전후였고 선수단은 베이징대회 때 60명이 넘었지만 대체로는 30~40명 내외였다.

▲ 2012년 제30회 런던올림픽 북한 금메달리스트 김은국 역도, 엄윤철 유도, 안금애 유도 선수가 환호하는 모습.

　올림픽이나 국제대회에 나온 북한 선수 중에는 앞의 이호준 선수 발언처럼 서방세계나 자유민주국가 수준에서는 이해가 어려운 것도 많았다. 1999년 8월 스페인 세비야에서 열린 제7회 세계육상선수권대회 여자 마라톤 우승자 정성옥은 "나의 가슴 속에 전사가 올리는 승리의 보고를 기다리실 경애하는 최고사령관 동지의 영상이 있어 지칠 줄 모르는 힘이 솟아났다.”라고 말한다. 엄윤철이란 역도선수는 런던올림픽에서 금메달을 땄지만 리우올림픽에서는 은메달이었다. 그런데도 자기는 장군님께 기쁨을 못 드렸으니 영웅이 아니라는 말을 했다. 그는 인천 아시안게임(2014)에 와서는 이런 말도 했다.

  “최고사령관 동지께서 달걀로 바위를 깰 수 없지만 사상을 넣으면 깰 수 있다는 가르침을 주셨다.”

  말하자면 사상전을 강조한 말이다.
  북한 운동선수들은 출전에 앞서 네 가지 주체전법의 원칙을 명념한다. 사상전 · 투지전 · 속도전 · 기술전이다. 이것은 김정일의 개념이다. 김정일은 1972년 6월 4.25체육단을 조직한 뒤 기회가 될 때마다 훈련장에 나타나서 주체적인 기술동작과 전술체계를 강조하던 끝에 이 네 가지 ‘우리식의 체육경기 원칙’을 세웠다. 이 원칙대로 훈련하고 경기에 임한 북한체육팀, 특히 축구팀은 1970~80년대 여러 국제경기에서 1위를 쟁취했다고 한다. (위대한 김정일동지께서 우리나라 축구발전에 이룩하신 불멸의 업적, 최성도, 역사과학 2015년 제1호.)

맺는말

  김정은은 집권하면서부터 ‘체육강국’ 건설을 강조했다. “체육은 조국과 민족의 존엄을 세계만방에 떨치고 인민들에게 민족적 긍지와 자부심을 안겨주는 데서 대단히 중요한 역할을 한다." (2012. 11. 당 중앙위원회 정치국 확대회의) 그 뒤 체육강국 건설구상(2015. 3.)이 구체화 되는데 대체로 세 가지로 요약된다.

첫째 그간 국제경기에서 크게 성과를 낸 종목 그러니까 승산이 있는 종목에 힘을 모으고 둘째 민족체육 종목을 육성하고 셋째 승산 종목 중에서도 세부적으로 찾아내서 집중하자는 내용이다. 구체적으로 승산종목으로 선정한 것은 축구, 마라톤, 역도, 권투, 탁구, 레슬링, 유도, 기계체조였고 이 가운데서 다시 힘을 기울일 세부종목은 여자축구, 마라톤, 역도, 권투, 레슬링을 꼽았다.

도쿄올림픽 참가문제를 토의한 북한올림픽위원회 총회(3. 25)에서는 8차 당 대회(2021. 1.)에서 제기된 '체육선진국 대열 진입' 문제가 논의되었고 향후 국제경기에서 메달 획득 수를 늘려 나라의 영예를 빛내고 온 나라에 체육 열기를 고조시킬 것이 강조되었다. 그런데도 며칠 지난 후(4월 5일) 체육성에서 불참이 결정되었다고 밝힌 것을 보면 불참 결정은 올림픽위원회 총회가 아니라 최고위층에서 결정한 것으로 보인다. 평양공동선언(2019. 9.)에는 분명 "남과 북은 2020년 하계올림픽 경기대회를 비롯한 국제경기들에 공동으로 적극 진출하며, 2032년 하계올림픽의 남북 공동개최를 유치하는데 협력하기로 하였다."라는 합의도 있다. 북한의 올림픽 불참이 과연 코로나 원인뿐인가? 지난 7월 27일 이른바 '전쟁승리의 날' 전국노병대회를 열어 수만 명을 모으기도 하고 김정은이 참관한 포사격대항경기(2021년 3월 20일)에서는 마스크를 쓰지 않은 모습도 보였다. 그런데도 코로나가 무서워서일까?

한 보도에 따르면 포사격대항경기 때 김정은이 "전쟁에서 승리를 이끌 장수들이 비루스가 무서워 마스크를 쓰고 있어야겠냐? 군부대부터 앞장서서 강인한 모습을 보여줘야 한다"고 말해서 김정은을 비롯해서 군 장성들 모두가 마스크를 쓰지 않았다고 한다. 군 장성들과 달리 올림픽에 나서는 선수들은 사상으로 무장되어 있더라도 곤란하다고 본 것인가.

지금 북한은 "세계적인 보건위기와 장기적인 봉쇄로 인한 곤란과 애로는 전쟁 상황에 못지않은 시련의 고비"에 처해 있다고 하니 김정은 집권 10년이 되는 해가 우울한 것이다. 무엇보다 최근에 와서 국제무대에 나설 실력 부족이 문제다. 런던올림픽에서는 선전했으나 그 이후로는 국제대회 성적이 저조하다. 2019년 10월 평양에서 있었던 한국과의 월드컵 예선전에서 무관중 경기를 진행한 것도 결국 실력 부족, 패배를 주민들에게 보이지 않으려는 스포츠 정치였다는 것이 중론이듯이 이번 올림픽참가도 그런 면이 작용했다고 볼 수밖에 없다.

아무리 체육경기가 '총포성 없는 전쟁'이라 하더라도 전쟁을 치를 준비가 부족한 것이다. 북한으로서는 "세계의 하늘에 공화국 깃발을 날리게 하는 것은 체육선수밖에 없다."라는 것을 잘 알지만 불가항력이었던 것으로 보인다. 알려지기로는 김정은이 이런 말을 했다고 한다. 할아버지는 덕으로 다스렸고 아버지는 예술로 조선을 알렸다면 자기는 체육 조선을 세상에 널리 알리겠다고 했다는데 이번에 그 기회를 닫았다. 이에 돌아온 것은 바흐 올림픽위원장의 분노로 지원금 몰수와 베이징 동계올림픽 참가 불허였다. ●

북한에서의 광복과 해방

8월은 광복의 달, 해방의 달이다. 1945년 8월 15일 우리 민족은 일제로부터 광복되고 해방되었다. 그래서 이날은 남과 북에서 광복절, 해방기념일이다. 해방공간에서는 남쪽에서도 해방기념일이었고 해방 만세를 외치고 해방호 열차가 달렸다. 그러다가 상해임시정부 인사들이 귀국하고 광복절이 제정(1949. 9. 21.)되면서 광복이란 표현이 주로 사용된다. 풍찬노숙하면서 자나 깨나 광복을 바라던 임정 요인들 대부분은 수도 서울이 있는 남쪽으로 귀환했다. 이들은 광복군을 조직해서 훈련하고 광복이란 이름의 단체를 지원하던 터이니까 광복이란 표현이 익숙하고 광복에 무게를 두게 된 것은 자연스럽다.

이때도 남쪽의 좌익계열 사람들은 해방신문, 해방일보 등 해방이란 이름의 단체를 많이 만들고 해방이란 표현을 주로 썼다. 마찬가지로 북한에서도 해방을 선호하는 양상을 보였다. 그렇다고 북한에서 광복이란 표현이 전혀 쓰이지 않는 것은 아니다. 조국광복의 날, 조

▲ 북한 『로동신문』이 보도한 1945년 8월 15일 해방 당시 평양 시가지 모습.

국광복의 은인, 조국광복의 기치 같은 표현도 보이지만 공식행사 명
칭이나 정치적 성격의 집회에서는 해방이 더 선호되는 모양새를 보인
다. 북한에서 광복과 해방은 의미상 어떤 차이가 있을까?

8.15 기념행사 명칭

북한에서 8.15의 정식명칭은 조국해방기념일이다. 통상 조국해방
의 날이라고도 하는데 이에 따라 행사명칭도 해방이 붙는데 2000년

대 몇 년간은 광복이 붙기도 했다. 8.15행사와 그 명칭을 훑어보자. 광복 다음 해 평양에서 열린 8.15 기념식 명칭은 '위대한 소비에트 군대에 의한 조선인민의 8.15해방 평양시 경축대회'였다. 기념식장에는 태극기와 소련 국기가 함께 게양되었고 소련국가가 연주되었다. (인

공기가 공포되는 1948년 9월 8일 이전까지는 북한에서도 태극기를 사용했다.)

이렇게 1950년대 말까지 해방과정에서의 소련의 역할을 부각하면서 8.15해방 3주년(1948), 10주년(1955)이란 명칭으로 기념행사를 열었다. 그러다가 중소이념분쟁이 벌어지는 1960년대가 되면 소련과의 밀착 관계가 끝나면서 8.15 기념행사 명칭은 '조선인민의 민족적 명절 8.15해방 평양시 경축대회'나 '8.15해방 20주년 경축 군중대회' 등으로 바뀐다.

1970년대 중반이 되면 해방의 은인이라던 소련군대는 김일성이 이끌었다는 '조선인민혁명군'으로 대체되고 기념행사 규모도 축소되고 중앙보고대회가 열리지 않기도 한다. 이른바 '꺾어지는 해'인 1975년에 '조국해방 30돐 청진시 군중대회'가 열렸을 뿐이다. 1980년대에 들어서서 소련과 다시 밀월기(1984~1990)를 맞아서 8.15도 다시 살아나는데 이때 쌍방 간 축전교환이나 친선모임에서 사용되는 명칭은 조선해방이었다.

1990년대에는 1990년 '조국해방 45돐 평양시 기념집회'와 1995년 함흥에서 열린 '조국해방 50돐 경축 중앙보고대회 및 함흥시 근로자들의 군중시위'가 열렸고 그 밖의 해에는 '범민족 통일대축전'이라는 이름으로 무슨 통일축전 형태로 열었다. 2000년대에는 2000년 6.15남북공동선언을 지지, 환영하는 행사, 2005년 조국광복 60

▲ 2015년 조국해방 70돐 기념행사 모습.

돐 경축 중앙보고대회, 2015년 조국해방 70돐 경축 중앙보고대회를 열었다.

　그 밖의 해에는 김일성 동상이나 금수산 궁전에 꽃바구니를 바치는 형식으로 대체하고 있다. 이럴 때도 명칭은 조국광복 몇 돌, 조국해방 몇 돐을 밝히고 있다. 대체로 해방 후부터 1980년대 초반까지는 8.15해방 몇 주년 기념이었고 후반부터는 조국해방 몇 돐이다가 1999년부터 2004년까지 6년간은 조국광복 몇 돐이었다. 2005년부터 지금까지는 다시 조국 해방 몇 돐로 되고 있다.

▲ 2022년 8.15 경축 77주년 동평양극장 기념행사 모습.

광복보다 해방을 선호?

사전적 의미로 본다면 광복은 빼앗긴 주권을 도로 찾았다는 뜻이 있다면 해방은 외세의 구속으로부터 벗어났다고 하는 뜻이 강하다. 그래서 광복(Independens)에는 우리 민족이 항거를 하고 투쟁을 했다는 내용이 담겨있고 해방(Liberation)에는 외세의 힘으로 풀려났다는 의미가 느껴지는 편이다. 북한에서는 광복이 "침략자들에게 빼앗겼던 나라를 다시 찾는 것"(《조선말대사전》, 사회과학출판사, 1992.3.)이다. 그리고 해방은 ①(외래침약자들이나 착취계급들의) 민족적, 계급적 지배와 예속에서 벗어나 자유롭게 하는 것. ②낡은 사상과 기술, 문화의 구속에서 벗어나게 하는 것. ③개체생활에서 일정한 부담이나 구속을 면하거나 거기에서 벗어나는 것으로 되어있다.

북한에서 광복과 해방이 쓰인 사례를 김일성 연설을 통해서 보자.

김일성이 해방 후 대중 앞에 처음 나타난 것은 1945년 10월 15일이다. 이날 평양시민들 앞에서 연설을 하는데 그 내용에는 "우리의 해방과 자유를 위해 싸운 소련 군대에게 진심으로 감사를 드린다.", "……우리 민족은 36년간의 암흑생활에서 광명을 맞나 해방과 자유를 얻고……" 같은 표현이 나온다. 물론 광복 표현도 있다. "……특히 조선의 참다운 애국자들은 조국의 광복과 인민의 자유와 행복을 위하여 직접 손에 무장을 잡고 오랫동안 일제를 반대하는 간고한 무장투쟁을 벌렸습니다."

이 대중연설보다 앞선 8월 20일 군사정치간부들 앞에서 한 연설 제목도 〈해방된 조국에서의 당, 국가 및 무력건설에 대하여〉이고 신의주반공학생의거(1945. 11. 23.) 뒤 신의주에 가서 군중들을 행해 한 연설도 〈해방된 조선은 어느 길로 나갈 것인가〉(1945. 11. 27.)였다. 모두 해방을 내세웠다. 이 신의주연설은 주목을 끄는데 이 연설에서 김일성은 자기가 공산주의자임을 공공연히 밝혔다. 이 연설 내용에서는 광복이란 표현도 있지만 해방이란 표현이 더 많이 쓰였다.

"해방된 조선은 우리 인민들에게 자유와 행복을 가져다줄 민주주의적 자주독립국가 건설의 길로 나가야 합니다."

"나는 우선 해방된 조선의 애국적 청년들을 묶어 세우며……"

"여러분은 우리나라의 해방이 오직 15성상에 걸치는 장구하고 간고한 항일무장투쟁에 의하여 이룩되었다는 것을 잊지 말아야 할 것입니다. 우리 인민은 강도 일제를 물리치고 조국광복의 력사적 위업을 실현함으로써……"

그 뒤 1948년 신년사에도 '해방된 우리 조국'을 쓰고 있다. 그해 헌법실시와 관련된 연설을 하면서도 "멀지 않아 우리는 8.15 해방 3주년을 맞이하게 됩니다."라고 말한다. 그리고 그해 8월 14일에는 〈8.15해방 3주년 기념 평양시 경축대회〉에서 보고를 하는데 '해방 3년', '해방 후 3년', '8. 15해방 3주년 만세', '해방된 조선인민 만세' 등등 해방이 넘쳐난다.

이상으로 해방공간에서 사용된 김일성 연설과 보고 등에서 광복보다 해방이 주로 사용되었음을 볼 수 있다. 그 뒤 오늘날까지 해방이란 용어 사용이 광범하게 이어지는데 광복이란 용어도 통용되고는 있다.

출판물에서 보이는 광복과 해방

북한신문에 나타난 빈도를 보면 〈조국 해방 40돐을 경축하며〉(『로동신문』 1985. 8. 15. 7면.)처럼 해방이 쓰인 것이 광복보다 압도적이다. 신문 외에 잡지나 단행본 등에서도 해방이 단연 많지만 광복을 딴 제목들도 없지는 않다. 다음은 출판물에 보이는 광복 사례들을 모아본 것이다.

　〈김일성장군님은 광복의 새날을 안아오신 민족해방의 은인이시다〉(『로동신문』 1982. 8. 14. 1면.)

　〈위대한 수령 김일성동지의 조국광복 업적은 새 세기에도 빛날 것이다〉(『로동신문』 2001. 8. 15. 1면.)

　〈김일성동지에 의한 조선의 광복은 위대한 력사적 사변〉

　　(『로동신문』 2001. 8. 15. 6면.)

　〈김일성장군님은 광복의 새날을 안아오신 민족해방의 은인이시다〉

　　(『로동신문』 1982. 8. 14. 1면.)

　〈광복절을 맞는 남녘의 민심〉 (『로동신문』 1985. 8. 15. 7면.)

　〈태양의 품속에서 광복절을 맞는 기쁨〉(『로동신문』 2001. 8. 15. 5면.)

　〈조국광복 59돐에 즈음하여〉(『로동신문』 2004. 8. 16. 4면, 민주조선 8. 17. 4면.)

　다음 잡지들에 보이는 내용들이다.

　대중잡지 『천리마』는 2011년 8월 기념특집을 꾸몄다. 특집 제목부터가 '조국해방기념 묶음편집'이다. 구체적인 내용 제목들은 이렇다.

　〈민족사에 길이 빛날 조국해방업적〉, 〈식민지 민족해방 투쟁사에 길이 빛날 업적〉, 그밖에도 천리마 잡지를 일별해 보면 '해방의 은인', '조국해방' 등 해방이 넘쳐나지만 〈광복의 홰불을 높이 드시여〉 (정론 『조선문학』 1977. 3.), 〈조국광복의 위대한 은인〉(『천리마』 1998. 8.) 등등 광복을 쓴 사례도 산견된다.

▲ 『천리마』 사에서 발행하는 북한의 월간교육잡지 표지. 천리마운동에서 이름을 따서 『천리마』라고 하였으며, 1959년부터 발행하기 시작해 통권 500호를 발행하였다.

　그러나 자세히 보면 문예 잡지에 실린 문예작품들에는 광복과 해방이 두루두루 보인다. 해방을 제목으로 한 작품 속에서도 수필 〈광복의 기치〉(『조선문학』 1975. 5.), 시 〈광복의 해돋이를 부르며〉(『조선문학』 1972. 6.), 명가사 〈광복의 새날 안고 돌아오너라〉(『조선문학』 1975. 8.) 등등이 실려 있다. 영화에는 기록영화 〈조국광복을 위하여〉((1)~(18))가 있다.

▲ 『조선문학』은 북한 문예단체인 조선작가동맹 중앙위원회의 기관지로 1948년에 창간됐다. 처음에는 『문화전선』이란 이름을 사용했다가, 이후 『문학예술』로 개칭했으며, 1953년에 《조선문학》으로 바꾸고 월간으로 발행하고 있는데 지난 2013년에 통권 787호를 발간한 바 있다.

학술논문집에도 〈해방 후 우리나라 도서분류발전에 대한 연구〉(『도서관 일군』, 2016. 제3호.), 〈조국해방은 우리인민의 사회생활에서와 우리혁명 발전에서 전환적 길을 열어놓은 력사적 사변〉(『김형직사범대학 학보』 2016. 제1호.) 같이 해방을 제목으로 한 것이 물론 많지만 〈광복 후 우리나라 강하천 이름에서 일어난 변화〉(『문화어학습』 1991년 제2호.) 같은 광복의 경우도 없지 않다.

▲ 백과사전출판사에서 총 30권으로 발간된 《조선대백과사전》은 머리말에 "북조선에 대한 과학, 인문, 간단한 상식에 관하여 포괄적으로 정리했으며, 초등교육과 중등교육을 받은 사람들이 다양한 지식들을 편리하게 참고할 수 있다."라고 밝혔다. 지난 2001년 조선컴퓨터센터 프로그람개발처에서 《조선대백과사전》이란 이름으로 시디롬(CD-Rom)을 제작한 바 있다.

국어사전이나 백과사전에는 어떤가를 보자.

국어사전 광복 관련 어휘들에는 광복전, 광복전선, 광복항일군, 광복의 천리길, 광복기, 광복날, 광복대업, 광복만리 등등이 보이고 해방 관련 어휘들은 해방감, 해방구, 해방동이, 해방군, 해방사, 해방자, 해방전 등이 보인다. 이들 어휘 중 광복전, 광복전선, 광복의 천리길, 해방구, 해방군, 해방전 등은 한국 국어사전에는 없는 어휘들이다.

이어서 백과사전의 광복과 해방 관련 항목이다.

《조선대백과사전》에는 광복 관련 항목으로 광복거리, 광복회, 광복의 봄, 광복의 천리길, 광복의 해발, 광복백화점 등이 보이고 해방 관련 항목으로는 해방문학, 해방통신, 해방노예, 해방리, 해방전 이야기, 해방탑 등등이 보인다. 광복항목에서 광복의 천리길 외에는 단체명칭이고 작품이며 생활과 관련된 백화점, 거리 이름이다. 광복거리는 북한에서 '혁명의 요람'이라고 말하는 만경대와 연결되는 거리라서 그런 이름이 붙었다. 광복의 천리길은 김일성이 고향 만경대를 떠나 중국 땅 팔도구에 이르는 천리길을 갔다는 것을 말하기에 처음부터 광복의 천리길로 명명되었다. 광복회는 1910년대 초 반일정치단체 이름이니 그때 지어진 것이다. 신채호·이동휘·이갑·윤세복 등이 블라디보스톡에서 1912년에 조직한 단체다. 김일성이 조직(1936. 5)했다는 반일민족통일전선 단체 조국광복회도 있다.

이상에서 김일성과 북한 정권기관, 출판물에서 보이는 광복과 해방의 사용례를 살펴봤는데, 광복과 해방이 특별히 구분되지는 않지만 해방에는 민족해방, 계급해방, 조국해방과도 같은 의미도 담겨 있어서인지 정치적 관점에서는 더 선호되고 있다. '조국해방전쟁'에서 보듯이 일제로부터 해방이 된 지 5년이 지났는데도 한반도의 반쪽을 또 해방시킨다고 전쟁을 일으킬 명분으로도 이용시켰다. 해방이 선호된다고 광복이 금기어(禁忌語)나 기피어가 되지는 않았다. 다만 정치적 사안과 관련될 때는 해방이 더 선호된다고 보겠다. 그 선호의 이면에는 상해 대한민국 임정을 폄하하는 관점도 작용된 것으로 보인다. "실로 '상해림시정부' 안의 사대매국노들이 한 일이란 이른바 '정부'를 차려놓고 애국동포들로부터 '운동자금'이나 걷어들여 탕진하며 강대국들에 대한 '청원운동'이나 하고 서로 물고 뜯고 하는 파벌싸움이나 일삼아 온 데 지나지 않았다." (《조선전사》 15권 p224.)

맺는말

남북한은 공유기념일을 갖는다. 어느 일방만의 기념일이 아니라 공통적으로 기념하는 날이 공유기념일이다. 3.1만세운동, 6.10만세운동, 광주학생운동, 815광복, 한글창제, 단군행사 등이 분단 전의 공유기념일이고 6.25 전쟁, 7.27 휴전, 7.4 남북공동성명 발표, 6.15 남북공동선언발표 등이 분단 후의 공유기념일이다. 이 가운데서 공통적으로 국경일 수준인 것은 8.15 기념일뿐이다. 앞에서 봤듯이 북한에서는 이 기념일 중앙보고대회도 10년 단위로 개최하는가 하면 기념일 명칭도 광복과 해방이 혼용되고 있다.

한국에서 8.15는 광복기념일이기도 하고 해방기념일이기도 한데 해방보다 광복에 비중을 둔다. 우리는 3.1만세 이후 상해임시정부를 중심으로 줄기차게 독립항쟁을 해왔기에 그 결과로 광복을 가져온 것이라고 믿는다. 물론 그 이전 1894년 항일의병 전투부터 치면 무려 51년에 걸쳐 일제에 항거한 것이 된다. 이러한 항일투쟁이 없었다면 일본의 패망이 우리의 광복으로 바로 이어졌을까. 해방은 연합군의 선물이더라도 광복은 우리가 싸워서 얻은 것이다. 그래서 한국에서는 해방이란 의미보다는 광복이란 의미에 비중을 더 두고 당초 8월 15일을 독립기념일로 하려다가 광복절로 바꿨다. 항일민족운동시기에 결성된 독립운동단체들 명칭도 임정이 세운 광복군을 비롯해서 대한광복회(1913년 결성된 대한광복단을 1915년 개칭.), 대한광복군정부(1914년 건립된 망명정부.), 광복군사령부(1920년 만주에서 결성. 뒤에 대한광복군총영으로 개칭.), 광복단(1920년 만주에서 결성.) 등에서 보듯이 광복이란 이름이 주로 붙었다. 정부수립 후 독립유공자와 그 후손으로 구성된 대표적인 독립운동 단체도 광복회다.

지금 한국에서는 상해임정에 초점을 맞춰 대한민국 건국연도가 1919년이란 주장과 국가구성요소인 영토·국민·주권을 내세운 1948년 건국설이 엇갈리고 있다. 팽팽한 양쪽 주장은 다 설득력을 가지지만 둘 다 해방보다는 광복을 강조한 점에서는 일치한다. 그래서인지 해방과 광복을 구별하자는 주장도 나온다. 해방은 1945년 8월 15일부터이지만 광복은 1948년 8월 15일부터 기산(起算)되어야 한다는 것이다. 미 군정이 끝나고 정부가 수립된 날을 진정한 광복의 날이라 보기 때문이다. 이 주장대로라면 2023년 8월 15일은 해방 78회, 광복 75회 기념일이 된다. 그러나 더 진정한 광복의 날은 아직 오지 않았다. 바로 남북한이 하나로 되는 통일의 날이다. 이날은 "삼각산이 일어나 더덩실 춤이라도 추고 / 한강물이 뒤집혀 용솟음칠 그날이……"(심훈, 그날이 오면.) 될 것이다. ●

북한에서 상해임정은?

    2022년 3.1절 103주년 기념식은 서울 서대문구에 있는 대한민국 임시정부기념관에서 열렸다. 기념식이 열린 이곳은 이날 개관했다. 항일독립운동과 관련해서는 충남 천안에 1987년 세워진 독립기념관이 있는데도 또 세워졌다. 굳이 임정기념관을 세운 것은 임정 100주년이 대한민국 건국 100주년과 맞물린다는 일각의 주장을 뒷받침하려는 것으로도 알려졌다.

    학자들과 논객들은 대한민국 건국을 둔 논쟁에서 정신적 건국과 실제적 건국을 다투는데, 문재인정부 이전까지는 1919년 임시정부의 법통을 정신적으로 계승해서 1948년 대한민국 정부가 실제로 수립되었다는 주장이 일반적이었다. 그런데 문재인정부에서는 소수 진보적 이론가들 주장을 따라 2019년 8.15 광복절을 대한민국 건국 100주년으로 간주하려고 했다. 그러나 정작 좌파이론가들은 임정조차 인정하지 않는다. 임정을 인정하면 나중에 북한과의 관계에서 정

▲ 상해 임시정부가 1926년부터 1932년까지 청사로 사용했던 건물(상해시 황포구 마당로 306롱 1-58호 소재) 앞에 부착된 〈대한민국임시정부 유적지〉 현판.

통성문제로 부딪친다고 본다. 북한은 임정을 한낱 정치단체 정도로 폄하하기 때문이다.

대한민국 건국, 1919년 설과 1948년 설

한국학계에서는 최근 대한민국 건국을 1919년 4월로 올려 잡아야 한다는 견해가 나왔다. 대한민국의 현재 국가 모습은 상해임정(정식

명칭은 대한민국임시정부.)에서 출발해서 발전한 모습, 그것이라고 보는 것이다. 이 주장에서 강조되는 것은 3.1만세운동 후 바로 상해에서 애국지사들은 임시의정원을 만들며 임시정부를 선포했고 그해 9월 다시 여러 곳의 임시정부를 통합해서 임시의정원을 다시 구성하면서 인구 30만 명 당 1명의 의원을 선출하는 절차를 밟았다. 이는 국민이 주인이 되는 국민주권 형식을 갖춘 것이다. 또한 임정헌법은 형식상 국민·영토·주권 등 국가의 3요소를 규정했고 중국 국민당정부, 리투아니아 정부 외에 폴란드망명정부, 프랑스망명정부로부터도 승인을 받았다. 따라서 상해임정을 사실상 국가로 인정해야 한다는 견해다.

한편 대한민국 건국은 1948년 8월이라는 주장은 임정이 엄격한 의미에서 국가구성요소인 국민·영토·주권을 갖추지 못했고 몇몇 국가 외에 국제적 승인을 정식으로 받지 못했다는 논리에서 비롯된다. 더욱이 임정 요인들 자신들도 독립운동에 투신했지 국가경영에 관심을 두지 못했다고 본다. 또한 이승만 초대 대통령이 취임선서에서 대한민국 30년이란 연호를 사용했지만 그것은 3.1운동의 정신을 기리기 위한 것이지 대한민국 임시정부의 연속으로 생각한 것은 아니란 주장이다. 1948년 제헌국회 헌법기초위원장(서상일)은 "임시정부의 정신을 계승한다는 말이지 임시정부의 헌장이라든지 임시정부의 모든 제도를 계승한다는 말은 아니다."라고 했는데, 이는 1948년의 대한민국은 임정의 계속성과는 명백하게 구분된다는 것을 말한다.

대체로 독립운동사를 연구하는 역사학자들 중에서 1919년 설을 내세우고 사회과학자들 중에는 1948년 설을 지지하는 양상을 많이 보이는데, 이 두 주장을 종합하는 제3의 견해도 있다. 대한민국 건국은 1919년에 시작해서 1948년 완성된 것(신용하), 명분은 1919년, 역사적 사실은 1948년(이완범), 역사적 정통성의 관점에서는 1919년, 민주적 정당성의 관점에서는 1948년 건국(김성호), 1919년은 정신적 건국, 1948년은 실체적 건국(김순덕) 등등으로 대한민국 건국을 과정으로 인식하자고 제안한다.

이 주장들은 임시정부가 대한민국이란 국가탄생에 정신적 밑바탕이 된 것은 틀림없지만 국제사회의 인정이란 면에서 보면 임시정부가 대한민국 정부의 시작은 아니라는 관점이다. 건국 시기와 관련한 이러한 세 가지 견해들은 다 상해임정을 인정하는 바탕에서 나온 주장들이다.

그런데 한국 좌파학자들은 아예 임정의 존재를 부인하고 역할을 폄하해버린다. 이들은 당초 학계의 1948년 건국론 주장에 맞서면서 임정이 법통을 가진다는 견해를 주장해 왔지만, 문재인정부가 임정 100주년 기념식을 가진 다음 날 토론회를 가지면서 임정 법통론은 역사적 진실에 부합되지 않는다고 표명했다. 그들에게는 대한민국의 1919년 건국설이나 1948년 건국설 모두가 대한민국의 정통성을 전제로 하기 때문에 용납을 못하는 것이다. 따라서 임정 옹호는 남북관계에 장애가 된다고 보고 임정을 한낱 독립운동단체로 폄하하고 만다. 이런 관점은 북한의 임정관에 그대로 닮아있다.

북한의 상해임정관

북한의 《조선전사》(사회과학원 역사연구소.)나 《조선대백과사전》(과학백과사전출판사.) 같은 공간(公刊) 자료들에서 보이는 상해임정은 대체로 이렇다.

"림시정부는 그 어떤 대중적 지지기반도 못 가진 정부였으며 그 누구에게서도 인정받지 못한 망명집단이였다. 림시정부 요인들은 자치파니 독립파니 하는 파벌을 이루고 서로 지도적 자리를 차지하려고 추악한 파벌싸움과 내각개편 놀음을 끊임없이 벌리였다."

"실로 상해림시정부 안의 사대매국노들이 한 일이란 이른바 '정부'틀만 차려놓고 애국동포들로부터 운동자금이나 걷어들여 탕진하며 강대국들에 대한 청원운동이나 하고 서로 물고 뜯고 하는 파벌싸움이나 일삼아온 데 지나지 않았다"

"상해림시정부는 생겨난 첫날부터 부패타락한 부르주아민족운동 상층분자들의 파벌싸움마당으로 되었다."
"……반공사상에 물젖은 이 집단은 공산주의자들을 적대시하면서 그들에 대한 테로행위를 서슴없이 감행하였다."

이 내용들을 요약하면 첫째, 임시정부는 망명집단이고 둘째 임정 요인들은 사대매국노이며 셋째, 파벌싸움만 일삼으며 애국동포들로부터 거둔 운동자금을 탕진했다. 넷째, 싸울 생각은 하지 않고 독립청원운동이나 하고 다섯째, 부르주아 출신들로 구성된 임정은 공산주의자들을 적대시했다.

임정은 망명집단이고 임정요인들은 사대매국노인가? 북한이 매거하는 비난은 사실과 해석의 왜곡이지만 몇 가지를 지적한다.

북한에서는 임시정부를 두고 부르주아 민족운동 상층분자들이 해외에서 조직한 망명단체라고 말한다. 임정요인들이 망명한 것은 맞다. 상해로 망명한 개별애국지사들이 13도 대표로 임시의정원을 구성하고 임시헌장을 채택하고 의원내각제 정부를 구성한 것인데도 한낱 망명단체인가?

▲ 1932년 4월 상해 홍커우공원에서 폭탄을 던진 윤봉길 의사의 의연한 모습.

북한에서는 3.1운동 때의 투항주의가 임정에서도 이어졌다고 비난한다. 임시정부는 27년간 존속하면서 민족해방과 대한광복이란 목표에 다가서려고 애를 썼다. 1932년 4월 윤봉길 의사가 상해 홍커우 공원(虹口公園)에서 폭탄을 던지는 의거를 한 후 일제의 압력으로 상해 프랑스 조계지를 떠나 항저우(杭州), 전장(鎭江), 창사(長沙), 광둥(廣東), 류저우(柳州), 치장(綦江), 충칭(重慶)으로 옮기게 된다.

그래도 이 과정에서 광복군을 창설해서 일본에 선전포고를 하고 연합군과 함께 중국, 인도, 버마 전선에서 일본군과 싸우기도 했다. 그러는 한편 중국 정부를 통로로 해서 독립에 대한 열강들의 약속을 받아내기도 했다. 카이로선언, 포츠담선언, 얄타회담 등에서 조선의 독립을 언급하게 된 것이 다 이런 노력의 결과다.

좀 더 자세히 들여다보자.

임정은 싸움질만 했다는데 그렇겠는가? 사람 사는 곳 어디나 대립과 갈등은 있기 마련이다. 불미스럽고 못마땅한 부분도 있었겠지만 임정이 실현시키려고 노력한 그 이념과 독립에의 의지만은 뚜렷했다. 임시정부가 무력항쟁을 하지 않고 미국을 비롯한 제국주의 열강에 붙어 독립을 구걸했다면서 이승만 등의 외교적 독립운동을 아주 깎아 내린다. 그러니 국제회의에 '독립청원서'를 낸 것도 비난한다. 실제로 초기에는 무력투쟁은 독립군단체에 맡기고 외교활동만을 전담했던 것은 사실이다. 예산도 외교예산이 70%에 이르기도 했다. 독립청원운동 같은 외교 노력을 '민족존엄을 훼손시키는 매국배족적 책동'이라고 비난하지만 그런 활동도 없이 카이로회담(1943) 때 미국과 영국이 '적당한 시기'의 한국독립을 언급이나 했겠는가. 카이로회담

때의 독립 언급이 포츠담회담(1945. 7.)으로 이어져서 재차 확인된 것은 임정이 거둔 외교적 성과다. 중국 국민당정부가 임정을 외면하지 않고 외교적으로, 재정적으로 지원을 많이 한 것도 임정의 외교적 독립운동이 잘못된 것이 아님을 말해준다.

무력항쟁을 전혀 하지 않은 것도 아니다. 임정은 북간도에 북로군정서(北路軍政署)를 두고 서간도에 서로군정서(西路軍政署)를 두고 투쟁을 벌였지만 1920년 일제의 간도 출병으로 파괴되고 말았다. 그 뒤 1923년에는 임정이 관여해서 남만주에 참의부(參議府)를 결성하기도 하고 적극적인 독립투쟁을 전제로 임정 군사부문이라도 만주지역으로 옮길 계획도 세웠으나 실현하지는 못했다. 이후 침체기를 겪었으나 1933년에 새로운 전기를 맞는다. 윤봉길 의사의 상해 의거 이후 중국정부가 임정에 호의를 보이며 독립군 양성을 도운 것이다. 이에 따라 1940년 9월 광복군을 조직해서 중국과 인도 그리고 버마전선에서 연합군의 일원으로써 대일첩보전을 벌이기도 하고 일본 포로심문, 선전활동을 맹렬히 전개했다.

미국첩보부대 OSS로부터 특수공작훈련을 받고 국내진공 작전을 추진하려고도 했다. 일본이 조금만 늦게 항복했으면 광복군의 국내진공은 실현되었을 것이다. 그리고 임정이 무력투쟁을 한 증거 중 하나가 이승만이 1940년 2월 김구에게 보낸 비밀편지에서 '무력항전'을 논의했다는 사실도 있다. (『조선일보』 2019. 3. 22. 8면.) 총을 들고 일제에 대항하는 전투를 치르지 않았다고 비난하지만 임정 산하 단체들은 실제 총을 들고 싸웠던 것이다.

북한이 임정을 못마땅하게 생각하는 것 중에는 또한 임정이 공산주의자들을 받아들이지 않았다는 것도 포함된다. 그런데 임정 초기에는 노령정부 대표이던 이동휘 같은 공산주의자도 참가했지만 이들이 불미한 일을 저지르고 등을 돌린 후 공산주의자들은 다 빠져나간 것이다. 뒤에 사회주의 계열 사람들이 임시정부에서 독립투쟁을 하게 된다. 김원봉은 의열단 단장으로 만주와 상해에서 활동하면서 국내 총독부 고관이나 군 지휘관, 악질친일파를 처단하기도 했는데, 그가 민족진영과 힘을 합치기로 하고 조선의용군 200여 명을 이끌고 광복군에 들어온 것이다. 그는 뒤에 임정 군무부장으로, 광복군 제1지대장으로 활약했으나 해방 후 귀국하면서 임정과 관계를 끊고 월북했다. 그는 광복군에 합류하기 전 임정을 '눈엣가시'로 여겼던 사람이란 김구의 증언도 있다. (《백범일지》, 나남출판 p362.)

임정은 남의 나라에서 출범했지만 그해 12월 1920년 달력을 발행한다. 《대한민력》(大韓民曆)이라는 이 책 달력은 일본보다 30분 늦은 서울표준시를 채택했고 태극기를 그려 넣었다. 개천절과 독립선언기념일을 표시하고 독립문으로 개선하는 행렬을 묘사하고 있다. 1919년을 대한민국 원년으로 하는 《대한민력》은 만주 땅에서 농사를 짓던 동포들에게 농사정보 제공을 목적으로 했다고 보지만 그것뿐인가. 독립투쟁을 내건 임정으로서는 동포들의 애국심 고취와 단합을 위해서도 이런 달력이 필요했을 것이다.

임정이 내세울 또 하나의 자부심이 있다. 그것은 세계 최초로 헌법에 '민주공화정'을 명기한 것이다. 정치사상사를 전공한 박찬승 교수(한양대)는 "헌법에 민주공화정을 명기한 것은 임정이 세계 최초가 된다"고 한다. 임정의 임시헌장 제1조는 "대한민국은 민주공화제로

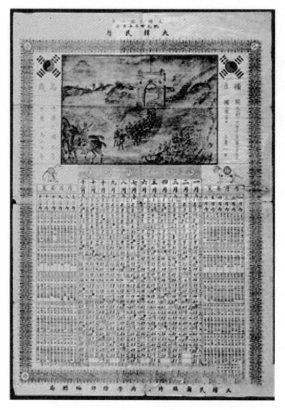

▲ 상해임시정부가 발행한 1920년 달력 《대한민력(大韓民曆)》 표지.

함"이라 했으며 이는 바로 현재 대한민국 헌법 제1조 "대한민국은 민
주공화국이다"로 연결된다고 말한다.

"우리나라는 1919년 4월 임시헌장에서 민주공화국이라는 단어를
사용했는데, 유럽에서 민주공화국(Democratic republic)이라는 용어가 헌법

에 사용되기 시작한 것은 1920년 2월 체코슬로바키아 헌법과 그해 10월의 오스트리아 연방헌법부터다. 1919년 8월 11일 공포된 바이마르 헌법조차 '독일제국은 공화국이다'라고만 했을 뿐이다. 이처럼 대한민국 임시정부가 1919년 4월 임시헌장에서 민주공화국이라는 단어를 사용한 것은 세계적으로 볼 때도 선구적인 것이다."(박찬승, 대한민국의 첫째 봄 1919, 다산초당, 2019. 4. p332.)

이런 임정을 적대시하고 반대한 사람들도 많다. 그중에는 해방 전에 신채호, 해방정국에서 여운형, 박헌영 같은 사람들이다. 이들의 사시적인 관점은 여기에서는 논외로 돌린다.

맺는말

북한에서는 상해임정 이전의 3.1운동 자체도 평가절하를 한다. 3.1운동을 '3.1 인민봉기'라 하면서 8살 나이의 김일성도 참가한 인민투쟁으로 규정했지만 33인의 지도부에 대해서는 아주 부정적이다. 지도부 사람들은 자산계급 출신의 부르주아들이고 일제에 독립을 구걸했다고 한다. 그래서 '3.1 인민봉기'는 실패한 부르주아 운동이라면서 격하한다. 마찬가지로 부르주아 운동가들이 이끈 임시정부 역시 실패한 망명집단으로 규정한다. 이런 북한을 향해 2018년 우리 정부는 3.1운동 100주년 공동사업을 추진하려 했다. 한마디로 연목구어의 웃음거리가 될 뻔했다.

이렇게 3.1운동 주도자들을 비난하고 임시정부를 폄하하는 것은 부르주아 민족운동의 한계를 드러내려는 의도다. 실패한 3.1 인민봉기 이후 항일독립운동은 노동계급을 선두로 하는 마르크스 레닌주의로 무장한 민족해방투쟁 형태로 전개되었다는 관점을 내세우려는 이유다. 그러나 과연 33인의 민족대표들이 청원만 한 것인가? 한마디로 동포의 유혈을 막으면서 독립선언의 의미는 최대화하려고 한 것이 아닌가. 그들은 일제 경찰에 자수한 것이 아니라 통고하고 체포된 것이다.

어떻든 임시정부는 우리나라 사람 전체의 이념적 정부로서 독립운동을 통할했고 직접 광복군을 만들어 싸우기도 했으며, 국제무대에서 우리 민족의 염원을 알리는 노력으로 광복을 앞당겼다는 평가를 받을 수 있다.

비록 연합군으로부터 인정받지 못해서 임정의 뜻대로 통일된 조국의 광복이 이뤄지지 못했지만 풍찬노숙하면서 광복에의 의지를 불태우던 그 노심초사의 노력을 그 누가 훼손하는가. 독립운동을 하는 데는 총을 들고 하는 사람도 있고 외교로 하는 사람도 있는 것이다. 독립운동이야말로 힘 있는 사람은 힘으로, 돈 있는 사람은 돈으로, 지식이 있는 사람은 지식으로 하는 것 아닌가.

앞에서 임정과 관련하여 대한민국의 1919년 건국설과 1948년 건국설이 쟁점으로 되고 있음을 논급했지만, 제3의 의견처럼 대한민국 건국은 역사적으로 1919년에 시작되어 1948년에 종결됨으로써 정통성과 정당성을 확보한 것으로 이해할 수 있겠다. ●

제3편

북한문화,
변했거나
새로 생겨나거나

북한의 도로원표와 수준원점

한 해의 마지막 날 밤 자정이면 서울에서 제야의 종을 울리는 행사가 벌어지듯이 평양에서도 제야 행사가 있다. 평양역 시계가 자정을 가리키면 대동문 평양종이 12번 울리는 가운데 광장에는 인공기가 게양되고 하늘에는 축포 불꽃이 명멸한다. 사람들은 환성 속에 "새해를 축원합니다."라는 새해 인사를 나누면서 새해맞이 공연을 즐긴다.

많은 사람들의 눈길이 새해 축하공연에 머무르지만 마음이 바쁜 사람들은 만수대 언덕으로 수령과 장군의 동상에 꽃묶음을 올리려고 발걸음을 바삐 움직여 인파를 형성할 것이다.

그런데 자정을 알린 이 평양 시계탑이 최근 몇 년 동안에는 남쪽보다 30분 늦게 새해를 알린 일이 있다. 그러니까 2015년 8월부터 2018년 8월까지다. 이때 명분은 일제 잔재를 청산한다는 것이었지만 이런 평양시간을 정한 다른 이유가 있었다는 설도 없지 않았다. 그런데 그걸 하루아침에 환원하겠다면서 본래대로 했다.

2018년 4월 판문점에 온 김정은이 남쪽 〈평화의 집〉 대기실에서 결심을 했단다. 서울시간과 평양시간을 가리키는 두 개의 시계에 가슴이 아프다면서 평양시간을 서울시간과 일치시키겠다고 말한 것이다. 얼마 뒤 상임위원회 정령으로 고치는 형식을 끝냈다. 이로써 서울시간이니 평양시간이니 하는 것이 없어지고 시곗바늘의 통일이 이뤄졌다.

시간적으로 표준시가 같아졌지만 남북한 간에는 공간적으로는 일치시켜야 할 또 다른 대상이 남아있다. 이를테면 국가 단위의 도로원표(道路元標)와 수준원점(水準原點) 같은 것들이다.

나라 길 시작점

도로원표는 도로가 시작되는 기점과 종점을 나타내는 표지이다. 한국의 국가 차원의 도로원표는 잘 알듯이 광화문(光化門) 네거리에 있다. 이 원표는 남한뿐 아니라 한반도 전체에 미치는 것이다. 북한에도 도로원표가 따로 있다. 나라 길 시작점이라 한다.

분단 후 평양에 새로 정했다. 어느 나라나 그 나라의 도로는 그 기준이 되는 지점이 있다. 도로의 길이를 재는 기준이다. 서울에서 평양까지 193km라면 그것이 시작되는 지점이 있어야 하는 것은 당연하다. 그게 서울에서는 광화문 네거리이고 이곳은 우리나라 전체 도로를 재는 기준점이 된다. 이 기준점을 나타내기 위해 도로원표가 설

▲ 도로원표의 종류에는 진표와 이표가 있다. 진표는 실제 도로원표, 즉 기준이 되는 곳이며 이표는 도로원표를 기념하기 위해 표시한 곳인데, 우리나라는 조선 시대 임금이 머물던 창경궁 돈화문(敦化門)이 기점이었으나 1914년 4월 11일 〈총독부고시 제135호〉를 근거로 조선총독부가 세종로광장 중앙, 즉 현재의 이순신 동상 자리에 도로원표를 설치했으나 1935년에 〈고종 어극 40년 친경기념비전〉 안으로 옮겼다. 그러다 1997년 12월 광화문미관광장(일명, 광화문광장)으로 옮겨 오늘에 이르고 있다. 위의 사진은 1935년 〈고종 어극 40년 친경기념비전〉 안으로 옮길 때 설치한 도로원표(진표)다.

치되는데 광화문에는 네거리 서남쪽 지점에 있다.

북한에는 이 도로원표 즉 나라길 시작점이 김일성광장 주석단 밑에 중심 축선을 두고 '표식비'를 세워뒀다. 함구문 터에 있던 것을 김정일이 옮기라고 해서 1996년에 이곳으로 옮겼다.

▲ 1997년 12월 광화문 미관광장(일명, 광화문광장 / 서울특별시 종로구 세종대로 149)으로 옮겨 오늘에 이르고 있는 도로원표 이표(도로원표를 기념하기 위한 상징조형물).

 북한의 도로원표는 1990년대 초까지는 평양 승리거리에 있는 해방산여관 마당에 있었다. 그러다가 함구문(含毬門) 터로 옮겨졌다. 함구문은 중구역 외성동에 있던 옛 평양 중성의 동남문으로 대동교에서 창광산 쪽으로 난 도로와 평양제2백화점에서 인민대학습당 쪽으로 난 도로가 만나는 지점 부근이다. 본래 조선 시대 때도 한양과 연결되는 도로 출발점이었다. 한양으로 향하는 파발마가 이곳에서 출발했으니 1914년 우리나라 10개 도시에 도로원표를 설치할 때 평양에

▲ 광화문 도로원표공원 중앙에 도로원표(이표)와 함께 2002년 월드컵을 기념해 세운 조형물. 동서남북을 알리는 방위와 지방 주요 도시와의 거리를 알려주고 있다.

는 이곳에 설치했다.

그때 서울을 비롯해서 인천, 군산, 대구, 부산, 마산, 평양, 진남포(현재 북한행정구역상 남포시.), 원산, 청진 등 10개 지역에 설치된다. 그러니까 도로원표는 엄격히 말하면 서울에만 있는 것이 아니다. 길이란 것은 여기저기 사람 사는 곳마다 생겨나는 것이고 반드시 수도에서만 출발하는 것이 아니다. 이곳과 저곳이 다 연결되는 것이므로 길의 시작점이 수도에만 있는 것은 아니다. 다만 수도에 있는 시작점은 전국도로 시작의 상징성을 갖는 것이다. 김정일은 수도에 있는 길

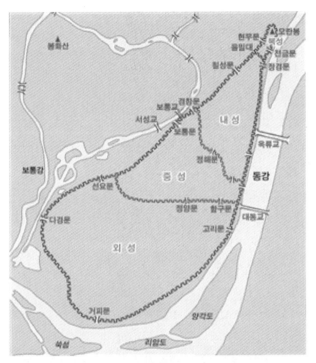

▲ 대동교를 건너 외성의 〈고리문〉으로 들어가 중성으로 들어가는 첫 번째 관문인 옛 평양성의 〈함구문〉 터 위치.

의 시작점을 김일성광장으로 옮기도록 했다. 그는 평양의 가장 중심지는 김일성광장이니까 당연히 이곳이 도로 기점이 되어야 한다면서 표지석 도안도 직접 지도했다. 그 표지석은 흰색 화강암에 붉은 글씨로 '평양, 나라길 시작점'이라 쓰여 있다. 이곳은 바로 풍수상으로도 평양의 혈처가 된다고 한다.

'김일성민족'의 이정표

평양시민들은 나리길 시작점 앞에 서면 유난히도 진한 감상에 젖는 모양이다. 단순한 나리길 시작점이 아니라는 것이다. 다른 나라에도 나라길 시작점이 있지만 자기들처럼 '절세위인의 거룩한 존함이 빛나는 의의 깊은 곳에 둔 곳은 고금동서 어디에도 없다.'라고 단정적인 말도 한다. (『로동신문』 1996. 3. 30.)

평양시민들은 표지석 앞에서 그들 수령의 '혁명활동 역사'를 되새긴다. 김일성 일생에 걸은 거리가 144만 5천여 리이고 이 거리는 지

▲ 김일성광장 정경. 북한의 도로원표, 즉 나라 길 시작점은 〈김일성광장〉 주석단 밑에다 중심축선을 두고 '표식비'를 세웠다. 그러나 1990년대 초까지는 승리거리 해방산여관 마당에 있었는데 함구문(含毬門) 터로 옮겨졌다가 1996년 김정일의 지시로 김일성광장으로 옮겨가게 되었다.

구를 14바퀴 반이나 돈 것이라니 이 표지석은 수령의 한평생 현지지
도를 보여주는 '역사의 표식비'라는 것이다. 평양은 혁명의 수도이고
김일성광장은 수도의 중심부라는 합리성 못지않게 평양은 '혁명의
심장'이고 그 심장 중심에 있는 김일성민족의 승리를 기약하는 이정
표이기 때문에 감동한단다. '통일의 꽃'이라 불린 임수경이가 판문점
을 향해서 출발한 곳도 나라길 시작점 바로 앞이었다는 것도 강조된
다. 그러니까 이 표지석은 북한 주민에게 나라 길들의 시작점을 나타
내는데 그치는 것이 아니라 그들 수령 말대로 '주체의 한길'만을 가
는 혁명가들의 신념의 주춧돌이고 나침판이다. 또한 통일의 출발점이
라는 상징성까지 보태려고 한다.

원산 앞바다의 수준원점

수준원점은 우리가 해발 몇 미터 할 때 그 기준이 되는 기점을 말
한다. 이것도 남북한이 달라졌다. 한국에서는 분단 전과 같이 인천
앞바다를 그대로 쓰고 있고 북한에서는 새로 원산 앞바다로 정했
다. 그대로 쓴다고 했지만 한국의 수준원점도 민족항일기 때 설치된
위치와는 다르다. 1917년에 인천 항동 1가 2번지에 설치했던 것을
1963년 12월 인천 남구 용현동 인하대학교 교정으로 이동, 설치한
것이다. 이곳에 '대한민국 수준원점'이 표시된 대리석 기둥이 있는데
등록문화재다.

수준원점은 바다에 있어야 하지만, 어느 지점 해수면 높이의 평균

값을 정해서 그에 해당하는 육지에 수준원점을 표시하게 된다. 해수면 높이를 측정할 때 밀물과 썰물, 파도 등 그때그때마다 높이가 다른 바다에서는 기준수위를 정하기가 어렵기 때문에 그 평균값에 해당하는 해수면 높이를 정하고 이 높이대로 육지 어느 지점을 수준원점으로 삼는다. 이게 국토 높이 측정의 기준으로 되는 것이다. 한국은 이 지점을 인천 인하공업전문대학 내 26.6871m에 둔다. 우리나라는 1913년부터 1916년 사이에 인천, 진남포, 목포, 원산, 청진 등 다섯 곳에서 조류의 높낮이를 측정해서 평균치를 얻었다. 이때부터 인천이 수준원점으로 되었고 인천 앞바다가 우리나라 높이 기준이 된 것이다.

◀ 1917년 인천 항동 1가 2번지에 설치했던 것을 1963년 12월 인천 남구 용현동 인하대학교 교정으로 이동, 설치한 대한민국의 수준원점.

북한에서 수준원점의 높이는 원산 앞바다의 평균해수면 높이를 0으로 하고 있다. 그에 따라 육지의 어느 곳에 기초를 한 다음 그 위에 철근 콩크리트, 화강석으로 기둥을 만들어 세우고 이 기둥에 해수면 평균 높이를 표시해 뒀다고 한다. 여기로부터 북한 전역의 국가측지점이 세워지고 임의의 지점에서도 해발 높이를 알 수 있게 했다. 그런데 북한은 남쪽보다 수준원점 높이를 좀 더 높게 정했기에 어떤 높이를 잴 때 남쪽보다 높다. 백두산 높이를 한국에서는 2744m라고 하지만 북한에서는 2750m라 한다. 6m 차이가 나고 있다. 중국에서는 또 다른 수준원점을 쓰기 때문에 2749m가 된다. 중국은 천진에 수준원점을 두고 있다. 이처럼 수준원점은 나라마다 자기 실정에 맞게 정한다. 그래서 각기 높이가 다르기도 한다.

2020년 12월 네팔과 중국 간 에베레스트산(Everest Mount) 높이를 둔 합의도 그런 것을 반영한다. 그간 네팔은 1954년 이래 에베레스트산 높이를 8848m로 인정해 왔는데 중국이 2005년 자기들 과학적 수준을 내세우며 8844.43m라고 발표해서 네팔의 반발을 샀다. 2019년 시진핑 중국주석이 네팔에 에베레스트산 높이 실측을 제안해서 각기의 조사팀이 측량에 나섰고 여러 지점 간의 고저 차를 활용한 수준측량과 GPS 수신기를 이용해서 측정한 끝에 양국 조사팀의 측정값 평균인 8848.86m로 결정됐다고 전한다. 어떤 산의 높이는 해수면에서 수준점까지 높이와 수준점에서 정상까지의 높이를 합한 것이다. 이런 것이 반영돼서 측정되었으리라고 본다. 이처럼 바다는 만국 공통으로 육지의 높이를 재는 기준이 된다.

시공간의 통일

지금의 북한 통치자가 표준시를 남쪽과 달리했다가 결자해지 하듯 원점으로 돌린 것은 아주 잘한 일이다. 엇박자로 남북한 간에 시차까지 생기면 남과 북이 형제가 아니라 남들처럼 되려고 애쓰는 격이 된다. 명분보다 실리를 좇아 환원됐으니 앞으로는 남북한 간에 약속을 잡을 때라든가 항공기를 띄울 때, 또 물류 교류를 할 때도 두 개 시간을 가지지 않아도 되니까 편리해졌다. 사실 명분상으로는 한반도 중앙을 통과하는 127도 30분 선을 채택하는 것이 맞기는 하다. 한국 국회에서도 표준시간 변경안이 제출되기도 여러 번 한 기록이 있다. 국회 기록을 보면 2000년, 2005년, 2008년, 2013년 네 차례나 된다. 법안제출 이유는 영토회복을 통해 공간적 독립은 얻었지만 시간적 독립은 얻지 못한 것으로 되어있고 국가 정체성과 국민 자존심을 내세웠다.

남북한 간에는 실제로 시간차 때문에 일어난 큰일도 있었다. 북한이 표준시를 바꾸고 일주일쯤 되던 때, 판문점 평화의 집에서 남북대표단이 만나기로 돼 있었다. 이틀 전 북한이 남쪽으로 고사총을 쏘았고 한국군도 대응 포격을 해서 일촉즉발의 위험이 있던 때 북한이 먼저 만나자는 제의를 해 왔다. 그래서 만나기로 한 날 오후 6시 양쪽이 접촉을 약속한 시간에 북쪽 대표단이 나타나지 않았다. 약속을 어기는가 했더니 6시 30분이 돼서 나타났다. 그들로서는 자기들 표준시간에 맞춰 행동했지만 이런 상황은 계속 일어나게 될 수도 있었다.

맺는말

조선 시대에도 도로 시작점이란 개념은 있었다. 창덕궁 돈화문은 조선 시대 도로의 시작점이었다. 돈화문에서 동쪽은 흥인문(동대문), 남쪽은 숭례문(남대문), 서쪽과 북쪽은 돈의문(서대문)을 통과해서 의주, 서수라, 평해, 동래, 통영, 강화, 봉화 등지로 뻗어 나갔다. 《증보문헌비고》에 따르면 돈화문에서 전국으로 출발하는 도로가 제1로에서 9로까지 기록돼 있다. 제1로는 한양에서 의주까지, 2로는 한양에서 서수라(함북 경흥군)에 이르는 관북로, 제3로는 평해까지의 관동로, 제4로는 동래에 이르는 중로, 제5로는 한양에서 통영까지, 제9로는 한양에서 강화까지였다. 제1로는 돈화문에서 돈의문을 거쳐 고양-파주-장단-개성-황주-평양-안주-정주-철산-의주에 이르는 길로 연행로(燕行路)라 한다. 명나라, 청나라로 사신이 다니던 길이다. 옛 평양성 함구문은 이때 한양에서 오는 객이 통과하던 중성의 동남문이었다. 임진왜란 때 조선과 명나라 연합군이 성을 차지하고 있던 왜군과 치열하게 싸웠던 곳이기도 하다. 어떻든 조선 시대에 수준원점을 측정하는 기구는 없었지만 도로에 관한 것은 《경국대전》에도 규정돼 있었다.

그런데 평양의 나라길 시작점은 통일 후에도 그대로 둬야 하는가? 도시 단위로 볼 때 그것이 북한 지방의 도로원표로 되는 것이야 무방하다. 그러나 한 나라의 도로원표라면 수도의 도로원표가 나라길 시작점이 되는 것이 마땅하다. 한 나라에 두 개의 표준이 있을 수 없듯이 도로원표나 수준원점도 통일되어야 하는 것이다. 사물을 정확히 알고 계량을 옳게 해서 바른 생활을 하기 위해서라도 통일돼야 마땅하다. 이때 정치성보다는 과학성에 의해 결정돼야 한다.

　김일성은 일찍이 한자를 쓸 필요는 없지만 남조선 사람들이 쓰고 있는 이상 한자를 버릴 수 없고 일정 기간 한자를 배워야 한다고 했다.(1964. 1.) 이 말은 통일될 때까지는 남쪽의 신문, 잡지를 읽지 못하면 그만큼 손해라는 것을 알았고 통일을 내다보면서 동질성을 유지해야 좋다는 것을 의식한 것이다. 이는 나중에 통일 후 바꿔도 될 일을 미리 정치적으로 변경할 필요는 없다는 교훈을 준다. ●

북한의 상징물들
- 나라 꽃 · 나라 나무 · 나라 새 · 나라 개

2018년 4월에 남북한 정상은 판문점에서 소나무를 심었다. 또 그해 9월 남쪽 대통령이 평양에서 모감주나무를 심었다. 나무 한 그루지만 거기에는 한반도를 평화의 숲으로 바꾸려는 염원을 담았을 것이다. 소나무는 사철 푸른 색깔로 우리 겨레와 함께 희로애락을 같이 해온 나무라서 상징성이 크다. 소나무를 심으면서 백두산과 한라산의 흙을 섞고 한강과 대동강 물을 뿌렸다. 남과 북의 흙과 물을 합친 상징성을 한껏 보여줬다.

그런데 소나무가 북한에서는 나라 나무, 즉 국수(國樹)로 되고 있다. 북한의 나라 나무를 한국 대통령이 함께 심은 것이 된다. 소나무야 북한의 나라 나무 이전에 우리 민족의 나무이거늘 문제가 될까? 사실 북한에는 나라 나무뿐 아니라 나라 꽃(國花)이나 나라 새(國鳥)도 있고 나라 개(國犬)도 있다. 나라꽃은 정해진 지 오래이지만 나무나 새나 개를 나라 상징으로 정한 것은 김정은 집권 이후의 일이다.

▲ 북한의 국수(國樹), 소나무. 북한은 최근 국수를 소나무로 지정해 상징물로 선전하고 있다.

　　한 나라의 상징물에는 나라 깃발인 국기, 나라 노래인 국가, 나라 꽃인 국화가 가장 보편적이고 나라 나무나 나라 새, 그리고 나라 짐승인 국수(國獸)도 있다. 이뿐만 아니라 국장(國章)이나 국새(國璽), 수도(首都)도 국가상징 대상에 포함하기도 한다. 이 가운데 가장 대표적인 것은 나라의 얼굴인 국기, 나라의 목소리인 국가인데 북한에서는 국기, 국가, 수도가 다 헌법에도 명시되어 있다. 북한 헌법에 포함되지 않은 북한의 상징물 중 나라 꽃, 나라 나무, 나라 새, 나라 개를 일별(一瞥)해 보기로 한다.

나라 꽃 목란

북한의 나라 꽃이 뭘까 했을 때 한국의 많은 사람들은 진달래라고 알고 있었다. 이렇게 잘못 알게 된 까닭은 북한에서 진달래를 두고 '조국의 진달래'니 '조선의 진달래'라고 불렀고 조국 해방의 상징으로 떠받들어졌기 때문이다. 그 연유는 김일성 아내가 된 김정숙과 관련된다. 김일성의 이른바 항일빨치산 부대인 조선인민혁명군이 만주에서 조선 땅에 진주했을 때 김정숙은 그 꽃을 보자 '진달래'라고 외치면서 꽃을 얼굴에 비비기도 하고 진달래 덩굴에 얼굴을 묻기도 했단다. 김일성도 김정숙이 내미는 꽃묶음을 받고 "진달래는 볼수록 아름답게 보인다"고 말한다. 꽃의 향기와 조국에 대한 고결한 정신을 느끼게 해서 "진달래 내 조국아 기다려다오. 위대한 장군이 이끄는 우리는 민족해방의 봄을 가져다줄 것이다."라고 숭고함에 빠졌다는 것이다. 이런 사연을 가진 진달래는 그냥 진달래가 아니라 '조국의 진달래'가 되었고 광복 후에도 상찬되어왔다. 평양 개선문이나 김일성 영생탑에 부조된 꽃도 진달래다. 그러나 북한의 나라 꽃은 분명히 목란이다.

목란은 한마디로 흰색의 산 목련이다. 김일성이 1964년 5월 황해도 정방산 별장에 갔을 때 이 꽃을 보게 된다. 그는 어린 시절 칠골 외가 부근에서 이 꽃을 본 기억이 있다면서 이 꽃을 머리에 그리면서 조국을 그리워했다고 말한다. 그 뒤 1968년 7월 평양식물원을 방문했을 때도 이 꽃을 찾았고 이날 이후 북한 전역에서 이 꽃에 대한 학습소동도 일어난다. 김일성은 우리 민족이 좋은 꽃에는 '란'이라 이

름을 붙였듯이 이 꽃 이름을 나무에 피는 '란'이라는 뜻으로 〈목란〉
이라고 부르자고 한다. 산 목련이 목란이란 이름을 얻고 김일성의 뜻
을 따라 국화로 지정되는 경위다. 이후 '꽃 중의 왕'으로 치켜세워지
면서 북한 전역에는 목란심기운동이 벌어지게 된다.

▲ 북한의 나라 꽃, 목란. 목란은 남쪽에서는 '산 목련'으로 알려져 있는 꽃인데, 북한은 구석기
유적에서도 그 포자들이 발견되므로 "100만 년 전부터 한반도에서 자랐다."라고 주장하고 있다.

목란에 대해 북한 식물학자 임록재(월북학자)도 이렇게 자랑한다.
"우리나라에 있는 목란이라는 꽃은 함박꽃과 같이 아름다울 뿐
아니라 향기도 그윽하고, 나무잎도 보기 좋아서 세계적으로 자랑할
만합니다. ……목란은 나무와 꽃이 아름답고, 나무가 건장한 맛이 있

어 마치 조선사람의 기상과도 같습니다." (『천리마』 1991년 12월호.)

미학자 김정본도 말한다.

"우리 인민은 끝없이 무연히 펼쳐진 초원보다도 맑은 시내물이 흐르는 내가의 오붓한 고향마을을 더 미적인 것으로 여기며, 모란꽃이나 벚꽃보다도 조선민족의 억센 기상을 련상시키는 목란꽃을 더 사랑한다." (《미학개론》, 사회과학출판사, 1991.)

목란은 구석기 유적인 검은모루유적(평양 상원군 흑우리), 대현동유적(평양 역포구역 대현동)에서도 목란과 목란속에 속하는 포자들이 발견되었으므로 100만 년 전부터 한반도에 자랐다는 주장을 한다. (《조선고고학총서》 59권 2009.) 사실 여부는 뒷날 남북한 학자들이 공동으로 연구해 볼 과제가 된다. 북한 자료에는 목란이 한반도 전역에서 피지만 울릉도에는 없다는 지적도 보인다.

또한 김일성이 국화로 알아오던 무궁화는 씨도 없고 향기도 없고 냄새가 없는 꽃이어서 국화로 자랑할 수 없다는 말도 했다고 한다. (『청년문학』, 1999. 7.) 어떻든 통치자의 기호가 국화로 지정된 것이라고 평가되는데 그게 문제가 아니라 "남조선 인민들조차 1970년 11월에 열린 조선노동당 5차 대회 시 김일성에게 목란 꽃을 올렸다."라면서 그 상징성을 내세웠다. (『남조선문제』, 1984년 12월호.) 하지만 이 목란도 새로 나온 우상화 꽃 김일성화나 김정일화에 밀려 저만치서 혼자 피어 있는 꽃처럼 보이기도 한다.

나라 나무 소나무의 상징성

북한에서 소나무를 나라 나무로 정한 것은 몇 년 전이다. 2014년 김정은이 중앙종묘장을 찾는데 여기서 '소나무는 조선의 기상'이라고 말한다. 이 말을 받아 북한의 문필가들은 우리 선조들이 "소나무에서 나서 소나무 속에 살다가 소나무 속에 죽는다."라는 말이 있듯이 소나무는 역사적으로 우리 생활에 정신면이나 물질 면에서 참으로 큰 영향을 줬다고 말한다. 사시장철 푸르고 생활력이 강한 나무여서 그 모습이 그 어떤 풍파에도 끄떡없이 전진해나가는 자기들의 기상이라고 내세운다. 정신적인 면에서 고려 도읍지인 개성이 송도로 불리는 것도 개성의 진산인 송악산 소나무와 결부돼 있듯이 우리 민족은 예로부터 소나무를 즐겨 심고 가꾸었다고 말한다. 또 가까이는 김일성의 아버지 김형직이 〈남산의 소나무〉라는 가요를 지으면서 민족 해방을 위해 애썼다는 주장도 내세운다. 북한에서 소나무가 유명한 곳은 금강산, 묘향산, 칠보산, 장수산, 평안남도 양덕, 맹산, 황해도 은률 등이 꼽히는데, 황해도 장수산에서는 소나무를 제1경으로 치고 있다. (『예술교육』 2019. 1호.)

사실 우리 민족의 소나무 선호도는 매우 높다. 소나무는 은행나무 다음으로 오래 산다고 십장생, 다시 말해서 오래 사는 동식물의 하나로 쳤다. 우리 〈애국가〉 2절 "남산 위의 저 소나무 철갑을 두른 듯" 표현처럼 어려움을 극복해 나가는 강인한 의지를 우리 민족의 가슴에 새겨주고 있다. 우리 선조들은 나무를 노래할 때 소나무를 가장 많이 읊었고 조선 시대 조정은 소나무를 보호하는 정책을 아주 중시했다. 소나무의 울울창창한 모습은 가히 초목의 군자라 할 수 있다. 이런 좋은 나무를, 남쪽 국민이나 북한 인민 모두가 좋아할 나무를 어느 한쪽이 먼저 나라 나무로 정했다는 것은 어쩐지 마뜩치 않다. 하지만 "우리 민족의 정신과 기상이 응축되어 있어 국수로 되고 있는 소나무는……." 라는 표현도 있으니(위의 책.) 남북한 모두의 국수이다.

나라 새, 국조는 참매

한국에서는 1964년에 한국일보가 까치를 국조로 정하자고 캠페인을 벌였지만 정부 차원에서는 국조를 정한 일이 없다. 그런데 북한에서는 국조를 정했다. 수리과에 속하는 참매다. 참매에 대한 김정은의 언급은 이렇다. "참매는 용맹스러운 새입니다. 참매는 조선사람의 기질을 닮은 새입니다."

북한 정권수립 65주년 9.9절에 지어진 〈조국찬가〉 3절에도 국화 목란 꽃과 국조 참매를 찬미하는 구절이 있다. 이 두 상징물이 "슬기롭고 아름다운 조선인민의 초상과도 같다."라면서 "구름 우에 나는 참매는 우주에 날아오른 조선의 위성으로 보이고 아름다운 목란 꽃은 사회주의 문명강국의 혜택을 누리는 인민의 행복의 웃음꽃으로 안겨온다."라고 상찬한다.

"참매는 독수리과에 속하는 한 종으로써 백두산 일대를 비롯한 우리나라 북부 높은 산지대에서 번식하면 사는 새"이고 "참매는 우리나라를 상징하는 국조이다."라고 한다. (《조선의 지리》, 8권 p182.)

▲ 북한의 국조(國鳥), 참매.

같은 문헌에 이어지는 참매 설명을 좀 더 보자.

"참매는 긴꼬리매, 흰매, 육두매, 누른매, 산지니, 수지니 등으로
불리운다. 우리나라 사람들은 예로부터 매우 날쌔고 용맹스러운 참
매를 길들여 가지고 있는 것을 자랑으로 여겼다. 참매는 몸길이가 보

통 50cm 정도이다. 대체로 수컷보다 암컷이 크다. 보통 4월 말 5월 초에 알을 낳는데 큰 나무들 사이를 민첩하게 날아다니며 먹이를 찾는다. 공중에서 빙빙 돌다가 먹이를 발견하면 쏜살같이 급강하해서 잡는다. 쉴 때는 나무 꼭대기에 앉고 해로운 쥐들을 많이 잡아먹는다."

참매는 북한에서 천연기념물로 정해져 있고 많이 분포된 함경남도 덕성군 상동리, 신태리 일대가 보호구역으로 정해졌다. 국가과학원 동물학 연구소에는 참매만 전문적으로 연구하는 집단이 있다.

나라 개 풍산견

국가상징물 중에는 나라 짐승, 국수(國獸)가 있다. 북한에서는 국수는 없는데 국견(國犬)은 있다. 바로 풍산개, 풍산견이다. 김대중 전 대통령이 평양에 갔을 때 선물로 받은 개다. 풍산은 분단 전 함경남도 지역인데 1954년 행정구역 변경 때 량강도에 속하게 되고 1990년에는 이름도 김형권군(김형권은 김일성 3촌.)으로 바뀌었다.

개마고원 중심부에 해당되어 평균 고도가 1000m를 넘는 이곳 산악지대에서 1910년대 홍범도 장군이 의병을 이끌고 일제와 싸운 곳으로도 유명하다. 풍산개는 흰털이 빽빽하여 추위를 타지 않아 영하 30도 추위에도 제집에서 자지 않고 밖에서 집을 지키기도 한다고 알려졌다. 성질은 인내력도 있고 용맹스러워 사냥에 적합하다. 풍산개

▲ 북한의 국견(國犬), 풍산개.

는 이 지방 사람만이 키우는 개였지만 사냥꾼에 의해 바깥세상에 알
려졌고 일제 강점기 천연기념물로 지정되었다. 이렇게 유명한 개라서
김일성도 김정일도 그 존재를 알고 있었다. 김정일은 "우리나라 북부
지대에 있는 유명한 풍산개도 원종을 보존하고 많이 번식시켜 널리
키우도록 하여야 합니다."라는 말도 했다.

그래서 북한에서는 수령과 영도자의 뜻을 받들어 국견으로 제정
했다고 한다. (『민족유산』 2019. 3호.)

상징의 의미와 존재 양식

상징은 넓게 보면 기호의 일종이다. 가령 〈十〉라는 기호는 더하기를 뜻하기도 하고 십자가를 뜻하기도 한다. 단순한 더하기일 때는 수학기호지만 십자가일 때는 기독교의 상징이 된다. 그래서 북한에서는 〈十〉를 쓸 때 기독교 상징이 될까 봐 세로를 길게 뻗지 않는다.

기호에는 신호도 포함된다. 집 굴뚝에서 연기가 나면 불이 난 것으로 보기도 하고 밥 짓는 것을 연상하기도 한다. 앞의 것은 연기를 불길의 신호로 보지만 뒤의 것은 연기를 밥 짓는 상징으로 파악한 것이 된다. 빨간 깃발을 열차승무원이 흔들면 '멈추어라'는 신호지만 시위대가 흔들면 항의의 상징이 된다. 구름은 비의 신호지만 비의 상징은 아니다. 이처럼 신호는 기계적이지만 상징은 정서적이다.

기호가 상징을 나타낸 것이 유명한 프랑스 소설가의 편지다. 편지 내용은 "?"가 전부다. 이 편지를 받은 출판사의 답신은 "!"다. 내 책이 잘 팔리느냐는 질문에 잘 팔린다는 대답이다. 또 있다. 1936년 중국 국민당 장개석과 장학량 사이에도 그런 사례가 있고 한국에서도 있다. 한 기업의 노조 대표가 사장에게 운동화를 선물했고 사장은 휴대전화를 상대방에게 선물했다. 운동화는 사장이 계속 잘 뛰어 달라는 의미를 담았고 휴대전화는 수시로 현장의 어려움과 쓴소리를 해 달라는 뜻이었다. (『조선일보』 2005. 9. 6. A35.)

상징은 복잡한 의미를 가진다. 그래서 원숭이는 단순한 신호는 이해하지만 사람처럼 상징은 이해하지 못한다. 사람만이 상징을 만들어 내고 이해를 한다. 이래서 독일 철학자 캇시러(E. Cassirer)는 인간을

상징적 동물이라 했다. 사람은 상징을 만들어 내며 상징을 통해 일을
한다. 정치인은 정치적 상징을 만들고 종교인은 종교적 상징을 만든
다. 또 방송인은 온갖 상징들을 만들고 다듬어서 시청자들에게 널리
전파한다. 한나라의 상징인 국가상징도 이런 필요성에서 만들어지고
제정된다.

맺는말

북한에서는 2018년 《조선의 국가상징》이란 책을 출판했다. 김정
은 시대에 와서 강조되는 국가제일주의 정신으로 사람들을 무장시키
는 데 이바지하려고 만든 이 책에는 국기, 국가, 국화, 국수, 국조, 국
견 등이 실려 있다. 국기, 국가 같은 상징은 정통성 면에서 상호 용납
이 쉽지 않더라도 목란 꽃, 소나무, 참매, 풍산개 같은 상징물들은 새
로 만들어 낸 것이 아니라 이미 한반도에 존재하는 실물들을 자기들
의 상징으로 정했을 뿐이다. 국화라고 하는 목란도 이름이 그렇다는
것이지 우리나라 산지에 널리 피는 꽃이고 우리 선조들이 사랑해 온
꽃이니까 전통성을 가진다고 볼 수 있다.

북한정권하에서 생산된 정신문화나 물질문화는 정권문화지만 분
단 이전 전통시대부터 있어 온 것은 남북한이 공유하는 공유문화다.
가령 가야금을 남쪽과 북쪽이 달리 개량했다 하더라도 전통악기를
바탕 한 것이라서 서로가 받아들일 부분이 있으니 공유문화라 할 수
있다. 정권문화야 이질적이고 서로가 용납하지 못할 부분이 많지만

공유문화는 민족전통을 모체로 창조된 문화이기에 상호 수용이 가능하다고 본다. 그래서 공유 관점에서 보면 풍산개는 한 지역의 동물이지만 우리나라 개고 소나무나 참매는 남쪽에도 있는 것이므로 배제할 필요가 없는 남북 공유의 상징물일 수 있다. 북한 헌법에 규정된 상징이 아니므로 정통성 문제와도 부딪칠 일은 아니라고 보겠다. 그러나 무궁화를 국화로 여기는 우리로서는 국화를 비롯해서 이런 상징물을 통일 뒤에는 다시 논의돼야 할 부분으로 보지 않을 수 없다. ●

북한은 구호의 땅

"가는 길 험난해도 웃으며 가자"

1998년 6월 초하루 날 자강도 희천의 한 공장을 찾은 김정일은 건물 벽의 대형 구호판에 써 붙인 이 구호를 소리 내 읽고는 만족해서 호탕하게 웃었다고 한다. 구호내용에 낙관의 웃음으로 역경을 역전시켜 나가는 김정일 웃음 철학이 어려 있다는 것이다. 그리고 "웃으며 가자"라는 표현에는 원쑤들을 전율케 하고 '무비의 담력과 배짱'으로 만난을 이겨내는 값 높은 웃음이 배어있다고 역설한다. (『조선녀성』 1998년 6월호.)

또한 이 구호에는 오늘을 위한 오늘이 아니라 내일을 위한 오늘에 살면서 "누가 최후에 웃는가를 보자."라는 뜻이 담겨있다고 한다. 그래서 "두고 보자. 우리 이제 머지않아 이 땅 우에 반드시 사회주의 강성대국을 건설하고야 말 것이다."라는 결의를 다지게 하는 구호로 해석한다. (『청년문학』 1998년 9월호.)

북한에서는 정치적 계기가 있을 때마다 대량으로 구호를 만들어
냈다. 당 창설, 정권창설, 김일성 김정일 생일, 그밖에도 무슨 기념일,
무슨 행사 등을 계기로 최소 100여 개 이상, 최대 280여 개나 되는
구호들이 만들어지기도 했다. 가히 구호로 들끓는 외침의 땅이 북한
이다. 구호를 만드는 데는 김일성, 김정일도 달려들었다. 북한 구호의
세계로 들어가 본다.

구호와 표어

구호나 표어는 하나의 정책이나 방침을 알리려는 기능을 가진다.
둘 다 슬로건(Slogan)이라 하는데 슬로건은 효용성이 매우 크다. 한 줄
의 구호나 표어가 사람의 마음을 휘어잡아 어떤 목표에 도달하는 데
도움을 준다. 히틀러가 대중을 휘어잡은 것도 "프랑스에 복수의 칼
을, 독일에는 천년의 번영을"이란 구호가 효력을 낸 것이고 제2차 세
계대전이 일어난 후 미국 정부는 "진주만을 잊지 말자."라는 구호로
미국국민의 마음을 모아서 전쟁승리를 이끌어냈다. 1972년 10월 중
공이 자유중국을 밀어내고 유엔에 가입하자, 자유중국은 처변불경
장경자강(處變不驚 蔣敬自强)을 내세워 위기를 극복해 나갔다.

슬로건은 본래 군인들이 전투를 준비하면서 목소리를 모아 힘껏
외치는 함성을 뜻했다고 한다. 로마멸망 이후 지금 영국 땅에 살던
켈트족이 앵글로 색슨족에 밀리면서 사기를 높이고 단결을 도모하려
고 외치던 함성을 슬로건이라고 했고 이 뒤로는 유럽 계몽주의 시대

▲ 구호로 들끓는 외침의 땅 북한, 각종 기념일과 행사가 있을 때마다 대내 심리전의 일환으로 수십, 수백 개의 구호들이 조성로동당의 지도 아래 만들어지고 있다.

가 열리면서 시민들이 자기들 주장을 소리 높이 외치던 것도 슬로건이 됐다.

구호와 표어는 쓰임새가 약간 다르다. 구호는 주로 외치면서 내용을 주입한다면 표어는 운율을 가진 짧은 글이어서 메시지를 의미적으로 전달하는 편이다. 구호(Catch Phrase)가 가슴으로 느끼게 하는 감정적인 글이라면 표어(Motto)는 머리로 받아들여 이해하게 하는 이성적인 면을 보인다. 그래서 구호는 정치적 행사에서 많이 활용되지만 표어는 행정적인 성격의 메시지로 이용된다. 구호가 정치적 행사에 활용되다 보니 구호에는 사람을 속이는 내용도 담기지만 표어에는 진실을 담으려고 하는 편이다. 구호와 표어 둘 다 이루고자 하는 목표를 잊어버리지 않게 귀띔하는 수단이니까 어느 나라에서나 정부 정책 선전에 유용하다.

구호는 혁명전술을 뒷받침하는 중요수단

"배우고 또 배우자."
"지식은 광명 무식은 암흑."
"절약하고 절약하고 또 절약하라."
이런 표어도 있지만 북한에서는 구호가 주로 활용된다. 구호는 정치적 메시지나 정책홍보 전달수단에 더해 혁명전술 수행기능에도 한몫 한다. 북한에서 구호는 선전, 선동을 뒷받침한다. 공산주의에서 혁명의 3대 전술은 조직, 투쟁, 선전 선동인데, 이중 선전 선동을 뒷받침하는 것이 구호다. 구호가 선전단계에도 있고 선동단계에도 있지만 내용은 달리한다. 선전단계에서는 당의 의도를 알려주고 투쟁목표와 방향을 일러 주지만 선동단계가 되면 바로 행동방법을 지시한다. 이렇게 중요한 구호이다 보니 북한에서 구호는 범람하고 일상대화에서도 구호가 오가는 현상조차 본다.

"동무, 우리는 천리마시대의 기수답게 강철생산고지 점령에서 속도전의 불바람을 일으킵시다."
"어버이 수령님을 민족의 태양으로 높이 우러러 모신 크나큰 민족적 긍지를 더욱더 간직하도록 합시다."

언어를 혁명의 무기로 쓰기 때문에 이런 구호적인 대화도 가능하다. 이런 대화는 혁명성과 전투성을 발양시킨다는 것이고 대중을 조직하고 동원하려면 강렬한 전투적 구호로 호소해야 한다는 것이다.

"미제의 각을 뜨자.", "원쑤들의 가슴팍에 복수의 총창을 박는 멸적의 투지로!", "모두 다 총창이 되고 총알이 되자.", "언제나 동원되고 긴장된 태세를 견지하며 원쑤들이 덤벼든다면 단매에 때려눕힐만반의 준비를 갖추자." 같은 구호들은 그야말로 섬뜩한 전투적 구호들의 표현이다. 전투적 구호는 북한 주민을 조직의 역량으로 묶는 무기가 되도록 활용된다.

◀ 언어를 혁명의 무기로 사용하는 북한에서는 구호적인 대화에서도 혁명성과 전투성이 핵심적 요소로 요구되고 있다.

구호에는 물론 "실력으로 당을 받들자.", "인민문화 향상은 문맹퇴치로부터", "하자고 하면 못 해낼 일이 없다."와 같이 상대적으로 부드러운 내용들이 없지는 않지만 대부분은 어조강세적이고 자극적인 내용들이다. 이런 구호들은 각 시기의 성격이나 새로 만들어지는 무슨 캠페인에 따라 수없이 만들어 지면서 명멸해 왔지만 시대의 대표적인 구호들은 대체로 이렇다.

1950년대에는 '천리마운동'이 등장하던 시기라서 "천리마를 탄 기세로 달리자." 같은 것이 대표적이고 1960년대에는 천리마운동 연장선에서 전개된 '천리마작업반운동'을 뒷받침하려는 구호들, 이를테면 "천리마대진군을 계속 다그쳐 다시 한번 혁명적 대고조를 일으키자." 가 등장했다.

1970년대에는 '3대 혁명 붉은 기 쟁취운동'을 전개하면서 이를 독려하는 구호들이 등장한다. 1980년대는 '숨은 영웅따라 배우기운동' 이 전개되던 때라서 "모두 다 영웅적으로 살며 투쟁하자."가 대표적이었고 1990년대와 2000년대에는 고난을 극복하자는 구호들이 편만했다. 그런데 뭐니 뭐니 해도 "수령의 교시를 관철하기 전에는 죽을 권리도 없다."라는 구호 앞에서는 벌어진 입을 다물 수가 없다. 인민의 생명이 자기 것이 아니라 수령의 것이라는 뜻이 읽힌다. 자기운명은 자기의 것이라는 주체의 요구 대로가 수령을 위해서는 청춘도 생명도 서슴없이 바치라는 요구다. 시련의 시기를 넘기려는 구호라 하더라도 이해난망(理解難望)이다.

구호의 연원 구호문헌나무

구호문헌은 1930년대 빨치산 대원들이 나무껍질에 새겼다는 글
발들을 말한다. 북한은 그들 구호의 연원을 구호문헌에서 찾는다.
1960년대 초 청봉지역에서 구호문헌을 새긴 나무 19그루가 발견된
이후 이런 나무 900여 그루가 발견되고 구호문헌은 1만 2000점이
나왔다는 것이다. 구호문헌나무가 발견된 곳을 표시한 '구호문헌지도
첩'도 있고 평성시에는 구호문헌보존실도 마련돼 있다.

▲ 『로동신문』』이 마두산 지역에서 '발굴'했다고 소개한 '백두산 3대 장군(김일성·김정
숙·김정일)을 찬양하는 한문투 구호나무들과 이를 알아보기 쉽게 한글로 다시 번역해 놓은 글발.

구호문헌의 글발들은 "조선동포들이여, 강도 일제 쳐부수고 삼천

리 금수강산에 자주강국 세우자.", "2천만이 독립심장부 굳세게 보위
하자.", "2천만 겨레 모두 힘 합쳐 조국광복 성취하자." 같은 독립투쟁
을 고취하는 것도 있고 토지개혁, 남존여비타파, 자주경제건설, 민족
문화 건설과 관계되는 것들도 있는데 내용 중에는 힘찬 표현을 하려
고 신출귀몰, 일행천리, 승천입시, 만수영생, 만수불로 같이 4자구를
써서 문장의 박력을 얻으려는 것들도 있었다. 김일성은 구호나무에
쓰여진 글들이 단순한 구호라기보다 항일무장투쟁시기의 문헌이라고
말할 수 있다고 했다. 하지만 내용 중에 "김일성대장은 만민의 태양
이시다.", "아 조선아 백두산에 백두광명성 탄생.", "백두의 녀장수 광
명한 미래 안아온다." 같은 표현이나 3대 태양, 3대 장군, 3대 위인, 3
대 영걸, 3대 명인 등 김일성과 김정일, 김정숙을 묶어서 칭송하는 것
들이 더 많이 들어있으니 우상화를 위한 조작이란 의심을 받을 수밖
에 없다.

그러나 민족항일기에 독립을 염원하는 글귀를 나무에 새긴 일들
은 실제로 있었다고 볼 수 있다. 청산리 전투 후 지나가던 독립군이
애국충정의 마음을 나무에 새겨놓은 사례가 있었다는 것이다.

구호 바위들

'항일무장투쟁시기'에 나무나 바위에 구호를 새기던 전통을 이으
려고 그러는지 북한 정권에서도 자연 바위에 글발을 새기는 사업을
크게 벌렸다. 김일성, 김정일 칭송의 글 내용도 있지만 당의 구호를

▲ 김일성을 찬양하는 금강산 자연바위 글발.

새긴 것도 많다. 북한에서 자연바위 글발의 시초는 김일성이 금강산
을 처음 찾은 1947년부터라고 볼 수 있다. 이때 김일성은 산에 풀 한
포기도 다치면 안 된다면서 바위에 이름을 새기는 행위를 단속하라
고 지시하면서 바위에 후대에 물려 줄 좋은 구호를 새기는 것은 나
쁘지 않다고 했다. 이로부터 금강산 자연바위 글발들에는 수령과 장
군을 칭송하는 글발들 외에도 "사상도 기술도 문화도 주체의 요구대
로", "생산도 학습도 생활도 항일유격대식으로" 같은 구호들이 새겨
졌다. 김정일은 1975년 10월부터 금강산에 수령과 관계되는 글발들
을 새기는 사업을 지도했는데, 그 글발들을 다 읽으면 수령의 반세기
에 걸친 혁명투쟁사를 다 알 수 있게 돼야 한다고 했다. 금강산뿐인

가? 백두산, 묘향산, 수양산 등 북한 전역의 이름 있는 산들 자연바위에는 새겨진 구호들이 가득하다. 각자(刻字)된 이런 자연바위 글발들이 북한에서는 길이 전해야 할 국보급이라고 하지만 우리 민족 전체로 보면 거대한 낙서가 아니겠나.

김일성, 김정일이 만든 구호들

김일성이 만들었다는 구호는 여럿이다. "토지는 밭갈이하는 농민에게", "모든 것을 전쟁의 승리를 위하여", "천리마를 탄 기세로 달리자", "철과 기계는 공업의 왕이다", "쌀은 곧 공산주의다", "하나는 전체를 위하여 전체는 하나를 위하여" 등등이다. 온갖 일에 다 관여하고 만기친람한 수령인데 이것만 있겠나. 이 가운데서 북한 선전물은 "하나는 전체를 위하여 전체는 하나를 위하여"를 두고 김일성이 창작한 최고의 명언이라고 말한다. 명언은 명언인데 이 말을 어찌 김일성이 창작했을까. 북한에서는 이 말을 김일성이 처음으로 언급했는지 몰라도 유럽에서는 일찍부터 우정을 강조하는 일반화된 말이다. "1인은 만인을 위하여 만인은 1인을 위하여"(One for all, All for one)라는 뜻으로 영어뿐 아니라 프랑스어, 독일어, 스페인어 등으로도 다 표현되고 있는 세계적으로도 널리 알려진 말이다. 영국 럭비팀들은 시합 전에 이 말을 외치고 있고 프랑스 소설 〈삼총사〉에도 나오는 말인데, 북한에서는 자기들 수령이 만들었다고 내세운다.

김정일도 구호를 많이 만들어 내놨는데 금강산 자연바위에도 새겨진 "사상도 기술도 문화도 주체의 요구대로", "생산도 학습도 생활도 항일유격대식으로" 같은 것이 있고 "모두 다 속도전 앞으로", "우리식대로 살아나가자" 등도 김정일 소산물이다. 이 가운데서 "우리식대로 살아나가자"가 대표적이다. 이 구호는 1978년 12월 당중앙위 연설에서 나온 것으로 '우리식대로'가 민족의 자존심을 높이는 것이어서 그 생명력은 영원하다고 본다. 그래서인지 이 구호를 외치면서 대북압박도 견뎌내자고 독려한다. 또 "사상도 기술도 문화도 주체의 요구대로" 같은 구호는 1970년대 중반에 나왔는데, 사상에서 주체를 가진 혁명가를 만들고 기술도 자주적인 기술이 되게 하고 문화도 모두를 높은 수준을 가진 문화의 주인으로 만들자는 내용이다. 이것도 아직도 쓰이고 있으니 만사가 주체의 요구대로 잘 안 되고 있다는 증좌다. 언제까지 개방을 미루고 주체만 찾으면서 '우리식대로'만 살아갈지 가늠이 쉽지 않다.

맺는말

김일성의 명언이라는 "하나는 전체를 위하여 전체는 하나를 위하여"는 다른 나라에서 이미 있는 말이라고 했다. 이와 관련된 한국에서의 이야기 하나 덧붙인다. 1970년대 럭비공을 만드는 한 업체대표는 럭비 격언으로 알려진 "모두를 위한 하나, 하나를 위한 모두"를 한 손님의 주문대로 럭비 경기복에 영어로 된 문구와 함께 넣어 줬다. 그 손님이 그 옷을 입고 돌아다니다가 눈 밝은 한 시민의 눈에 띄었던 모양이다. 신고를 받은 서울 중부경찰서는 그 시민 대신 이 업체 대표를 반공법 위반으로 끌어갔다. 공산주의 사상을 담은 문구를 옷에 넣은 게 잘못이란 것이다. (중앙선데이 2020년 12월 5일 25면.) 잘 해결됐지만 이 기사를 보면 결국 경찰이 하나는 알고 둘은 몰랐다는 것이다. 공산주의 구호와 같지만 결코 공산주의 구호만은 아니었던 것이다.

또 다른 비슷한 사례 하나. 1950년대 부산 어느 여고 문예지 이름이 어잴리어(Azalea)였다. 경찰이 이 이름 누가 붙였느냐며 이 꽃 진달래가 북한의 국화인 줄 몰랐느냐고 따졌다고 한다. 이 역시 하나는 알고 다른 하나는 몰랐다는 것. 북한의 국화는 당시에도 진달래가 아니었다.

다시 북한 구호로 간다. "가는 길 험난해도 웃으며 가자," 같은 것은 앞에서 지적했듯이 대남 비수를 들이대는 구호다. 이런 구호를 우리 노동자들은 데모를 하면서 모르면서도 쓰고 알면서도 쓰고 있다.

북한의 구호에는 전반적으로 집단주의를 강조하는 내용이 많은 것도 특징이다. "하나의 춤가락에 천만이 가락을 맞추고 하나의 선률에 천만이 선률을 맞추는…… 통일단결"을 강조한 결과로 고난의 행군 시절에도 풀죽을 나눠 먹으며 강성대국 건설의 활로를 열어나갔다고 한다. 그러니 "수령의 교시를 관철하기 전에는 죽을 권리도 없다."라든가, "누가 최후에 웃는가를 보자." 같은 구호가 통일 이전에는 없어질 수 없을 것이다.

북한의 구호는 구호로써 끝나는 것이 아니라 반드시 관철돼야 할 목표제시라서 주민들은 그 목표를 관철하기 전에는 죽을 권리도 없는 삶을 살아야 한다. 이런 전투적 구호가 사라지고 인간적인 구호나 표어가 나타날 때는 언제일까? 그런 날이 오기는 할까? ●

북한이 국풍을 외치는 까닭은

북한에서 국풍(國風)이라는 단어가 처음 등장한 것은 2019년 1월이다. 이후 지금까지 국풍에 관한 신문 사설이나 논설들, 그리고 관련 투고 글들이 끊이지 않는 가운데, 2020년 11월 이를 크게 소개하는 《국풍으로 보는 조습의 모습》(원주철, 평양출판사)이란 단행본까지 간행되었다.

국풍이라면 우리도 기억하는 〈국풍 81〉이 있다. 1981년 5월 말 여의도에서 열린 풍물축제다. 그때 전국의 대학생과 일반인 참가자가 2만여 명에 가까웠고 관람 인원은 수백만 명이었다. 축제내용은 각종 공연과 민속놀이가 펼쳐졌고 향토 음식이 마련된 장터가 섰다. 뭣보다 많은 사람들이 왜 열리는가보다 국풍이 무슨 말인고 하는 의문이 들었던 국가적인 대규모 행사였다. 그때의 국풍과 지금 북한에서 벌이는 국풍 확립 운동은 같은 의미일까. 김정은 통치 10년이 되는 이 시점에서 북한은 왜 국풍을 찾고 국풍 확립을 소리 높여 외치는가?

국풍이란?

북한에서 국풍은 "나라의 풍속으로서 온 사회를 지배하며 정세와 환경이 달라지고 세대가 바뀐대도 변하지 않는 그 나라 특유의 전 인민적인 사상관점과 투쟁기풍, 생활방식의 총체"(원주철, 앞의 책)라고 정의되고 있다. 그러니까 국풍은 정세와 환경이 달라지고 세대가 바뀌어도 불변하는 모양새를 의미한다. 국풍은 글자대로라면 나라의 바람이니까 수시로 바뀌어야 하는 것인데도 영원불변한 것으로 규정하고 있다. 북한의 두 종류 사전, 조선말사전(과학백과사전출판사, 2004. 9.)과 조선말대사전(사회과학출판사, 2017. 8.)에서는 국풍이 ①나라의 풍속 ②나라의 인민들 속에서 불리어지는 노래로 되어있다. ②의 풀이는 시경 국풍을 뜻한다. 시경(詩經)은 중국에서 서주(西周) 때부터 춘추시대까지 약 500여 년간 구전되어 온 시가(詩歌)를 모은 시가집이다. 이 시가집에는 사대부 음악인 아(雅)가 있고 제사 때 음악 송(頌)이 있고 민요 모음인 풍(風)이 들어있는데 이중 '풍'을 국풍으로 이른다. 이 국풍을 통해서 통치자는 백성들의 정서와 생활상을 읽었다. 국풍의 이런 사전적 해석은 한국에서 나온 사전들에도 다르지 않다.

이렇게 볼 때 지금 북한에서 말하는 국풍은 넓은 의미에서 ①의 의미를 우선적으로 갖고 있는 것으로 보이고 부차적으로 ②의 의미도 확보하려는 것이 아닐까 싶다. 왜냐하면 앞의 책에 언급되는 국풍은 "그 나라의 역사와 전통, 민족의 넋과 숨결이 깃들어 있을 뿐 아니라 나라와 민족을 이루는 구성원들의 세계관과 인생관, 지향과 염원 등도 반영된다."라고 그 외연을 광범하게 잡기 때문이다. 그러나 기본

입장은 국풍은 "나라와 인민의 사상과 정신, 미래를 가늠할 수 있는 징표"다. 국풍에 따라 나라와 민족이 흥하는가, 망하는가 하는 것도 좌우되기 때문이다.

▲ 북한에서 국풍은 "그 나라의 역사와 전통, 민족의 넋과 숨결이 깃들어 있을 뿐 아니라 나라와 민족을 이루는 구성원들의 세계관과 인생관, 지향과 염원 등도 반영된다."라고 표방하고 있다.

　그 사례로 고구려 역사를 거론한다.

　북한에서 고구려는 1000년 강국이다. 고구려 존속 1000년 (BC277~AD668) 주장을 한국학계는 받아들이지 않지만 이를 논외로 하더라도 북한의 고구려 집착은 눈여겨 진다. 그 내용은 상무정신과 도덕기풍에 모아지고 이걸 고구려 국풍으로 본다. 이러다 보니 북한사람들 사이에서는 좀 씩씩하지 못하거나 도덕적으로 어긋나면 '고구려 망신'이란 말도 잘 쓴다. 어떻든 국풍은 나라의 흥망을 좌우하고 국풍이 바로서야 진정한 강국이 된다고 하는데, 북한에는 "지구상 그 어디에서도 찾아볼 수 없고 그 누가 흉내 낼 수도 없는 자랑스러운 국풍들"이 있다고 한다. 어떤 것들인지를 앞의 책을 중심으로 보기로 한다. 책에는 영도자와 인민의 혼연일체, 목숨보다 더 귀중한 자주성, 남달리 높은 애국심, 인민과 군대가 뭉치는 군민대단결, 인재와 과학 기술 중시 풍조, 고상하고 문명한 도덕기풍과 같은 이런저런 주제의 국풍이 등장한다.

영도자와 인민의 혼연일체

앞의 책에 따르면 영도자와 인민의 혼연일체가 제일가는 국풍이다. 이 혼연일체는 항일무장투쟁 시기에 이미 태어난 전통으로 해방 후 새 조선 건설 때도, 이른바 '조국해방전쟁'과 전후 복구 때, 사회주의 공업을 일으킬 때나 고난의 행군 때나 그 뒤 인공지구위성을 띄워 올렸을 때나 김정은이 통치하는 지금에 이르기까지 변함없이 전 사회적 기풍으로 되고 있다는 것이다. 그 모습은 이렇다. 영도자와 인민은 '사상도 뜻도 생사도 고락도 함께'하고 '혈연의 정으로 뭉쳐' 김일성민족, 김정일 조선의 혼연일체를 보여준다고 한다. 그 혼연일체의 사연이나 사례는 많기도 한데, 그중 한 가지.

김정은이 머나먼 외국 방문의 길에 있을 때 "부디 안녕하시기를 간

절히 바라고 또 바란 이 나라의 인민들"이어서 일터와 가정에서 세계지도를 펼쳐놓고 이렇게 말했다고 한다.

"우리 원수님께서 계시는 곳도 여기처럼 날씨가 맑아야 하겠는데……", "그곳의 날씨는 어떠할까? 제발 한줄기 비도 내리지 말아 주었으면……"

자주와 자력갱생

자주성을 목숨보다 귀중히 여기고 자력갱생을 도모하는 모습도 북한이 내세우는 국풍이다. 김정은 시대에도 자주는 변함없는 정치이념이다. 김일성이 내세운 주체사상에서 자주성은 창조성, 의식성과 함께 한 축이 되고 있는데, 북한은 이 연원을 김일성 항일시절부터 잡는다. 김정일도 자주성을 이어받았고 김정은도 자주를 새로운 주체 100년의 변하지 않는 진로로 선포했다.

김정일 때는 "사상도 기술도 문화도 주체의 요구대로"나 "우리식대로 살자" 같은 구호가 말해주듯이 어려운 가운데서도 자주노선을 지켜왔고 특히 고난의 행군 시기에도 경제적 예속이 정치적 예속으로 이어지는 것은 시간문제라면서 나라에 있던 돈의 전부라 할 수 있는 자금을 CNC화에 돌렸다는 것이다. (위의 책 p56) CNC는 컴퓨터수치제어(Computerized Numerical Control)로 컴퓨터 마이크로프로세서를 내장한 수치제어 공작기계 및 이를 응용한 기계공작 전반을 말한다. 이 기술은 수출제한 품목으로 지정되어 있어서 북한은 외부로부터 도입하기 힘

▲ 북한은 자주성을 목숨보다 귀중히 여기며 인민들을 향해 "사상도 기술도 문화도 주체의 요구대로" 자력갱생을 요구하고 있다.

들었는데 2009년 이를 자체적으로 성공시켰다는 것이다.

자력갱생도 자주성과 짝을 이루면서 북한을 발전하게 한 투쟁 기풍의 하나로 친다. 자력갱생 간고분투는 '항일빨치산' 때부터 승리해온 역사로 되는데, 김정은 시대에도 자력갱생 창조 열풍은 휘몰아치고 있다고 한다. 평양 창전거리와 여명거리, 과학기술전당, 평양교원대학, 순천린비료공장, 마식령스키장, 평양대동강수산물식당, 류경안과종합병원, 용악산비누공장 건설 등이 자력갱생의 모범사례들이다.

애국심

애국심도 국풍으로 크게 자랑한다. 북한 인민들에게는 조국 보위가 최대의 애국이고 조국의 부름에는 물불을 가리지 않는 애국심을 발휘하고 가사보다 국사를 더 앞세운 모습들도 국풍이라고 선전하고 있다. 인민들은 자기의 운명을 조국의 운명과 하나로 이어놓고 산다니까 그 애국심을 짐작하겠지만 목숨 바쳐 지키는 그 조국의 품이 곧 수령의 품이라니까 조국과 수령이 동일체다. 그래도 아랑곳하지 않는 모습을 국풍으로 떠받드는 것이다. 나라 지키는 애국에 대한 사례는 수없이 많은 것이 제시된다. 애국은 조국 보위뿐이 아니고 산업현장에도 어김없이 등장한다. 몇 가지를 소개한다.

토지정리 전투장에서 어깨에 멍이 들도록 흙을 져 나르며 밤이나 낮이나 들에서 산 돌격대원들, 일 년 열두 달 불도저를 떠나지 않은 운전사들, 그중에는 4부자가 함께 하고 부부가 함께 한 경우도 있다. 평양 중구역 상하수도 관리소에는 30여 년을 하수도 준설공으로 일하는 여성도 있고 온 가족이 신발수리공으로 봉사하는 경우고, 지방 체신소에서 수십 년을 봉사하는 우편통신원 부부도 있다. 이들 숨은 영웅들은 개인보다 집단을 위하고 가사보다 국사를 앞세운 사람들로 자기 일터를 열렬히 사랑하는 애국의 기풍을 보여 주는 것으로 소개한다.

군민 대단결

군민(軍民) 대단결도 국풍으로 내세우고 있는 것 가운데 하나로 이 세상 어느 나라나 민족도 가지거나 흉내 낼 수도 없다고 자랑한다. 이 것도 물론 항일유격대 때부터 연원을 따진다. 소왕청유격근거지 방위전과 처창즈유격지 방어전투 사례를 언급하면서 그때부터 인민과 군대의 단결과 협력이 시작돼서 항일전, 조국해방전쟁, 전후복구건설, 고난의 행군 시기, 그리고 현재에 이르기까지 이어지는데 중요한 것은 군대의 사상정신과 투쟁 기풍을 인민이 적극 따라 배워 하나의 모습을 이룬다고 자랑이다.

새로운 주체 100년대가 시작된 2012년부터 군대는 여러 건설공사에 투입돼서 성과를 크게 내고 있는데 만경대유희장과 대성산유희장 보수공사, 합장강과 보통강 정리공사, 평양시내 공원 단장공사 등이 그것들이다. 또 양덕온천문화휴양지 공사, 평양시내 여명거리 아파트공사 등등 수없이 예거된다.

예로부터 군대는 인민이 먹여 살린다고 하지만 북한에서는 군대가 인민들에게 불편을 줄세라 마음을 쓰고 인민의 행복을 위해 모든 것을 바치고 있으니 세상에 이런 군대가 없다는 것이다. 군인을 친혈육처럼 돕는 원군의 사례도 이것저것 많기도 하다. 명절날에 떡을 빚어 군인들을 찾아갔건만 병사들이 한사코 받아주지 않았다는 이야기, 손자를 군대에 보낸 할머니가 다래를 담은 바구니를 들고 찾아와 고향의 할머니로 보고 받아달라고 간청했건만 할머니의 성의를 거절한 군인들을 향해 "세상에 이런 군대가 어데 있겠는가?"라고 했다는 이

야기도 소개한다. 원민이 군대의 군풍이 되고 원군이 온 나라 가정들
의 가풍으로 되어서 온 사회 미풍으로 나타나는 현상을 국풍으로 자
랑한다. 사실일 수도 있겠지만 어디 그런 좋은 사례만 있을까.

과학기술 중시 기풍

모든 것을 인재와 과학기술에 의거하는 것이 사회적인 풍조로, 국
풍으로 확립되고 있다는 것이다. 인재중시와 과학기술중시는 김일성
이 당 마크에 망치와 낫과 함께 붓을 넣도록 한 것에서 나타나고 애
국미로 종합대학을 세우고 전쟁 중에도 과학원을 창설한 것만 봐도
확인된다는 것이다. 김정일도 과학기술중시를 사상중시, 총대중시와
함께 강국건설의 3대 기둥으로 내세웠다고 한다. 과학원을 여러 차례
방문도 했지만 고난의 그 시절에 나라의 기술발전을 위하여 야전열
차를 타고 북방의 찬 눈길을 달리던 노고를 사람들은 잊지 못한다고
한다. 모진 난관을 뚫은 그의 결단으로 첨단과학기술 분야들이 개척
되었다는데 그게 뭐겠는가. 민족 파멸을 가져올 수 있는 어떤 무기를
뜻하는 것이 아니겠는가.

김정은도 인재중시, 과학기술중시 기풍이 국풍으로 되게 하자고
나선다. 주체 100년대의 첫 기슭에서 "우리 인민이 다시는 허리띠를
조이지 않게" 하겠다는 결심으로 경제강국 건설, 강성국가 건설, 사
회주의 강국 건설을 하겠다고 국가과학원을 여러 차례 방문하고 있
고 과학기술자를 배려하는 '사랑의 금방석', '행복의 보금자리'를 마

▲ 북한의 최고 통치자는 과학기술 중시정책으로 '전 주민 과학기술인재화'를 내세웠다.

련해 줬다고 한다. 은하과학자거리, 미래과학자거리, 위성과학자주택
지구, 연풍과학자휴양소, 미래상점, 김일성종합대학 교육자 살림집,
김책공업종합대학 교육자 살림집 등등이 그런 사례들이다.

　김정은은 과학기술 중시정책으로 '전주민 과학기술인재화'를 내세

웠다. '전민무장화'로 전체 인민을 침략자를 물리칠 수 있게 정치사상적으로, 군사기술적으로 튼튼히 준비시킨 것처럼 전민과학기술자화의 구호를 높이 들고 전체 인민을 현대과학기술로 튼튼히 무장시켜야 한다고 말했다. (2013. 6.) 평양 쑥섬에 과학기술전당을 세우기도 했다. (2016. 1.) 이 전당을 중심으로 과학기술보급망을 지역별, 부문별, 단위별로 마련해서 전 주민을 과학기술 인재로 키우려고 한다. 김정은은 누구나 과학기술을 중시하고 자기 가사처럼 여겨야 한다면서 "과학으로 비약하고 교육으로 미래를 담보하자."라는 구호도 강조한다. (2018. 4.)

과학기술 인재를 양성하려는 대학들의 통신교육도 원격교육으로 전환되었다. 이미 공장대학, 농장대학, 어장대학이 있지만 시대에 맞게 각 대학들도 원격대학을 설립했다. 2019년 장철구평양상업대학에서 원격교육대학 제1기 졸업식이 있었는데 그들 가운데 40, 50대의 여성들도 있었고 후보원사이며 교수, 박사인 이 대학 박사원 원장도 있었다. 그는 피복공학의 권위자고 학술수준도 높았지만 급속히 발전하는 시대의 요구에 맞게 새로운 지식을 섭취하려고 스스로 학생이 되었다는 것이다. (앞의 책 P169.)

지식경제시대의 요구에 맞게 전 지역적 범위에서 과학기술보급실이 잘 꾸며져 있어 일하면서 현대과학기술과 전문기술을 배울 수 있게 했기에 그 성과도 크다는 자랑이다.

도덕 기풍

이제 끝으로 고상하고 문명하다는 도덕 기풍이다. 북한은 지금 적대세력들이 반공화국압살책동을 벌리고 있다고 본다. 여기에다가 내부로부터 와해시키기 위한 제국주의자들과 적대세력이 사람들을 정신 도덕적으로 부패 타락시키려는 책동을 한다는 것이다. 이런 상황에서는 사회주의 도덕 기풍이 국풍 확립의 과제가 된다고 강조한다. 사회주의 도덕 확립은 숭고한 도덕 의리부터 시작하는데 혁명 선배들을 존대하는 것을 중시한다.

김정은은 혁명 선배들을 존경하고 우대하는 기풍이 국풍으로 되게 하겠다고 했다. 조국해방전쟁승리기념관을 세우고 조국해방전쟁 참전열사묘를 새로 조성한 것도 그래서였다. 혁명의 선배들에는 항일혁명 세대는 이제 없겠지만 북한 정권 이후 특출한 위훈을 세운 혁명열사들과 애국열사들이 있고 영웅전사들이 있다. 혁명열사들과 애국열사들 기념물들이야 많았으니까 김정은은 영웅전사들 기념물을 만들었다.

사회주의 도덕 기풍에는 혁명 선배를 모시는 것만이 아니라 사회 전반에 덕과 정으로 화목한 모습을 보이는데 이게 사회주의 대가정의 모습이다. 이 대가정에는 미덕이 발휘되고 생활 기풍도 문명한 모습으로 나타난다고 한다. 미덕에는 부모 없는 아이를 키우는 처녀, 그러니까 '처녀어머니'도 있는데 8명을 키우는 처녀도 있고 11명을 키운 처녀도 있다. 어떤 부부는 부모 없는 고아 55명을 키웠다. 이런 미덕, 미담의 주인공에는 9살 어린 소년도 있다.

문명한 생활 기풍을 세우는 데는 공중질서를 잘 지키고 옷차림과 몸단장을 잘하는 것도 포함된다. 공공장소에서 질서와 규율을 지키

는 것은 물론 버스 안에서 자리 양보하는 것이라든가 국가기념일에
조선치마저고리를 입고 춤을 추는 옷차림 문화도 사회주의 도덕 기
풍이고 국풍으로까지 된다고 강조한다.

맺는말

　김정은 정권은 북한의 주체 달력으로 100년이 되던 해에 들어섰
다. 갑작스레 '주체조선'이란 걸 받아 안았기에 새로운 통치이념이나
통치 방향은 선대가 정한대로 따르려 했다. 그들 말대로 적대세력의
고립 압살 책동으로 간난신고를 겪고 있다. 통치 10년이 되는 시점에
서 되돌아보면 당 대회도 열고 했지만 이념이나 정책 방향에서 새로
운 것을 꺼낼 것이 없다. 그래서 선대통치자들이 다져 놓은 방향으로
통치하되 그 실행방안은 새로워야 했을 것 같다. 그 한 가지 방안이
국풍 확립이였을 것이다. "국풍이 건전하지 못하면 국호마저 빛을 잃
게 된다."라는 관점(앞의 책 p4.)에서 국풍 세우기를 추진하고 있다.
　국풍은 전임 통치자들이 다져 놓은 것들이 많지만 새롭게 국풍으
로 삼아야 할 것들도 있게 되는데, 가령 국가상징 애호 같은 것들이
다. 최근에 와서 국가상징에 대한 강조 기사가 부쩍 많더니《조선의
국가상징》(2018) 같은 책이 나오고 2019년 1월 초하루 김정은이 상찬
한《우리의 국기》라는 노래가 발표되면서 한 층 더 고조되는 양상을
보인다. 김정은은 국가상징 중의 하나인 국수(國樹), 국견(國犬)과 같은
것도 소중히 여기도록 하는 사업을 강조한다. (국가상징을 통한 교양사업의 중요성,

『로동신문』 논설, 2018. 11. 18.) 국수인 나라 나무 소나무나 국견인 나라 개 풍산 개는 다 김정은 시대에 나온 것들이다.

북한 매체들은 연일 자랑스럽고 훌륭한 국풍들을 기사화하지만 사실 인민들은 먹고 살기 힘들고 미사일을 펑펑 쏘아 대지만 사회주의 나라 같은 모습은 점점 엷어져 간다. 난관 돌파 방안이 필요하다. 그래서 이미 있는 국풍도 살리고 새로운 국풍도 찾으려고 한다. 그런데 젊은 층에서 한국 영상물 영향으로 옷차림이나 남한 말투를 쓰는 현상도 복병처럼 나타나니 '청년교양보장법'이라도 만들어 막아야 했다.

결국 국풍을 저렇게 세차게 외치는 것도 남쪽 문화를 차단하겠다는 의도도 한 몫 할 것으로 읽힌다. 어떻든 국풍은 사회주의 강국 건설을 목표로 '우리국가제일주의'를 높이 외치는 과정에서 착안된 것으로 보인다. 과연 국풍 고창으로 그들이 의도하는 목적이 달성될 것인지가 주목된다. ●

북한 인텔리정책의 명암

　북한의 선대통치자 두 사람은 지식인이나 인텔리에 대한 언급도
많이 했다. 만기친람의 통치를 하다 보니 그렇겠지만 마르크스의 지
식인 역할 경시가 아니라 레닌처럼 이론이 실천에 앞선다는 관점으로
지식인을 평가했기 때문이다. 물론 북한에서도 초기에는 노동자, 농
민들이 인텔리들을 조롱하고 비난하는 분위기였지만 1958년 이후에
는 이런 현상도 사라져 갔다. 이때부터 인텔리에 대한 사상개조 사업
을 벌여서 1960년대가 지나면서 일제 시기에 공부한 낡은 인텔리들
이 사라졌다고 보는 것이다. 그러나 겉으로는 그렇게 보일지라도 실
제 지식인들 세계에서는 사상개조가 말처럼 쉬운 일은 아니었다. 김
일성, 김정일에게는 다른 계층보다 인텔리들 혁명화가 어려웠을 것이
다. 김일성의 불만과 추궁의 말들이 보인다. 그러다가 1970년대가 되
면 지식인들이 거의 순치(馴致)가 되었는지, 이른바 혁명화가 되었는지
수령이 모든 진리를 만든 것인 양 읊조리는 모습도 보는데 진정 지식

▲ 북한 지식인과 인문계열 인재양성 최고의 대학으로 이름 높은 김일성종합대학. 평양시 대성구역 룡남동 소재 룡남산 기슭에 자리잡고 있다.

인들이 비판 정신을 다 버린 것일까? 북한의 초기 지식인 확보 노력과 인텔리정책을 보기로 한다.

남조선에서 인테리들을 데려오라

한 자료에 따르면 분단 후 과학기술자라고 할 만 사람은 남북 통틀어서도 400여 명 정도였다고 한다. 그나마 북한지역에는 10여 명 뿐이었다. 상대적으로 공업시설을 가졌던 북한에 기술자는 있었으나

▲ 북한 이공계열 인재양성 최고의 대학으로 이름 높은 김책공업종합대학. 평양시 중구역 교구동 대동강 기슭에 자리 잡고 있다.

이름 있는 과학자는 없었다. 그래서 북한 공산주의자들은 공산정권 수립에 필요한 학자, 기술자들을 확보하려고 북한지역에 있는 인텔리들을 다 찾아내는 한편 남쪽에 있는 인텔리들을 데려오기로 한다. 북조선 임시인민위원회 상무위원회 결정이다. 이 결정에 따라 김일성은 1946년 7월 마지막 날 남쪽에 파견되는 일군들을 불러 지시를 한다.

"동무들은 남조선에 나가 그곳 인테리들에게 북조선에서 인민을 위한 민주주의적 시책을 실시하고 있는 데 대하여와 인테리들을 매우 귀중히 여기고 그들에게 교육사업과 과학연구사업에 필요한 조건을 보장하여주고 있는 데 대하여 사실대로 이야기해주어야 합니다.

앞으로 종합대학이 창립된다는 것도 알려주어야 합니다……미군정
과 남조선 반동파들의 경계가 심한 조건에서 본인들은 륙로로 38선
을 넘어오더라도 가족들은 배를 리용하여 안전하게 들어오도록 하는
것이 좋겠습니다……. 나는 동무들이 남조선에 가서 경각심을 높이고
신중하게 행동하며 맡은 임무를 훌륭히 수행하고 무사히 돌아오기를
바랍니다." (남조선에서 인테리들을 데려올데 대하여, 김일성전집 4권.)

이 임무에 동원된 사람들은 김일성 위촉장을 지니고 남쪽으로 떠
났다. 당시 경성대학 역사학 교수 김석형(金錫亨1915~1996)도 이때 북에서
온 사람을 만나고 월북한다. 그는 뭣보다 종합대학을 설립한다는 귀
띔에 솔깃해서 평양으로 향했다고 후일담을 전한다. (1980. 5. 23. 조선중앙방
송 실담)

국어학자 김병제(金炳濟1905~1991), 김수경(金壽卿1918~1999), 역사학자 박
시형(朴時亨1910~?), 고고학자 도유호(都宥浩1905~1982), 경제학자 김광진(金洸鎭
1902~1986), 전석담(全錫淡1916~?), 물리학자 도상록(都相祿1903~1990), 農학자 계
응상(桂應相 1893~1967), 식물학자 임녹재(1920~2002), 금속공학자 강영창(姜
永昌1912~1965), 금융전문가 노태석(1919~1979) 등 이름 있는 학자, 기술자
들이 이때를 전후해서 월북하는데 그 숫자는 100여 명이 넘는다. (경
제학자 백남운(白南雲1895~1979), 박문규(朴文奎1906~1971), 교육학자 이만규(李萬珪1882~1978), 국문학
자 홍기문(洪起文) 등도 1946년에서 1949년에 걸쳐 월북하고 6.25 기간에는 이승기(李升基1905~1996) 등 유명
학자들 다수가 월북 또는 납북된다.)

북한 공산 당국으로서는 큰 프로젝트가 성공한 셈이랄까, '꿩 잡
는 게 매'라고 이런 월북 유인 공작은 목적을 위해서는 수단을 가리
지 않는 공산주의자 행태를 그대로 보여준다. 이들 월북 학자들 중에

는 태생이 북한 쪽인 사람도 있지만 남쪽 출신들이 많았다. 이들 과학자들을 중심으로 1946년 10월 김일성대학을 세우고 욕심을 내서 6.25 전쟁기간 중인 1952년 12월 과학원도 창설하는데 당시 북한의 학자는 100명도 못 되는 97명이었다고 한다. 과학원을 대표하는 원사 10명 중에서 8명이 월북학자였다. (이때의 과학원은 자연과학뿐 아니라 인문사회과학을 모두 포괄하였다.)

인텔리 사상개조와 건달과학자

북한에서 지식인은 '근로인테리'라 한다. 오늘에는 모두가 근로인텔리지만 정권수립 당시에는 '오랜인테리'와 '새인테리'를 구별했다. 나라에 필요한 인재를 확보하려고 정권을 세우기도 전에 대학도 세우고 남쪽에 있는 인텔리들을 데려도 왔다. 그러나 이들 인텔리들이나 북한에서 찾아낸 인텔리들은 거의가 '오랜인테리'였다. 북한 정권이 교육시킨 '새인테리'와는 달리 '오랜인테리'는 일제 때 교육받은 사람들이었다. 그들은 지식이나 기술은 가졌으나 머릿속에는 낡은 사상이 아직 남아 있었다. '새인테리' 시선으로 볼 때 '오랜인테리'는 당연히 사상개조가 돼야 할 사람들이다. 이들에게는 낡은 사상을 가졌다는 자체가 과오라고 여기도록 요구됐다. 그러나 사람의 머릿속이나 행동을 바꾸는 일은 쉬운 일이 아니다. '오랜인테리'들은 조직생활에 잘 참가하지 않고 "당 생활을 하면 마치 자유가 없는 것처럼 생각한다."라는 김일성의 지적이 나오더니 이윽고 연구기관소속 학자들에 대한 질타로 이어진다. (김일성, 로동행정사업을 강화할 데 대하여, 1967. 7.)

"과학연구기관에는 월급은 타면서 일을 하지 않는 건달들이 많다."

"김치를 공업적 방법으로 만들 데 대한 과업을 내가 처음 준 것은 해방 직후의 일이고 지금은 김치연구소까지 조직되어 있는데 20년이 지난 오늘까지 이 문제를 풀지 못하여 5, 6층 아파트에서까지 김칫독을 밖에 묻고 김치를 하루에도 몇 번씩 올려가지 않으면 안 되게 하고 있다."

김일성이 그즈음 과학원 함흥분원을 방문했다. 분원장은 "연구학자들이 밤낮 방안에 들어앉아 책도 본다고 하고 실험실에서 연구도 한다고 하는데 정말 공부를 하는지 연구를 하는지 알 재간이 없다."라고 실토했다. 김일성은 "함흥분원만 해도 나라에서 박사나 학사 월급은 월급대로 타면서 밤낮 무슨 연구는 한다고 하는데 몇 해가 지나도록 아무런 성과도 내놓지 못하는 사람들이 적지 않다."라고 지적하니 함흥분원장은 자본주의 국가의 학자들처럼 계약제에 의해 연구시킬 수도 없고 해서 통제를 위한 연구과제 부여를 해봤으나 그것도 안 돼서 여러 사람이 모여서 연구하는 집체적 연구제도를 실시하고 있다고 변명한다. 김일성은 여기서 국가적 통제와 과학기술적 통제를 강화하라고 명한다. 이게 1967년인데 연구성과가 여전히 낮은 것이라서 김일성은 1972년 12월 과학원 창립 20주년 기념 연설에서 연구통제의 한계를 지적하면서 경쟁논리 채택을 지시한다. 내용인즉 신의주에 신발공장이 하나밖에 없을 때는 생산이 부진했으나 여러 곳에 차렸더니 나아졌다는 예를 들면서 과학자 상호 간의 사회주의적 경쟁을 강조했다. 이 당시 북한 학자들의 연구행태를 김일성은 이렇게 보고 있다.

"지식은 없는 데다가 부르주아 사상, 소부르주아 사상을 가지고 있고 출세욕이 있다 보니 이 나라 글에서 한 가지 따오고 저 나라의 글에서 한 가지 따다가 조립식으로 논문을 써서 자기 이름으로 내는 현상이 있습니다. ……좌경기회주의 이론에서도 좀 따오고 우경기회주의 이론에서도 좀 따다가 조립식 논문을 썼기 때문에 그 글 자체가 주체가 없고 자기모순에 빠졌습니다."

술이부작의 지식인들

북한에서 지식인은 근로인텔리다. 근로인텔리는 '정신노동으로 사회적 부를 창조하는 근로자'라서 민족 간부로 선망받는 계층이다. 이들은 사무직이나 기술직에 종사하는데 사무직은 행정부문, 경제관리부문, 교육연구부문, 문화예술부문, 출판보도부문, 보건부문에서 일하는 사무원들이고 기술직은 각종 기업체나 공장에서 일하는 기술자들이다. 그러니까 행정관료, 경제전문가, 교육자, 학자, 기자, 문학예술인, 의사, 기사들이다. 이들은 단순한 기능적 지식인이 아니라 당과 노동계급과 인민에게 충실한 혁명가가 되기를 요구받는다.

1958년부터 강도 높게 추진된 인텔리 사상개조사업은 1970년대가 되면 어느 정도 성공을 거두어 갔는지 인텔리들은 진실이나 진리에 목을 매지 않고 마음에 없더라도 독재자를 추종하는 태도를 취하게 된다. 학자이기 이전에 통치자가 바라는 모습으로 되어갔다.

사회과학자들은 "참으로 수령은 우리나라 마르크스 · 레닌주의 사회과학의 창지자이며, 우리 사회과학을 빛나는 주체의 길로 현명하게 영도한 우리 사회과학자들의 위대한 스승"이란 찬사를 늘어놓는다. 사회과학자들뿐 아니라 자연과학자들, 기술자들도 자기 수령의 '노작과 교시'에서 연구 방향과 해결방도를 찾으려 했다. 문학예술가들은 수령의 문예이론을 좇아 창작을 하고 교원과 보도 종사자들은 주체사상을 소리 높여 가르치고 전파했다. 그리고 지식인에 속하는 당이나 행정기관의 사무원들도 주체사상을 동어반복 하면서 해설했다. 이런 지식인들이기에 '주체사상'만이 영원불변으로 세계만방에 적용되는 진리라고 말하는가 하면 김정일이 생각한 문학작품에서의 '종자론'은 "인류의 불의 발견과 같은 혁명적 계기"라고 용감하게 말할 수 있었다.

그러다가 동구공산권 붕괴 이후 북한 지식인들은 갈등을 크게 겪게 된다. "사회주의를 지키면 승리, 버리면 죽음"이란 신념으로 버티라지만 그것이 지향하는 현실의 암담함을 깨닫게 된다. 그래서 북한 당국은 1992년 12월 '지식인대회'라는 것을 열어 학자와 예술가들을 포함한 지식인들을 달래려 했다. 주체성과 민족성을 두 기둥으로 '우리식 사회주의'를 내세우게 되는데 이후 북한학자들은 주체와 민족에 매달리게 되는 현상을 보인다. 주체라는 내용을 민족이란 형식에 담으려는 노력을 보이는데 이즈음 나온 논문 제목들이 말해준다. 〈인격의 본질에 대한 주체적 이해〉(1991), 〈숭고한 것의 본질에 대한 주체적 이해〉(1991), 〈민족발전의 합법칙성에 대한 주체적 이해〉(1999), 〈사회의 성격에 대한 주체적 이해의 독창성〉(2001), 〈지식인의 일반적 특성에 대한 주체적 이해〉(2001), 〈수령과 운명을 같이하는 삶의 본질에 대한 주체적 이해〉(2000)

　주체적 이해가 아니면 이해가 안 되는 모습이다. 이런 제목들을 훑어보면서 우리는 술이부작(述而不作)이란 말을 떠올리게 된다. 선인들의 설(說)을 받아서 서술할 뿐 새로 지을 수는 없는 것이 술이부작이다. 북한 지식인들이 김일성, 김정일 견해를 서술할 뿐 자기의 비판적 견해를 표현하지 못하는 한, 주석만을 다는 훈고학(訓詁學)의 노예가 된다. 북한의 학문도 술이부작의 훈고학 주변만을 맴돌게 된다.

맺는말

　조선 시대 한 문신은 "봄에 이 몸이 한가함도, 여름에 이 몸이 서늘한 것도, 가을에 이 몸이 소일하는 것도, 겨울에 이 몸이 춥지 않은 것도 다 임금의 은혜다"라고 했다. 북한의 지식인들이 사상의 통일을 명분으로 '하나의 가락에 천만의 가락을 맞추는' 것을 요구받는다면 봉건왕조시대 신하와도 다를 게 없다.

　지금 21세기에도 그렇게 요구되고 있을까? 북한 지식인이라 해서 당성이나 충성심으로 학문연구가 독려되는 모순을 모를 리 없을 텐

데 이를 타개하기 위해 고민하는 지성인으로서의 모습은 찾기 어렵다. 더욱이 반동적인 사상문화를 배격하는 법이 제정되는 2021년부터는 연구보다 생존을 위해 고민하는 모습이 더 짙어질지도 모르겠다. 그렇더라도 북한 지식인은 향후 북한 변화의 방아쇠 역할을 할 집단이고 남북한 주민의 대립의식과 적대 감정을 해소하는데 정신적 가교가 될 사람들이다. 그러기에 이들을 향한 한국 지식인들의 애정 어린 손짓은 필요하다고 본다. ●

북한 지식인의 세계

북한 노동당 깃발에는 낫과 망치와 함께 붓이 그려져 있다. 대체로 낫과 망치가 들어가는 공산권 일반의 깃발과 달리 붓 하나 더 들어갔다. 동독에서 당 마크에 콤파스가 들어간 것처럼 드문 사례다. 북한 문헌에도 세상 어느 노동계급의 당도 깃발에 노동자와 농민을 상징해서 망치와 낫을 그려 넣지만, 붓을 새겨 넣은 곳은 없다고 자랑한다. 당 깃발에 붓이 들어간 것은 당의 구성성분이 노동자와 농민 외에 근로인텔리도 들어간다는 뜻이다. 1946년 7월 당기를 도안하면서 당 마크에 노동자와 농민만 형상화된 것을 보고 김일성이 근로인텔리들을 제쳐 놓으면 안 된다고 지적해서 근로인텔리의 상징으로 붓이 들어갔다. (주정순, 당기에 빛나는 붓, 평양출판사, 1993. 10.)

당 깃발에 새겨진 붓은 근로인텔리인 지식인의 지위와 역할을 기대하는 믿음의 상징이 되었다. (이 붓을 한국 일부사람들은 촛불로 오인하기도 한다.) 지식인 역시 정신노동에 종사하는 노동계급일 뿐이지만 이후에도 계속된

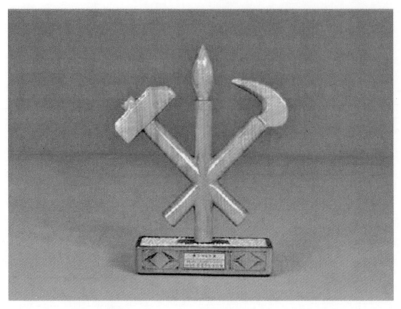

▲ 〈조선로동당〉은 농민을 상징하는 낫, 노동자를 상징하는 망치, 지식인을 상징하는 붓으로 형상화되어 있으며 조선로동당을 상징하는 마크로 사용되고 있다.

김일성의 지식인 중시정책에 따라 북한에서는 지식인이 민족 간부로 선망(羨望)되었다. 앞에서 인텔리정책을 다룬 바 있지만, 다른 각도에서 북한 지식인을 살펴보면서 그 세계로 들어가 보려 한다.

지식인 선망 사례

북한에서 지식인들이 선망되는 모습들을 보자. 서점에 들어선 두 사람이 거의 동시에 어학사전을 찾는다. 사전은 한 권뿐이어서 서적 판매원이 두 사람에게 직업을 묻고는 일용품공장 노동자에게 공업대학 박사원에 있는 사람에게 양보하라고 종용을 한다. 또 소설 상의 묘사지만, 노동자인 남자와 물리학연구소 조수인 여자 사이에 육체노동과 정신노동의 차별성을 둔 대화, 불도저 운전수를 애인으로 둔 여자연구사가 동료들에게 수치스럽다고 생각하는 사례 등등 지식인의 사회적 위신을 보여주는 모습들은 많다. 또 이런 대화도 보인다.

"너도 같이 가볼 게지"

"온 아버지두, 교원이 위신 없게 그런데 낯을 내밀어요?"

아버지가 딸에게 동네 할머니 진갑잔치에 왜 안 갔느냐고 하니까 딸이 한 대답이다.

또 이런 대화도 소설 속에서 보인다.

"한데 미숙이가 왜 보이지 않나?"

"미숙이가 왜 안 보이는지 내가 어떻게 알겠어요. 대학을 졸업한 경제사가 우리같이 수준 낮은 여자들과 상대가 돼야지요."

북한에서 지식인이 선망되도록 한데는 그들 수령과 지도자가 지식인을 존경하고 우대하는 기풍을 세우는 데 앞장섰기 때문이라고 한다. (주정순, 앞의 책.)

지식인에 대한 선망은 정권 초기 월북학자들에 대한 우대도 한 몫했을 수 있다. 북한은 1946년 7월 남쪽의 인텔리들을 데려오기로 하고 공작원들을 파견했다. 이들 유인공작에 응해서 월북한 학자들이 수십 명이 넘는다. 김일성은 이런 월북 지식인들 중에서도 강영창·허헌·최성세·백홍권·노태석 같은 월북지식인들을 가끔 회상하는 기록을 남길 정도로 챙겼다.

1946년 월북해서 1949년에 북한 최초 농학박사가 된 계응상은 그를 주인공으로 한 단편소설 작품이 있을 정도로 배려를 받았고 식물학자 임록재나 역사학자 김석형도 김일성의 배려와 격려로 학문적 성취를 이뤘다는 기록을 남긴다.

김일성은 이른바 항일운동을 했다는 때부터 지식을 강조하면서 힘 있는 사람은 힘으로, 지식 있는 사람은 지식으로, 돈 있는 사람은 돈으로 애국하자고 말했다는 것이다. 지식을 중시하는 정책은 북조선임시인민위원회 첫 의정이 아이들의 연필 문제였다는 것이나 광복되던 해 11월에 나온 "인민문화 향상은 문맹퇴치로부터"라는 학습강조 구호가 증언한다고 한다. 북한이 자랑하는 건조물 인민대학습당도 공부로 실력전, 지식전을 벌리자는 학습기풍 조성과 '전사회적인 인텔리화 기지'로 사용하려고 세웠다는 예거도 증언으로 한 몫 거든다.

지식은 광명, 무식은 암흑

지식인이 선망되는 북한에서 공부 열풍은 곳곳에서 만날 수 있다. 가로등 밑에서 학생이 책 보는 광경은 흔하다. 사회 전체로는 학습 기풍을 세우려는 구호나 명언도 많다. 그중 돋보이는 것이 "지식은 광명 무식은 암흑."이다. 이 말은 김일성도 쓰고 김정일도 쓰고 북한 주민 모두가 쓰는 말이다.

"지식은 광명이고 무식은 암흑입니다. 사람은 글을 알아야 앞을 환히 내다볼 수 있으며 삶의 보람을 느낄 수 있습니다."(《김일성전집》 8권 p37.)

김일성의 말을 받아 김정일도 "지식은 광명이고 무식은 암흑입니다"(《김정일 선집》 15권 p101.)라고 말한다. 김정일은 또 "무식은 암흑이고 지식은 광명이라는 말이 있는데 정말 명언입니다."라고도 했는데 이후부터는 "무식은 암흑, 지식은 광명"도 쓰인다.

▲ 학위 학직 수여식에 참석해 영광스럽게 학위를 받는 북한 박사, 준박사급 지식인과 이들의 학위 수여를 축하해주는 객석의 북한 지식인들.

김정일은 지식과 무식을 대비시키는 말을 기회 있을 때마다 했다.

"창조와 건설에서 지식은 최대의 재부라면 무식은 최대의 빈곤"이며 "지식은 막힌 길도 뚫고 나갈 방도를 밝혀주지만 무식은 열린 길도 내다볼 수 없게 한다."

"지식은 광명, 무식은 암흑".

이 말은 김일성이 창작지도 했다는 《딸에게서 온 편지》라는 연극 대사에서 비롯된다. 1920년대 말 북부 산간마을, 농사꾼 허달수는 글자를 모르는 까막눈이어서 딸에게서 온 편지에 담배를 말아 피운다. 나중에 이를 알고 글자를 배우게 되는데, 야학 선생은 허달수를 비롯한 농민들에게 이렇게 말한다.

"여러분! 우리는 배워야 합니다. 발달하지 못하면 나라도 백성도 망하고 맙니다. ……여러분! 지식은 광명이고 아는 것이 힘입니다."

그런데 이와 비슷한 말이 러시아에도 있었다고 북한 문헌은 출처를 밝힌다.

"19세기 중엽에 간행된 로씨야 속담사전에 지식은 광명이고 무식은 암흑이라는 말이 실린 것은 그 실례이다." (정순기, 지식은 광명이고 무식은 암흑이다, 문화어학습 2003년 2호.)

북한에서는 지식인뿐 아니라 일반 주민도 공부 열풍에 빠졌다. 외국에서도 "조선은 전체 인민이 공부하는 교육의 나라, 배움의 나라"라고 한다고 자랑이다. 공부를 하는 것이야 좋은 일이지만 자기발전이나 성취동기를 만족하는 공부가 아닌 당 시책을 익히는 공부라면 잘 될 리가 없다. 북한 계몽선전 영화에서는 아침 학습회에 빠지려고 출장을 핑계 대는 장면이라든가, 학습이 모자라서 강사의 질문에 대

답을 못해서 쩔쩔매는 모습도 보인다. 실제로 북한 주민들은 신년사 외우기 같은 정치학습에 진절머리를 낸다. 그런데 2021년부터 통치자의 신년사가 없어졌다. 새해 벽두 학습이란 이름으로 늘 하던 신년사 외우기는 안 해도 될 모양이다. 무슨 관철을 위한 결의대회는 여전하겠지만 신년사 외우기만 안 해도 조금은 편해질까?

지식인의 혁명화와 심리적 특성

북한에서 지식인은 당, 행정, 경제, 교육연구, 문화예술, 출판보도, 보건부문에서 일하는 사무원이나 기업체나 공장에서 일하는 기술자들이다. 여기에는 당 간부, 내각 관료, 교수, 학자, 예술가, 의사, 기사 등등으로 이들은 주체사상을 장착한 붉은 지식인들이다. 이들 지식인 중 박사학위를 가진 사람은 얼마일까. 최초로 박사학위를 수여한 1948년부터 작년 2021년까지 8,700명이라고 한다. (조선중앙TV 2022년 2월 2일 소개 편집물.) 최초로 박사학위를 받은 학자들은 어떤 사람들인가. 4명이다. 비날론 발명가 이승기, 역사학자 김석형, 육종학 및 유전학자 계응상, 그리고 의학자 장기려다. 학위 수여 명의는 김일성으로 북조선인민위원회 위원장 자격이었다. 이 중 장기려는 6.25 때 월남해서 부산에서 의사 생활을 했다.

박사 중에는 교육계나 학계에 있지 않고 지배인으로 일하는 박사 지배인 김명환을 비롯해서 전쟁노병 여자박사(박봉실), 미생물 여자박사(유숙근), 주체철학연구사(고경달), 2중박사(박동규)도 있으며 20대 박사(배지성)도 있다.

이들 박사들에게는 박사증 외에도 1966년 1월부터는 박사 메달, 2018년 5월부터는 박사 휘장을 주고 있다. 나라의 재부로 인정받는 이들 지식인에게 값 높은 표창을 하는 것은 당연하다고 한다.

북한에서 지식인은 노동자 농민 병사와 더불어 인민을 구성하지만, 정신노동에 종사하는 노동계급이기에 노동자, 농민을 계몽 각성시키는 역할을 맡아서 혁명투쟁의 소임을 다하게 한다. 대체로 사회주의 국가에서는 노동자, 농민이 핵심세력이 되는 민주집중제를 실시하지만 북한에서는 지식인이 민족 간부로 대접받으면서 당을 장악하고 다스리는 곳이 되었다. 지식인에게는 정신노동으로 사회적 부를 창조하는 임무가 부여돼서 항시 학습과 연구과제가 부과된다.

▲ 새롭게 바뀐 박사 휘장 수여식에 참석해 가슴에 새 휘장을 달고 박수를 치는 북한의 박사, 준박사급 지식인들. 이들에겐 "높은 문화지식과 고상한 도덕 품성, 대중의 맨 앞에서 척후병이 되고 기수가 돼야 자기의 역할을 다한다."라고 하는 국가적 사명을 요구되고 있다.

북한 지식인에게 부여되는 과제는 모든 사람들이 높은 문화지식과 건장한 체력 고상한 도덕 품성을 지니게 하는 데서 대중의 맨 앞에서 척후병이 되고 기수가 돼야 자기의 역할을 다한다고 요구한다. 그리고 선대통치자들 업적을 학문적으로 정리해서 후대에 물려주는 것도 큰 임무로 부여된다.

"백두산 절세위인들이 쌓아 올린 업적과 경험들을 잘 정립하여 놓고 후대들이 그것을 물려받도록 하는 것은 현시대 지식인들 앞에 나서는 중요한 임무이다." (장광림, 지식인들이 로동당시대의 문명개화기를 열어나가는 데서 선각자, 기수가 될데 대한 사상의 본질, 철학, 사회정치학연구, 2018. 1호.)

본래 지식인들은 사물 현상의 본질과 그 운동법칙을 과학적으로 밝힐 뿐 아니라 세계를 개조, 변혁하는 수단과 방법을 과학적으로 밝히는 것이라고 본다. (김수진, 세계에 대한 인식과 개조에서 노는 지식인의 역할, 철학, 사회정치학 2018.2호.)

세계를 개조하고 변혁하는 역할도 하지만 북한 지식인들은 우선 북한 주민들의 머리에 든 녹을 벗기는 사상혁명, 기계의 때를 벗기는 기술혁명, 생활과 살림집, 공장과 마을에 있는 때를 벗기는 문화혁명, 이 3대 혁명을 앞장서서 이끌어야 하는 역할을 떠맡았다. 이 과정에서 자연과학 부문 지식인들은 과학기술 역량이 자라게 하는데 헌신적인 투쟁을 했고 사회과학부문 지식인들은 사회발전 매 단계, 매 시기마다 당의 정책을 받들고 당과 수령의 사상과 권위를 적극 옹위 보위하면서 나라와 민족의 정신문화 재부를 풍부하게 했다고 평가한다. (김수진, 문화혁명수행에서 지식인들의 역할, 철학, 사회정치학연구 2019. 2호.)

북한 지식인들은 이렇게 당의 요구에 응해서 붉은 지식인으로서의 역할을 하다 보니 다른 나라 지식인과는 다른 심리적 특성을 지니게 됐다고 평가한다. 첫째, 당과 수령에 대한 충실성을 지니고 둘째, 혁명성이 강하고 조직성과 규율성이 높으며, 셋째, 정의감과 양심, 긍지감 같은 사회정치적 감정이 강하고 넷째, 자주적 지향을 가지고 사회주의를 지향하며 다섯째, 다른 나라 지식인과 달리 사회정치적 문제에 민감하게 반응하며 여섯째, "당이 결심하면 우리는 한다."라는 강한 사상 의지와 각오를 가진다. 끝으로, 긍정적이고 혁명적인 관습을 가지고 있다는 것이다.

이런 심리적 성향들은 인텔리를 혁명주체의 한 구성부분으로 보고 당이 지식인을 따뜻하게 손잡아 이끌어 준 사랑과 믿음의 결과라는 것이다. (유기두, 우리나라 인테리의 심리적 특성, 철학연구 1992. 3호.)

이 말은 결국 지식인의 역할을 끊임없이 높이면서 혁명화, 노동계급화 하는 정책을 관철시켰다는 말이 된다. 북한 지식인들은 심리적 특성에서 지적된 대로 당과 그들 수령에 대한 충실성 하나만은 철저하다. 일제 때 공부한 오랜 인텔리든 새 인텔리든 생존을 위해서는 진실보다는 수령에 대한 맹종을 택해 왔다. 개혁을 위한 고민보다는 생존을 위한 고민이 우선되었다.

맺는말

1992년 12월 평양에서 조선지식인대회가 열렸다. 170여만 명 지식인을 대표한 6,000여 명이 참가했다. 대회에서는 모든 지식인들이 당의 믿음과 기대를 깊이 새기고 당의 영원한 동행자, 충실한 방조자, 훌륭한 조언자, 당정책의 옹호자, 관철자로서 사회주의 위업을 완성하는데 이바지할 것을 결의했다. 이들에게는 "지식인들의 운명과 미래는 사회주의에 있다."라면서 "지식인들이 사회주의를 지키면 승리, 버리면 죽음"이라는 신념을 갖도록 요구됐다. 그러니까 공산권이 붕괴되던 세계정세를 반영해서 북한 지식인들의 동요를 막으려 했다.

지식인에 대한 우대와 혁명화는 계속돼 오면서 김정은 시대에 와서는 현시대를 과학농사시대로 규정하면서 지식경제 강국을 세우겠다고 한다. 구체적으로 인재중시, 과학기술 중시정책을 내세우면서 과학기술을 중시하는 분위기가 국풍으로 되게 하자고 강조한다. 당성 못지않게 과학지식과 실력도 중시하는 기풍을 진작하려는 모습이다. 실제로 김정일은 1980년대 초 당 간부를 이공계 출신으로 육성하라고 했다는 것이고 김정은이 이어받아 '전민과학기술 인재화' 정책을 추진하고 있다.

이제 북한도 과거 자유화를 막는다고 문을 닫아걸었던 시절로 돌아가지는 않을 것이다. 1960년대 동유럽에서 자유화 바람이 불었을 때 북한은 유학생들을 소환하며 서적 수입도 막았다. 또한 자력갱생의 원칙을 지킨다고 선진외국의 과학기술을 받아들이는데도 주저했던 시기가 있었다. 이때 김일성이 나서서 "기술서적에는 자본주의가 묻어 들어오는 것도 아니며 수정주의가 묻어 들어오는 것도 아니다." (《김일성저작선집》 3권, 1968. p528.)라고 말할 정도였다.

중국 육조시대 유학자 안지추(顔之推, 531~601)는 "학예를 몸에 지닌 사람은 어디에 가든 안주할 땅을 찾을 수 있다."라고 했다. 임진왜란 때 왜군의 포로가 돼서 일본에 끌려갔던 문신 강항(姜沆, 1567~1618)은 일본사람을 가르친 그 지식 때문에 본국으로 돌아올 수 있었다. 고래로 동양 3국은 지식인이 우대되는 사회였다. 북한 통치자들도 이런 전통을 어느 정도 체화했을 것이고 지식인 우대정책도 이런 맥락에서 나왔다고 보겠다. 그렇지만 북한에서 지식이란 것이 마르크스주의를 창조적으로 적용해서 만들어 냈다는 주체사상을 진리라고 외치는가 하면 통치자가 세웠다는 어떤 이론을 "불의 발견과 같은 혁명적 계기"라고 칭송하는 것이라면 진리의 객관성을 담보할 수 있을까? 북한 지식인이라고 이런 것이 비지성적인 것이라는 걸 깨닫지 못할까? 이들이 주체 이념을 장착한 붉은 지식인이지만 이들이 아니고서는 누가 북한의 변화를 가져올 방아쇠를 당기겠는가. 그들에게서 아버지는 아버지답고 지식인은 지식인다운 정명론(正名論)에 따른 행위와 붉은색의 탈색화를 기대해 본다. ●

북한에서 우리 민족은?

8월은 민족해방과 조국광복의 달이지만 동시에 남북분단이 시작된 달이기도 하다. 분단은 미군과 소련군에 의한 군사적 분단으로부터 시작되는데 이 군사적 분단은 지리적 분단을 가져왔고 3년 뒤 남북한에 각기 다른 정권이 들어서면서 정치적 분단으로 이어졌다. 그리고는 이어서 터진 6.25 전쟁으로 동족상잔의 심한 상처를 남기면서 민족분단으로 고착화된다. 민족분단의 오랜 시간은 당연히 남북한 주민의 심리적 분단까지 가져왔고 오늘에는 핵으로 대남위협을 가하는 북한을 두고 대부분의 남쪽 주민은 과연 한 동포, 같은 민족이 맞나 하는 의구심을 갖는다. 그래서 민족화해라는 명분은 선반 위에 올려두고 멀뚱하게 쳐다보기만 하게 된다.

반면에 북한에서는 오늘도 민족이란 이름으로 화해도 하고 공조도 하자면서 치열한 대남공세를 취하고 있다. 북한에서 우리 민족은 대체로 단군민족, 박달(배달)민족, 고려민족, 조선민족, 김일성민족, 백두산민족 등등으로 불리지만, 학술상으로는 조선민족이라 통칭한다. 우리 민족에 대한 북한의 관점을 보기로 한다.

'조선민족'의 형성

조선민족을 이루는 개별인간은 조선사람이다. "조선사람은 다른 지역에서 살다가 이주해 온 이주민의 후손인 것이 아니라 바로 우리 조국 강토에서 형성된 유구한 집단이다."라는 것이 북한의 공식견해다. 조선사람에 대한 고고학, 인류학 연구성과에 따른 결론이다. 이는 북한에서 발견된 인류화석에서 논증된다고 한다. (김성일, 조선사람은 본토 기원의 단일민족, 조선고고연구 2018년 제2호.)

이 화석은 신인단계의 화석으로 신인(Homo sapiens sapiens)은 구석기시대에 살던 원인(Homo erectus), 고인(Early Homo sapiens) 다음에 오는 구석기 후기의 인류 조상이다. 이 신인들의 화석이 북한 이곳저곳(용곡, 만달, 승리산, 금천, 금평, 황주, 대흥.)에서 발견되어 조선사람의 시원을 밝혔다고 한다. 그러니까 일반적으로는 주민집단이 신석기시대에 형성되는 것이지만 우리나라 경우에는 구석기 후기시대에 이미 나타났다는 것이다. 따라서 조선사람은 세계적으로도 그 시원이 오래된다는 주장이다.

여기에다가 조선사람은 혼혈족이 아니라 하나의 혈통을 이어온 단혈성 기원의 민족으로 규정한다. (앞의 글.)

그 근거로 첫째 조선민족의 선조로 되는 조선옛유형사람들과 고대, 중세, 현대조선사람들이 직접적인 유전학적 계승 관계에 있다고 한다. 이는 인류학적 징표들을 통해 확인됐다는 것이다. 구석기시대 후기의 신인에 연원을 두고 아시아대륙 동쪽의 넓은 지역에서 형성된 신석기시대 조선옛유형사람으로부터 현대 조선사람에 이르기까지 근 9천 년의 역사적 기간 조선사람은 모두 하나의 인종적 특징으로 통일되어 있다는 주장이다.

둘째 고대 조선사람들의 인류학적 자료를 그들이 살던 넓은 지역을 동부, 서부, 북부지역으로 나눠 살펴봐도 형태학적 차이를 거의 찾아볼 수 없을 정도로 하나의 족으로 통일되어 있는 단일한 집단이라고 볼 수 있다는 것이다. 여기에서 족(族)은 민족 이전 단계에서 생물학적으로 친연성을 가진 혈연적 기초집단으로 원시시대 말로부터 중세에 이르는 역사적 시기에 있었던 사회적 집단이다.

이렇게 조선사람은 고대 조선사람과 중세 조선사람, 현대 조선사람이 다 유전학적으로 계승 관계에 있는 단일민족이고 넓은 곳에서 지역적으로도 거의 같은 민족이란 주장이다. (김성일, 고대조선사람과 중세 및 현대조선사람은 유전학적 계승관계에 있는 단일한 민족, 조선고고연구 2018. 1호, 고대조선사람은 지역적으로 구별되지 않는 단일한 민족, 조선고고연구 2016. 4호.)

이러한 조선민족이기에 고대 조선사람은 일본 야요이 시대 주민들과도 인류학적 관계가 없고 (김성일, 고대조선사람과 일본 야요이시대 주민들의 인류학적 관계, 조선고고연구 2017. 3호.) 지문학적으로 봐도 퉁구스와도 다른 갈래의 집단이라고도 말한다. 여기에서의 퉁구스는 에벤키(Evenki)족으로, 시베리아 넓은 지역에 사는 에벤키족 지문을 조사한 옛 소련 자료(1983)를 이용했다. (장우진, 조선사람은 지문학적으로 퉁구스와 다른 갈래의 집단, 조선고고연구, 2012. 3호.)

단군이 민족의 시조?

북한은 우리 민족이 오랜 역사를 통하여 하나의 핏줄을 이어오면서 하나의 언어, 하나의 문화를 가지고 한 강토에서 살아온 단일민족이라고 규정한다. 그런데 남쪽의 어용학자들은 민족형성의 계기가 연(燕) 나라의 철기문명이 고조선 영역의 부족단체들을 떠밀어서 이뤄진 것이라는 등의 왜곡을 한다고 지적한다. 그러면서 "조선민족이 일제 식민지 통치 시기에 완성됐다는 주장을 기정사실화한다."라고 비난한다. 말하자면 조선민족 형성과정이 외래문명의 '자극', 외세의 침입에 의해 실현되었다는 외인론을 떠벌리면서 일제의 지배와 미제의 군사강점을 합리화하려는 책동을 한다는 것이다. (최희열, 민족형성문제에 대한 남조선어용학자들의 견해의 반동성, 철학연구 1990. 1호.)

북한 역사학은 한 걸음 더 나아가서 우리 민족의 원시조가 단군이란 주장까지 한다. 남쪽에서 단군을 숭배한다고 비난을 일삼던 그들이 필요에 따라 단군을 비(非)신화화하여 역사상의 실재인물로 여기는 것도 모자라는지 민족의 시조로까지 떠받든다. "조선민족은 단군조선을 세운 박달족의 선도적 역할에 의하여 형성된 민족"으로 규정하는데 이것은 우리 강토에 신석기시대 이래로 혈연적으로나 문화적으로 통일되어 있는 하나의 동족이 형성되어 있었다는 주장으로 뒷받침하려 한다. (장우진, 단군조선의 건립과 조선민족의 형성, 조선고고연구 2013. 1호.)

그러나 생각해보자.

단군이 나라를 세워서 우리나라의 첫 국조가 된 것은 상정 가능하지만 단군 한 사람으로부터 우리 민족이 형성되었다는 주장은 말이 되는가? 하나의 족이 어느 한 사람으로부터 시작되는지 어떻게 확인하는가? 물론 단군의 상징성을 빌리려는 것으로 이해되지만 학문적인 성찰로서는 억설이다. 북한 역사학에서는 계속해서 조선민족은 하나의 족에 기초하여 형성된 단일민족이기 때문에 국가성립과 함께 형성되기 시작했으며 단군조선 성립이 세계적으로 이르기 때문에 조선민족은 그 형성 시기가 세계적으로도 "가장 오래다."라는 주장에까지 이른다.

또한 조선민족 같은 단일민족에서는 혈연적, 언어적, 문화적, 지역적 공통성이 더욱 공고해져서 그것이 민족의 징표로 전환되었기 때문에 복합민족에 비해서 민족징표도 공고하고 민족성도 강하게 이뤄진다고 한다.

우리 민족성

세상에서 북한처럼 자랑을 과장되게 많이 하는 나라가 있을까. 김정일의 '종자론'을 인간에게 불을 가져다준 프로메테우스보다 더 위대한 것이라고 자랑하는 곳이고 지구상의 200여 개 국가 중 종교가 없어진 유일한 나라로 자랑하는 곳이다. 또 대동강유역에서는 이미 알려진 세계 4대 문명보다 앞서거나 동등한 지위를 차지하는 대동강 문화가 있었다면서 세계 5대 문명을 주장한다. 세계학계의 인정 여부와 무관하게 이런 자가발전은 세계 5대 문명을 이룬 우리 민족 또한 대단히 위대한 민족이라고 가르친다. 이 위대한 민족에는 당연히 위대한 민족성이 있다. 민족성이란 '역사적으로 형성되고 공고화된 민족의 고유한 특성'으로 보는데, 우리 민족의 고유한 특성은 이렇다.

"우리 민족은 예로부터 슬기롭고 용감하며 불의를 미워하고 정의와 진리를 사랑하며 도덕의리를 귀중히 여기고 동정심이 많으며 례절이 밝고 겸손한 품성을 지니고 있었다. 또 우리 민족은 자기의 고유한 감정과 정서를 가지고 있다. 조선사람은 원래 노래와 춤은 우아하고 유순한 것을 좋아하며 그림은 연하고 선명한 것을 좋아한다. 또한 옷차림에서도 아름답고 고상하면서도 부드럽고 유순한 독특한 형태와 무늬, 색깔을 가진 조선옷을 좋아한다." (리승철, 민족성에 대한 주체적 리해, 철학연구, 1999. 2호.)

이렇게 좋은 민족성은 단일민족의 우수한 특성만이 민족성으로 되었기 때문이다. 그런데 좋은 민족성도 시대와 제도에 따라 달라진다. 한 시대의 민족성은 과거로부터 계승돼 오는 전통적인 민족성, 고유한 민족성을 바탕으로 하여 새로운 민족적 특성이 보태져서 생겨난다. 이런 특성은 단일민족인가 혼혈민족인가, 언제부터 민족이 형성됐는가, 문화발전 수준은 어느 정도인가에 따라 영향을 받으면서 발전한다고 본다. 그런데 북한에서는 이 발전과정에서 결정적인 역할을 하는 것이 자기들 수령이라는 데로 귀결시킨다. '우리 인민의 민족성'은 일제의 식민지통치, 민족말살책동에 의해 짓밟히고 그 우수성을 발전시킬 수 없었지만 수령과 지도자 동지가 사회주의 새 역사를 개척해서 민족성을 높은 수준으로 발전시켰다는 주장을 한다. (송길문, 민족성에 대한 주체적 리해, 철학연구 1991. 3호.)

이 높은 민족성에는 민족자주정신과 민족문화전통이 체현되어 있

다고 한다. 어떤 민족이든지 외세의 지배를 받지 않고 존엄 있는 민족
으로 살아가려고 하지만 민족자주정신이 없는 민족은 노예의 운명을
면할 수 없다고 한다. 그래서 민족자주정신은 민족성에서 핵을 이룬
다고 본다. 민족성에는 또 민족문화전통이 체현되어 있다고 본다. 민
족문화전통에는 인민대중의 지향과 요구가 반영되어 있고 민족의 슬
기와 재능이 깃들어 있다. 이런 전통에서 사회주의에 맞지 않는 것은
버리고 진보적인 것은 계승시켜 민족성이 발양됐다고 한다.

　세계 공산권이 허물어지면서 민족문제가 새롭게 등장하던 시기에
북한에서는 주체성과 민족성을 둘 다 놓지 않으려고 했다. 이때 나온
글이 하나 있다. 『로동신문』에 한 면 전체로 실린 〈우리 민족성〉(2000.
7. 28. 2면.)이란 제목의 정론이다. 정론이란 기사, 사설, 논설과 함께 신
문 글의 하나지만 사설이나 논설과 달리 필자의 주정토로를 허용하
는 글이다. 주정토로는 사회정치적 문제를 제기하고 그 본질을 밝히
더라도 필자의 주장이 열정과 감정정서를 타고 강하게 뿜어지는 것
을 말한다. 그래서 김정일은 정론이 사람들의 심장을 울린다고 했다.
이런 정론 글에 우리 민족성을 운위했으니 눈길을 끈다. 내용은 크게
세 단락으로 이뤄지는데, 첫째 단락에선 오랜 역사에서 이룩된 민족
의 우수한 자랑거리를 나열했고, 둘째 단락에선 이 자랑스러운 민족
의 우수성은 수령의 위대성에서 더욱 꽃핀다는 것을 강조하면서, 셋
째 단락에선 2000년대 우리식 사회주의를 주체성과 민족성 바탕에
서 이뤄내자는 요지로 서술했다.

　당시 국제사회에서는 세계화 물결이 세차게 휩쓸던 때라서 북한은
이를 세계의 '일체화' 흐름이라면서 이게 한국에서도 세계화란 이름

으로 반동적으로 정책화되었다고 강하게 거부감을 터트렸다. 그럴수
록 수령에 대한 신뢰와 흠모, 숭배와 충성, 결사옹위정신 같은 것을
자랑할 민족성으로 손꼽으며 이를 지향하자고 호소한다. "김일성민
족의 민족성에서 핵을 이루는 것은 자기 수령에 대한 충효심이다" (김
정일, 혁명과 건설에서 주체성과 민족성을 고수할 데 해하여.) 그러니까 북한주민에게 요청되
는 민족성은 자기 수령에 대한 충효심이다.

▲ 북한은 동유럽 사회주의 국가들이 붕괴하자 우리 민족을 "단군조선을 세운 박달족의 선도
적 역할에 의하여 형성된 단일민족"이라고 주장하며 남쪽을 향하여 "우리민족끼리"를 외치고 있다.

또한 우리 민족의 우수성을 외치던 결과로 조선민족제일주의 정신
을 창안했고 이 정신으로 인민을 무장시키려고 했다. 우리 민족이 제

일이라는 자존심과 자부심을 간직하는 것을 강조하는 가운데 민족
성이 높이 발양되었다고 말한다. (허영희, 주체의 사회주의는 민족성이 높이 발양되는 애국애
족의 사회주의, 철학연구 2002. 2호.)

한마디로 지금의 민족성을 말할 때 북한 인민은 민족자주정신이
남달리 강한 사람들이어서 불의를 미워하고 정의와 진리를 사랑하는
품성을 가지고 있다고 자랑을 한다. 조선민족제일주의 정신을 지니고
김일성민족의 위대성에 대한 긍지와 자부심을 가지면 민족성이 고수
된다고 본다.

민족성에는 민족적 감정도 중요하게 작용한다고 본다. 민족감정은
민족성원 개개인의 감정의 집계가 아닌 민족공동의 요구와 이해관계
를 반영하는 집단심리로 다른 나라와의 관계에서 뚜렷하게 나타난
다. 북한의 주체사상은 민족감정의 내용을 완벽하게 밝혀준다고 한
다. 첫째 인민의 민족감정에서 가장 중요한 것은 수령과 장군에 대한
흠모감과 숭배심이고 다음이 민족자존심이다. 세 번째로 애국주의
감정과 애국심이다. 또 '민족의 원쑤'들에 대한 분노와 증오심도 중요
한 민족감정이라고 말한다. 그러니까 분노와 증오심도 사회주의 강성
대국 건설에 필요한 사상정신적 원천으로 본다. (림현기, 우리 인민의 민족적 감정의
중요내용, 철학연구 2001. 4호)

지금까지 살펴봤듯이 역사적으로 형성되어 온 우리 민족성은 남
쪽에서도 긍정할 수 있는 것이지만 현대 북한의 조선민족이 내세우
는 자랑스런 민족성은 드러나는 현상이기보다는 가져야 할 당위적인
방향을 예거하고 제시하는 것 같다. 그것은 바로 세계화 바람을 차단
하려고 애쓰는 모습이기도 하다.

맺는말

북한에서 우리 민족은 "단군조선을 세운 박달족의 선도적 역할에 의하여 형성된 단일민족"이다. 이 단일민족의 민족적 긍지와 자부심을 고취하는 책이 한 권 최근에 나왔다. 《력사를 통해 본 민족의 우수성》(평양출판사, 2021.)이다. 학술서는 아니고 일종의 대중 교양서인데, 이 책에는 우리 민족이 예로부터 창조하고 발전시켜 온 우수한 성과들을 소개하고 있다. 반만년의 유구한 역사, 과학기술, 문학예술, 민속 네 부분으로 나눠서 자랑스러운 내용들을 망라했는데 조선은 인류 발상지라든가 세계 5대 문명의 하나인 대동강문화, 세계 최초의 대학인 고려성균관, 세계에서 가장 발전된 문자 훈민정음, 세계적인 문화재 팔만대장경, 세계 최초의 금속활자, 세계 최초 철갑선인 거북선, 화포를 이용한 세계적인 첫 해전 등 세계 최초도 많고 동방에서 제일 큰 돌탑인 미륵사탑, 동방 제일의 능비 광개토대왕비 등 동방에서 으뜸가는 것도 많다.

이런 좋은 선조들 문화를 함께 하는 같은 겨레인 데다가 "남이 불편할 때 동족인 북이 편안할 수 없고 북이 불편할 때 동족인 남이 편안할 수 없다"(조평통 대변인 2002. 10. 28.)는 그럴듯하고 현란한(?) 말을 들을 때 남쪽 국민들 중에는 북핵이 설마 동포들에게 사용될 물건이고 무기이겠느냐고도 한다. 핵 개발 파문 때 나온 이런 말의 진심을 알려면 북한의 민족관, 민족주의에 대해 이론과 실제를 살펴봐야 할 것 같다. 점차로 탈민족주의 성향이 번져가기도 하는 남쪽과 달리 북쪽에서는 어떨까. 북한 민족주의 실체를 제대로 살펴보는 것이 필요하다. ●

북한에서 민족주의란?

김일성은 죽기 3년 전에 자기가 민족주의자라고 말한다.

"…….이런 의미에서 나는 공산주의자인 동시에 민족주의자이고 국제주의자라고 말 할 수 있습니다." (우리 민족의 대단결을 이룩하자, 1991. 8. 1.)

조국평화통일위원회 책임일꾼들과 조국통일범민족련합북측본부 성원들 앞에서 한 말인데, 이 말은 4년 반 뒤 이렇게 바뀐다.

"…… 이런 의미에서 나는 공산주의자이면서 애국자인 동시에 국제주의자라고 말할 수 있습니다." (《김일성저작집》 43, 조선로동당출판사, 1996. 3.)

민족주의자에서 애국자로 바뀐다. 바뀐 내용이 실린 《김일성저작집》 43권은 김일성 사후 1년 8개월에 출판됐다. 죽은 사람이 말을 바꿀 수는 없으니까 죽기 전 본인이 고치라고 했거나 아니면 다음 통치자 김정일이 고쳤을 것이다. 왜 그랬을까. 그간 민족주의를 배격한다고 공개적으로 해온 말이 무색할까 저어했을까, 아니면 민족관 변신의 한계였을까? 김정일은 1986년 7월 당 중앙 책임일꾼들과 한 담

▲ 조선로동당출판사에서 출간한 김일성-김정일주의 총서인 《김일성전집》과 《김정일전집》. 이 전집에는 연대순에 따라 체계적으로, 전면적으로 집대성한 김일성의 "영생불멸의 고전적 로작과 생전에 발표한 연설, 서한, 결론, 담화 등이 제1권부터 50권까지, 김정일은 55권까지 수록되어 있다."라고 조선중앙통신이 2023년 7월 14일 보도한 바 있다.

화에서 공산주의자가 민족주의자로 되는 것은 안 될 일이라고 언급한 일이 있다. (김정일, 주체사상교양에서 제기되는 몇 가지 문제에 대하여, 조선로동당출판사, 1987.)

　　그러던 김정일이 《김정일저작집》 43권이 나온 6년 뒤 결국 김일성을 민족주의자로(위의 책.) 규정하는 발언을 한다.

　　"위대한 수령님은 가장 견결한 공산주의자이시면서 절세의 애국자, 진정한 민족주의자이시였으며 국제주의자의 귀감이시였습니다."

(김정일, 민족주의에 대한 옳바른 리해를 가질데 대하여, 조선로동당 중앙위원회 책임일군들과 한 담화 2002년 2월

26일, 28일 김정일선집15권, 조선로동당출판사 p260.)

이어서 덧붙이길 "나도 역시 수령님께서 밝히신 바와 같이 참다운 혁명가, 공산주의자가 되자면 열렬한 애국자, 진정한 민족주의자가 되어야 한다고 주장합니다."

김일성뿐 아니라 자기도 참다운 공산주의자가 되려면 진정한 민족주의자가 돼야 한다는 것이다. 굴절을 겪으면서 변화해온 북한의 민족관과 민족주의를 살펴본다.

북한의 민족관 변화양상

민족관은 한마디로 말해서 민족에 대한 견해와 관점이다. 민족에 대한 북한의 정의는 "피줄과 언어, 지역과 문화생활의 공통성에 기초하여 력사적으로 형성된 사회생활의 기본단위이며 운명공동체"(《조선대백과사전》)다. 민족이 사회생활의 기본단위기 때문에 민족에서 계급과 계층이 갈라진다고 한다. 민족을 떠난 계급이나 계층은 없다는 것이 공식 견해처럼 되고 있다.

북한은 1960년대까지만 해도 스탈린의 민족이론대로 "민족이란 언어, 영토, 경제생활, 심리상태의 공통성에 기초하여 오랜 력사를 거쳐서 형성된 사람들의 공고한 집단이다."라고 정의했다. (사회과학강의, 사회과학출판사 1965. p415.) 이 네 가지 공통성은 서로 밀접하게 연결되어 있으며 그 중 어느 하나도 없어서는 민족을 이룰 수 없다고 했다. 여기에

는 혈통이 없다. 민족형성도 스탈린 견해를 따라 자본주의사회의 소
산물로 보고 있었다. 스탈린 이론대로라면 남북한 국민과 인민은 다
른 민족이다. 남쪽은 부르주아 민족이고 북쪽은 프롤레타리아 민족
이어서 남북한 동포는 순수한 하나의 민족(Ein Volk)이 아니라 정치화된
두 민족(Zwei Nationen)이 된다. 이치적으로는 통일보다 갈라진 채로 살아
도 된다. 그러나 북한은 부르주아 민족을 그대로 두지 않고 자기들과
같은 프롤레타리아 민족으로 만들려고 했다. 그것이 6.25 전쟁으로
나타났고 '남조선혁명'이란 전략 과제로 오늘에도 전개되고 있다. 남
조선혁명의 목표는 남북한 전체의 프롤레타리아 민족화, 즉 '사회주
의 민족화'이다.

▲ 북한은 "자주성을 생명으로 보고 온 민족이 단결하여 민족의 자주성을 옹호하고 실현하며
민족공동의 번영을 이룩하여야 한다는 것이 우리의 주체적 민족관이라고 말할 수 있습니다."라고
강조하며 북한 내부 인민들을 향해 "주체적 민족관" 학습을 강요하고 있다.

북한의 민족관은 1970년대 초 남북대화 시기부터 변화 조짐을 보인다. 이때 민족이라는 사상(事象)을 남북대화에 이용할 필요성 때문인지, 공산권 일반의 민족개념에서 벗어나려는 모습을 보인다. 철학사전, 정치사전에서 민족형성이 자본주의 소산물이라는 스탈린식 주장을 빼더니 정치사전에는 혈통을 추가했다. 그리고는 계급의식과 민족의식을 결합시킨 '사회주의적 애국주의'를 강조하더니 주체사상이 등장하면서 공산주의 일반론인 사회주의적 애국주의를 포섭하려 했다. 그러나 이때까지만 해도 사회주의적 애국주의가 가진 계급적 성격은 민족주의와 양립되기 어려웠다. 그래서 김일성은 여전히 주체사상이 민족주의로 나가자는 것은 아니라고 강조했다. (김일성, 우리당의 인텔리정책에 대하여 1968. 6.14.)

1980년대는 우리민족제일주의(1986. 07.)와 조선민족제일주의(1989. 12.)를 내세우는데, 두 개념의 방향은 남한주민과는 무관한 북한주민을 향한 것이었다. 말하자면 공산권 분열과 사회주의 좌절을 극복하려는 생존 차원의 몸부림 같았다. 1990년대가 되면 민족주의를 주체사상과 연결시키는 '주체의 민족관'이 등장한다.

주체의 민족관

주체의 민족관은 김일성이 민족주의자임을 자처하는 앞의 1991년 8월 담화에서 언급된다. "자주성을 생명으로 보고 온 민족이 단결하여 민족의 자주성을 옹호하고 실현하며 민족공동의 번영을 이룩하여야 한다는 것이 우리의 주체적 민족관이라고 말할 수 있습니다."
자주성을 민족의 생명이라 강조하면서 자주성을 실현하고 민족공동
의 번영을 이룩해야 하는 것이 주체적 민족관이라 말한다. 주체적 민
족관은 한마디로 주체사상에 따른 민족관인 것이다.

　이 말을 받아서 북한학자는 "주체적 민족관은 사람을 중심에 놓고
사회적집단, 민족을 고찰하는 견해이며 관점이다."라고 규정한다. (강승
춘, 주체적 민족관, 철학연구 91. 4호.)

▲ 북한이 강조하는 "주체의 민족관" 뒤에는 언제나 마침표처럼 "미군 철수"와 "또 하나의 조국
해방전쟁을 통해 남조선을 결판내자."라는 북한 내부 인민의 결속과 단결을 강요하는 대내심리전이
뒤따르고 있다.

　주체의 민족관에 따르면 민족을 떠난 계급이란 있을 수 없으며 민
족이 있고서야 계급도 있다고 한다. 계급은 소멸되어도 민족은 소멸
되지 않고 공산주의 사회에 가서도 상당 기간 존속된다. 주체의 민족

관을 정당화하기 위해서는 선행한 민족이론, 즉 마르크스레닌주의에서 말하는 민족관도 비판해야 했다. 김정일이 그걸 했다고 자랑이다. 공산주의 진척에 따라 민족 자체가 점차 없어진다는 예견이 잘못되었고 사회주의 수행에서 주체성과 민족성을 지키는 문제를 끄집어내지 못했다고 지적하고는 주체사상으로 사회주의와 민족이 하나의 운명으로 결합됨으로써 이런 문제가 해결되었다는 주장이다. (《김정일선집》 19권, p126.)

주체의 민족관대로 계급보다 민족이 우선한다는 주장을 남쪽에서 못 믿을까 싶어서인지, 북한 철학자 박승덕은 이 시기에 있었던 남북한 학자들의 한 발표모임에서 이 말이 결코 빈말이 아니고 민족을 내세워 적화통일을 은폐하려는 선전책략이 아니라고 역설도 했다. (박승덕, 주체적 견지에서 본 민족통일의 철학, 국제고려학회 주최 세미나 발표논문, 1993. 8.)

김일성은 자기가 민족주의자라 말하기 전에는 민족주의를 입에 담지 않았다. 그가 1964년 1월 언어학자들 앞에서 "조선인민은 피줄과 언어를 같이하는 하나의 민족"이라면서 "온 세계가 다 공산주의자로 되려면 아마 상당한 시일이 걸릴 것입니다. 그러므로 일정한 시기까지는 민족적인 것을 살려야 합니다."라고 한 말에서 민족을 저버리지 않은 모습은 확인된다. 하지만 그 민족을 대남관계에서 순수한 민족 정서로 접근하기보다 전략과 전술적인 관점에서 이용하려 한 것은 틀림없었다. 북한이 민족과 민족적인 것을 아무리 역설해도 그것은 민족주의 본래의 속성과는 다르다는 것을 간파하게 된다.

민족주의 이론과 실제

북한에서는 김일성의 민족주의자로의 변신을 두고 부르주아 민족주의자가 아닌 주체적 민족주의자임을 강조한다. 주체적 민족주의자는 주체적 민족관을 갖는 사람으로 계급보다 민족을 더 중시하고 우선시킨다고 한다. 어떤 배경에서 김일성이 주체적 민족주의자로 자처하게 되었을까.

1980년대 중반이 되면 소련이 개방정책을 취하고 중국이 바뀌는데, 1990년대가 되면서 동유럽이 해체되고 사회주의권의 좌절이 온다. 이런 정세변화 속에서 북한은 살아남기 위해서 1991년 가을에는 한국에 뒤따라 유엔에 가입하는 한편 대내적으로는 사상의 혼란을 막기 위해 그 전에 내세우던 '조선민족제일주의' 같은 이데올로기를 '우리식 사회주의'로 변모시키면서 민족을 찾고 강조하게 된다.

민족에 대한 북한의 견해는 김정일의 담화 《민족주의에 대한 올바른 리해를 가질데 대하여》(2002년 2월.)에서 잘 나타난다. 이 담화에서 강조되는 것은 진정한 민족주의와 부르주아 민족주의 구분이 필요하다는 것이다. 과거 봉건주의를 반대할 때는 신흥부르주아지가 민족주의 기치를 들고 선두에 서도 민족주의가 인민 대중의 이익과도 일치했지만 자본주의 세상이 되고는 부르주아지가 말하는 민족주의는 부르주아 이익만을 위한 부르주아 민족주의가 됐다는 것이다.

이 논리의 연장선에서 선행한 공산주의 민족이론도 비판하게 된다. 민족보다 계급을 앞세우고 민족주의를 배척하는 바람에 민족주의가 자본주의 국가이념이 됐다는 것이다. 그런데 김일성이 나서서 애국애족을 공통분모로 해서 공산주의와 민족주의가 연합할 수 있음을 역사상 처음으로 밝혔다고 한다. 이로써 김일성은 반공으로 살

아온 김구나 민족주의자 최덕신도 품을 수 있었다는 것이다. 또 민족
주의자로서 우리 민족의 자주성만이 아니라 세계 인민의 자주성을
옹호해서 국제주의자의 귀감도 되었단다.

북한 학자들은 위와 같은 주장을 동어반복으로 해설하고 있다.

"선행한 로동계급의 혁명리론은 로동자에게는 조국이 없으며 공산
주의가 건설됨에 따라 민족 자체가 없어진다고 주장하였다. 이로부터
공산주의와 민족주의는 결합할 리유와 근거가 없게 되었다." (김덕유, 민족
주의의 본질과 진보성, 철학연구 2005 제4호.)

"……부르주아지들은 마치도 자기들만이 민족을 사랑하고 민족
의 리익의 옹호자인 것처럼 자처하면서 공산주의는 민족도 조국도 안
중에 없고 계급투쟁과 세계혁명만을 주장한다고 하면서 비방 중상
에 열을 올리였으며 민족주의를 사회주의를 막는 방파제로 리용하였
다." (김덕유, 앞의 글.)

여기에서 북한의 민족주의는 한국에서 말하는 민족주의와는 같
지 않다는 것이 강조된다. 한국의 부르주아지 민족주의는 민족 성원
에서 절대다수를 차지하는 인민 대중의 이익을 무시하기 때문에 민
족 자체의 이익을 침해한다고 본다. 그러면서 대외적으로는 자기 민
족의 우월성을 주장하고 다른 민족 지배를 추구한다는 것이다. 반면
에 북한이 추구하는 참다운 민족주의는 자기 민족을 사랑하고 귀중
히 여길 뿐 아니라 다른 민족도 존중하는 사상이란 주장이다. 그래서

공산주의자는 진정한 민족주의자가 돼야 한다고 한 것이고, 김일성이나 김정일은 남쪽의 부르주아 민족주의자가 아니라 주체적 민족관을 가진 참다운 민족주의자라는 것이다.

그런데 그 참다운 민족주의를 가진 사람들이 2014년 가을, 개성공단에서 5만 3,000여 명의 북한 근로자들에게 제공되던 초코파이(ChocoPie)를 못 주게 막았다. "우리 노동자들이 초코파이에 질렸기 때문"이라고 둘러대지만, 남쪽의 이른바 황색바람을 차단하려는 억지인 걸 모를 리가 없다. 말 그대로의 진정한 민족주의를 찾는다면 같은 민족으로서 같은 입맛을 가진 입맛 유대까지 가로막을 수 있을까?

북한에서는 핵실험을 하고도 '민족사적 사변'이라고 말한다. 꽝장하게 자랑하고 싶다는 것인데, 남쪽에서는 이를 남쪽 동포를 저버리는 반민족적 행위라고 규정할 수밖에 없다. 북한 민족주의는 김정은 시대에 와서는 핵 개발 방패로도 내세워진다. 김정은은 집권초 국가주의에 기울어지는 듯했으나 필요시에는 여전히 '우리는 하나'라는 민족공조를 찾는다. 그러니까 북한에서 말하는 민족주의는 친북동조세력을 형성시키면서 남쪽의 많은 사람들을 통일전선에 끌어넣으려는 유사(類似) 민족주의가 아닐까 하는 의심에서 비켜나기 어렵다.

맺는말

북한은 한국의 다문화 사회현상을 두고 남조선을 잡탕으로 만드는 민족부정, 민족말살이라고 비난한다. 말하자면 핏줄 위주의 종족적 민족주의를 주장하는 것이다. 하지만 한국에서는 종족적 민족주의보다 시민적 민족주의가 돼야 한다는 주장도 호응을 얻어 가고 있다. 더욱이 일부 탈민족주의 경향도 나타나서 민족이 개인의 행복에 우선할 수 없다는 주장에서 출산율 저조로 나라가 망할 판인데 백의민족이니 단일민족이니 찾을 겨를이 없다는 주장까지 나타나고 있다.

또한 민족은 '상상의 공동체'라는 베네딕트 앤드슨(B. Anderson)의 주장을 받아들이는 쪽도 있고 그 주장은 통일을 해야 하는 한국에서는 적용될 수 없다는 주장도 강력하다. 그리고 잘못된 민족주의 사상이 북한을 추종하는 종북주의자에게 악용돼서 한국 내 이념 갈등을 유발하려는 북한의 전략적, 전술적 의도에 빠진다는 주장까지 실로 다양한 모습으로 나타나는 것이 한국 민족주의 모습이다.

북한의 '반미자주화'를 내건 민족 공조 대남책동뿐 아니라 내부의 도전도 있다. 상해임정 때나 정부가 수립되는 전 과정에서 민족주의에 입각한 정책은 우선적이었다. 좌파 독립운동가들은 민족보다 계급을 앞세웠으니까 민족개념은 언제나 우파진영의 이데올로기로 확보되었다. 그런데 1990년대 들어서면서 북한의 민족회귀(?) 손짓에 호응하려는 좌파진영은 민족을 유난히 강조하는데, 우파진영은 상대적으로 민족을 멀리하려는 경향조차 나타난다.

민족주의는 본래 나라마다 다른 얼굴로 나타난다. 나라와 민족이 일치하는 우리나라에서는 민족주의가 남북통합의 유용한 이념이 될 수 있겠지만, 그것은 북한에서 민족주의가 대남정책의 종속변수가 아니라 독립변수로 될 때에나 가능해질 일이다. ●

북한이란 곳은?
-문화의 특징과 성격

닮았거나 달라졌거나 새로 생겨난 것들 훑어보기

이제 앞의 26개 항목 중에서 주목할 만한 항목들을 톺아보면서 문화분야에서 북한이 내세우고 자랑하는 것들을 짚어내려고 한다. 그리고 이를 통해 북한문화의 특징과 성격을 가늠해보는 것으로 마무리하려고 한다.

먼저 제1편의 같거나 닮았거나 한 내용들 중 몇몇을 본다.

첫걸음은 단군으로부터 시작했다. 북한이 1990년대에 들어서면서 단군을 찾기 시작한 것의 의도를 더듬어서 단군을 주체사상을 담는 형식으로만 활용한 것으로 파악했다. 북한에서 단군이 우리 민족의 원시조라고 하니까 원시조는 시조를 강조하는 말로 이해할 수도 있지만, 원시조는 "처음으로 나라를 세운 조상"(조선말대사전, 사회과학출판사, 2017. 8)이란다. 그러니까 단군은 첫 국조라는 것을 시인한 것이 된다.

조선왕조실록은 유네스코 기록문화유산이다. 분단 후 실록이 없던 북한은 남쪽에 3질이나 있던 것을 탐내던 나머지 6.25 때 1질을 탈취해 갔다. 같은 조상의 소산물이라서 반출해갔다고도 할 수 있겠지만 엄연히 탈취해 간 것이다. 하지만 이것을 번역해 낸 것은 민족문화사의 기여로 평가 가능하다.

〈대동여지도〉는 김정호가 만든 지도다. 조선조에서 만들어진 지도가 여럿 있지만 이 지도가 가장 정확도가 높다고 평가되고 있다. 북한에서도 김정호의 〈대동여지도〉를 아주 가치 있는 문화유산으로 평가한다. 1961년 12월 〈대동여지도〉 발간 100주년 기념행사도 열었는데 당 과학부장이 참석했다. 이는 지도의 가치를 비중 높게 평가한 반증이다.

북한에는 민족고전학이란 학문이 있다. 자기들 말로는 김일성 가르침에 따른 이 학문은 인류 역사에 처음인 새로운 학문이라고 한다. 민족고전학은 고전의 번역이나 해제를 하는 학문이다. 고전번역사업은 남북한이 서로 가르쳐주고 배우면서 할 수 있는 교류협력대상으로 아주 적합한 사업일 수 있다.

남북한에서 민속놀이는 같거나 닮았거나 한 것이 많을 것 같다. 물론 북한에서도 명절에 장기, 바둑을 두고 윷놀이, 그네타기, 널뛰기하는 모습을 본다. 아이들은 연날리기, 팽이치기, 제기차기를 한다. 그런데 장기판 크기도 다르고 '장군아' 대신에 '장훈아'를 부른다. '장군아'를 외친다는 것은 자기들 통치자를 호통치는 것이 되기에 기피하게 한다.

북한에서는 김치, 불고기, 지짐(전)을 우리 민족 3대 음식으로 꼽는데, 지짐 중에서는 평안도 지방 녹두지짐을 으뜸으로 자랑한다. 또 평양냉면을 전주비빔밥, 개성탕반과 더불어 우리나라 음식의 대표라고 내세운다. 평양냉면에 대해서는 김정일이 몇 차례나 냉면집을 직접 찾아 지도를 할 정도로 집착을 보였고 그에 따르다 보니 서울의 평양냉면과 달라졌다. 북한 향토음식을 흘낏 보는 가운데 아직 단고기(개고기)음식을 민족음식이라면서 즐겨 먹는 모습에서 밥상의 통일을 생각하게 된다.

제2편 다르거나 달라졌거나 한 내용은 산맥부터 시작한다.

북한에서는 백두대간을 백두대산줄기라 부르면서 1994년 8월부터 백두대산줄기를 중심으로 우리나라 산맥체계 작업을 했다. 그 결과 큰 산줄기, 작은 산줄기 등을 다해서 239개를 확인하고 이름을 지었다. 남북한 지리학자들이 학문적 엄밀성으로 한반도 산맥을 다시 따져 볼 날이 있을 것이다.

북한은 풍수를 공식적으로는 미신잡설로 배격한다. 그런데 김일성 사후 평양 자랑에 풍수를 슬며시 끼워 넣으면서 한 몫 하게 한다. 두 통치자가 묻힌 금수산 지맥이 풍수적으로 아주 좋다는 것을 해외동포 지리학자 입을 통해 전파시키면서, 싱대직으로 이 사람 입으로 서울은 지맥이 쇠했다고 한다. 땅이야 무슨 이데올로기적 색채를 띠겠는가만, 서울에 대한 열등감을 벗으려는 몸부림이 느껴진다.

김일성이 1960년대에 유행가 중에서도 퇴폐적인 것이 아닌 것은 불러도 된다고 말했는데도 주민들은 잘 부르지 않더니, 2000년대에 들어와서 김정일이 유행가를 불러도 된다 하고부터는 조금씩 부르기도 한다. 그러나 노래자랑경연 참가자들은 혁명가요를 부르지 유행가는 잘 부르지 않는다. 가창력이 좋아도 사상예술성에서 불리할까 싶어 기피한다. 《조선노래대전집》(2002. 12.)이란 46배판 2,566면짜리 노래책에 수록된 광복 전 유행가는 156곡으로 북한정권에서 창작된 가요의 27분의 1수준이다. 그러나 북한이 민족문화의 많은 부분을 부정했던 것에서 중요한 것을 잃고 있다는 자각을 한 것만 해도 나쁜 일은 아니다.

북한사람들의 미의식에는 맑은 시냇물이 흐르는 냇가의 오붓한 고향 마을을 그리는 정서를 교과서적으로는 볼 수 있다. 그러나 일상적으로는 방직공장에서 옷감이 나오는 것, 용광로에서 쇳물이 나오는 것을 아름다운 미의식의 대상으로 강조하는 모습을 더 많이 보게 된다. 북한에서 미의식의 범주는 아름다운 것, 숭고한 것, 영웅적인 것, 비극적인 것, 희극적인 것 등으로 나누고 있지만 숭고한 것, 영웅적인 것에 대한 가치부여를 비중 있게 한다. 미의식 중에는 사람들 사이의 교제를 미적으로 상찬하는 교제미도 긍정적으로 평가하는 특이한 면도 보인다.

개성에는 세계에서 가장 역사가 오랜 대학이 있다. 고려성균관인데, 고려 국자감 설치연도인 992년을 이 대학 창립연도로 잡았기 때문이다. 이것을 결정한 1992년 5월 이후 조선민항은 고려항공으로, 동의학은 고려의학, 천리장성은 고려장성, 우리 민족은 고려민족으로 바꾸는 작업을 했는데 이는 삼국통일을 신라가 아니라 고려가 했다는 역사관의 반영이다.

북한은 1972년 뮌헨올림픽에 처음 참가했다. 북한의 올림픽참가 막전막후를 보면 힘난했다. 1952년부터 올림픽참가를 위한 IOC 가입에 애를 쓰다가 1962년 10월에 회원이 됐지만 1964년 도쿄올림픽, 1968년 멕시코올림픽에 참가를 못한다. 자기들이 원하는 팀 호칭 DPRK가 되지 않자 선수단 철수를 한 것이다. 지금 북한은 "세계의 하늘에 공화국의 깃발을 날리게 하는 것은 체육선수밖에 없다."라는 것을 중시한다.

이제 제3편이다.

남북한은 한 나라 도로의 기준점이 되는 도로원표와 해발 높이를 재는 수준원점을 달리하는데 이것의 통일이 되는 날을 기대한다.

북한은 구호의 땅이다. 어떤 계기가 있을 때 수백 개의 구호가 생산된다. 북한에서 구호는 혁명전술을 뒷받침하는 중요한 수단이기 때문에 김일성, 김정일도 구호를 만드는데 달려들었다. 구호는 구호로써 끝나지 않고 반드시 관철돼야 할 목표제시라서 주민들은 그것을 관철하기 전에는 죽을 권리도 없는 삶을 살아야 한다.

북한은 1946년 7월 남쪽의 인텔리들을 데려오기로 하고 공작원들을 파견했다. 이때 월북한 학자들이 수십 명이다. 그 뒤부터 6.25 전쟁에 이르기까지 지식인 수백 명, 수천 명이 월북하고 납북되었다.

북한에서 박사는 2022년 2월 현재 8,700여 명인데 1948년 최초의 박사는 비날론 발명가 이승기, 역사학자 김석형, 육종학자 계응상, 의학자 장기려다. 나중에 6.25 전쟁 때 월남한 장기려를 빼고는 모두 월북학자들인데, 김일성은 이들 월북학자들에게 세심한 배려를 베풀면서 포용했다. 그런 분위기 속에서 북한에서는 "지식은 광명이고 무식은 암흑"이란 관념에 따라 지식인을 선망하는 분위기가 편만(遍滿)했다.

북한에서도 국풍이란 말이 2019년 1월 등장했다. 북한의 국풍은 영도자와 인민의 혼연일체, 자주와 자력갱생, 애국심, 군민대단결, 과학기술 중시, 도덕 기풍을 내세우고 있어 백성의 노래란 뜻보다 나라의 풍속에 비중을 둔다. 김정은 시대에 와서 "국풍이 건전하지 못하면 국호마저 빛을 잃게 된다."라는 위기감에서 나온 난관 돌파 방안의 하나다.

6.25 전쟁 때 김일성은 남침 사흘째 되는 27일 밤 서울 외곽까지 왔지만 공격을 멈췄다고 한다.

"서울엔 사랑하는 남녀의 동포들이 있소. 경복궁 덕수궁 창경궁 민족문화유산들이 있소 이 밤에 서울을 공격하면 우리 동포들과 민족유산이 상할 수 있소."

〈6월의 밤 그 새벽〉(최원찬, 청년문학 2019. 6.)이란 시 구절이다. 참 웃기는 소리다. 그렇게 걱정이 된다면 전쟁을 일으키지 말았어야지!

북한에서 우리 민족은 단군민족, 박달민족, 고려민족, 조선민족, 백두산민족, 김일성민족 등등으로 불리는데, 김일성민족, 조선민족을 이루는 조선사람은 "이주민의 후손이 아니라 바로 우리 조국 강산에서 형성된 유구한 집단"이란 것이 민족관의 공식견해다.

김일성은 죽기 3년 전 자신이 민족주의자라고 말했는데, 김일성 사후 1년 8개월에 나온 저작집에서는 민족주의자 자리에 애국자라

인쇄돼 있다. 그럼 민족주의자가 아니었던 모양인데, 그로부터 또 6
년이 지나서 김정일이 결국 김일성이 민족주의자라고 규정하는 발언
을 한다. 이렇게 굴절을 겪은 민족주의자로의 변신은 결국 북한 민족
주의가 한국의 부르주아 민족주의와 다르다는 논리를 찾아내는 과
정이었다. 어디까지나 자기들 민족주의는 주체적 민족관을 갖는 주체
적 민족주의라는 것을 강조하려고 한다. 주체적 민족주의는 부르주
아 이익만을 위한 것이 아니라 다른 민족도 존중하는 참다운 민족주
의라는 주장이다.

북한이 자랑하는 문화분야 업적

북한은 자기 자랑을 많이 하는 편이지만 특히 문화 분야에서 많은
것을 자랑으로 내세운다. 먼저 김정일이 정립했다는 문학이론 '종자
론'이다. 종자론은 문예작품의 기본핵이 종자라고 하는 이론으로 종
자는 작품의 소재 주제 사상을 연결하는 본질적인 것으로 종자를 잘
고르려면 김일성 교시와 당정책에 맞추어야 한다고 강조한다. 주체문
예이론의 실천강령 격으로 1972년 등장한 이 이론들 두고 프로메테
우스에 비견하려고 한다. "일찍이 세계 사회계는 종자론을 창시하신
위대한 김정일 동지의 업적을 두고 인간에게 불을 처음으로 가져다
주었다는 신화적인 프로메테우스와도 대비할 수 없으리만큼 불멸한
공헌이라고 높이 칭송한 바 있다." (『로동신문』 2001. 3. 6.)

'대동강 문화'도 있다. 평양 중심의 고대문화를 1998년 3월 '대동

강문화'로 명명하고 이를 세계 5대 문명발상지라고 주장한다. 대동강 유역의 원시문화와 고대문화를 포괄하는 것으로 인류 최초 화석인 원인(原人 · 猿人), 고인(古人), 신인(新人)이 나온 원시문화 위에 고대 조선민족의 고대문화가 발생했다면서 구석기, 신석기, 청동기, 철기시대 유적이 모두 갖춰진 문명이라고 주장한다. 국제학계는 대동강 문화의 뿌리라는 선사문화 발굴성과는 어느 정도 인정하지만, 대동강문화가 평양을 '민족사의 중심지'로 끌어올리려는 것에 대해서는 자가발전(自家發電)이라고 평가한다.

그밖에 북한문화의 이런저런 모습들을 좀 더 보자.

지구상의 200개 나라 중 종교와 미신이 없어진 유일한 나라라고 한다. 평양에 교회가 있고 성당이 있지만 정해진 신도 외에는 가지 않는 곳이다. 바하이교 종교관계자 말에 의하면 지구상에서 바하이교가 들어가지 못한 나라는 바티칸과 북한이라고 했으니 종교가 없는 곳은 맞구나.

'온 나라의 예술화'를 목표로 주민 누구나가 글을 짓고 작곡을 하며 춤추고 그림을 그리고 한 가지 이상 악기를 다룰 줄 안다고 자랑하는 곳이다. 그리고 집단체조와 예술공연인 〈아리랑〉 공연을 두고 세계를 향해 이것을 못 보면 평생 후회한다고 주장하는가 하면 수령복이 있어 지구상 2,500여 개 종족, 민족 중 '자기민족제일주의'를 유일하게 내세울 수 있는 나라라고 한다. 또 문화성 향상이란 명분에 따라 신문 잡지를 통해 젊은 사람들의 걸음걸이 방법이나 옷 입는 것까지 계몽하고 사투리 사용을 비문화적이라고 억제하였다고 한다.

신문이나 방송에는 자본주의 나라에 있는 펠레톤이 없다고 자랑한다. 펠레톤(feuilleton)은 사회의 부정적 현상을 야유하거나 조소하는, 일종의 가십 기사를 말하는데, 김일성은 신문과 방송에서 사람들의 결함만을 들춰내는 이걸 없애고 모범적인 사실, 감동적이고 아름다운 이야기에 대해 쓰면서 사람들을 교양하고 있다고 했다.

전통음악 분야에서는 와공후를 개량한 옥류금 같은 국악기도 제작하고 가야금을 개량해서 연주하기도 했다. 《조선왕조실록》 번역작업은 남한보다 앞서 추진했고 1960년대에 《삼국사기》·《삼국유사》·《고려사》·《동국병감》·《반계수록》·《목민심서》·《화성성역의궤》를 한글로 번역하기도 했다.

김일성과 김정일의 독서력 과시와 주민의 학습 기풍도 자랑한다. 김일성은 사망하기 전날에도 책을 읽었고 김정일은 중학 시절 2,000여 권을 독파했다고 한다. 김정일이 지은 저작물이 논문, 저서, 담화문 해서 8,000여 편이라니 굉장한 숫자다. 진정 이 수치를 믿어야 할지? 수령과 장군의 독서를 자랑하다 보니 사실 아닌 것도 자랑한다. 김일성이 1926년 15세가 되던 해에 마르크스 자본론을 읽었다고 했다. 그런데 따지고 보면 중국에서 1930년에 출판된 자본론을 1926년에 읽었을 수 있었겠는가? 1930년에는 일부가 나오고 완역은 1938년이니까 중국어로 읽을 수 없고 일본어에 거부반응을 가진 그가 일본어로도 봤다고 하기는 어렵다고 했으니 사실일 수가 없다. (허동찬, 《김일성평전》, 북한연구소 1987. 6. p129.)

북한에서는 전통문화유산을 두고 ①버릴 것 ②보존만 할 것 ③장려할 것 세 범주로 나누는데, 전통문화에 대한 인식을 잘 나타낸 것이 김일성 3년 상이다. 3년 상은 초상, 소상, 대상이라 해서 만 2년

되는 해에 마친다. 그런데 북한에서는 만3년을 했다. 이걸 나중에라도 깨달았는지 만3년은 인민들이 원해서 1년 더 연장했다는 변명의 말을 했다. 또 60회갑을 6갑이라 부르고 8순을 8갑이라 한다. 갑의 개념이 없는 것 같았는데, 이를 지적한 민속학자가 없지는 않았다. 〈동동〉을 고구려 가요라고 주장하는 것이야 학문적 논쟁대상이지만 백두산 최고봉 병사봉을 모르는 것도 그렇다. 백두산 병사봉을 장군봉으로 고치면서 하는 말이 김일성 장군이 활동하던 곳이니까 장군이지, 병사라고 해서는 안 된다고 했다. 병사라니, 병사는 졸병 병사가 아니라 도(道) 단위 병사를 이끄는 병사(兵使)를 뜻하는 것이다.

북한문화의 특징과 성격

김일성은 유치원 마당관리, 토건공사, 음식 만들기, '국기'제작, 각종 이름짓기, 간판달기, 옷입기, 군견사육, 글쓰기, 글 제목 달기, 노래 만들기, 영화제작 등 전 방위적으로 관여한다. 유치원 마당 잘 닦아서 돌이 없게 하라, 칠성공원 웅덩이를 메울 필요없다, 호수 팔 때 나온 흙은 버리지 말고 산봉우리 만드는 데 쓰라, 평양-남포 도로 양옆에 돌을 쌓고 살구나무 심어라, 물고기 순대를 만들 때 해바라기 기름보다 옥수수기름 쓰라, 숭어국은 돌가마에 찬물을 붓고 끓여야 제맛이 난다, 식당 간판도 국수집, 떡국집, 생선국, 불고기집으로 하는 것이 좋겠다, 띄어쓰기 잘해서 독서능율 높여라, 〈내가 찾은 길〉의 주인공을 왈패로 그린 것을 고쳐라, 국을 많이 먹어라, 전화 예절을 지켜라, 옷을 깨끗이 입어라 등등 많기도 하다.

김정일 역시 관중이 계속 박수를 치면, 무대 안으로 들어가면서도 여러 차례 인사를 해야 관중의 사랑을 더 받을 수 있다고 말할 정도로 세심한 부분에도 언급을 한다.

이처럼 통치자의 만기친람(萬機親覽)적 행태가 정책수행에서 수두룩한 곳이다. 이렇게 만기친람을 하게 된 이유는 북한 사회가 시스템에 의해 움직이기보다 어느 한 사람이 움직이는 사회라는 데서 이유를 찾을 수 있겠다. 그래서 북한 선전 매체는 "사람들이여! 이 나라 어느 공장, 농장, 어촌, 지어는 개인의 살림살이까지 그이의 자애로운 손길이 닿지 않는 곳이 있다더냐!"라고 외친다.

수령과 장군의 통치에 손상 가는 것은 철저히 숨긴다. 사례 한 가지 소개한다. 일본이 무단 반출한 북관대첩비를 한국에서 노력해서 반환받았다. 이걸 본래 있던 곳에 가져다준다고 2006년 북한으로 보냈다. 그런데 북한은 북관대첩비 기사에서 남쪽에서 찾아 보내줬다는 사실은 한마디 언급도 없이 자기들 장군님께서 찾아 제자리에 세우게 되었다고 한다. (『조선문학』 2009년 2호 pp70~74.)

북한에서 눈여겨볼 것 중에는 좋은 것은 다 고구려라는 것도 있다. 데데하고 쩨쩨하며 통이 작은 것은 '고구려 망신'이라고 야단이다. 고구려 상무정신과 배치된다고 영웅주의적 모습을 보이라는 채근이다. 그래서인지 건조물에서 생활용품에 이르기까지 규모가 큰 것을 선호한다. 아마도 크게, 길게, 통 크게, 치열하게 움직여야 하는 강박증도 있는 게 아닐까 싶다. 평양 보통강구역에 1987년 짓기 시작한 105층짜리 류경호텔 공사나 2017년 려명거리에 지은 70층 아파트를 보면 거대한 규모의 건축물을 지으려는 욕망이 읽힌다. 장기판 하나만 해도 북쪽 것은 남쪽보다 크고 미술전시회 때 액자도 엄청나게 큰 것을 건다.

그런가 하면 속도전처럼 빠른 것을 선호하고 길게 하는 모습도 본다. 대학생 체육대회도 슬슬 놀듯이 하는 게 아니고 죽기 살기로 한다. 물론 작업현장에서 주민들 일하는 것도 그렇다. 김일성 사망 25주기가 되는 2019년 7월 8일 북한 전역에서는 묵념을 3분이나 했다. 1분도 긴 것 같은데 3분이라니 길다. 연설은 물론 길다. 5차 당 대회 때 김일성 보고가 5시간가량이었는데, 8차 당 대회에서 김정은은 9시간을 낭독했다.

김씨 왕조 3대에 대한 신격화는 외국의 조롱을 받지만 아랑곳하지 않는 곳이 북한이다. 김일성은 솔방울로 수류탄을 만들고 김정일은 톱밥을 영양이 있게 만들어 인민들에게 먹게 했고 그가 1984년 남한 수재민에게 보낸 쌀은 한 줌이 두 가마 분량으로 늘어났다고 한다. 김정일 태어날 때 기상이변 현상이라든가 쌍무지개가 떴다는 자연현상도 늘 하는 신격화 내용이다. 두 사람에 끝나지 않고 김정은에 대한 신격화도 시작되었다. 김정은은 세 살 때 운전을 했고 2018년 남쪽 대통령과 백두산을 올랐을 때는 신통력을 발휘해서 날씨가 맑아지게 했다고 한다. 당 8차대회(2021. 1)를 보면 이 세상에 없는 김일성, 김정일에게도 대표증을 주는 곳이 또한 북한이다.

하나의 춤 가락에 천만이 가락을 맞추고 하나의 선율에 천만이 선율을 맞추는 통일단결을 요구하는 곳, 당이 생각하는 대로 생각하며 행동하는 대로 행동하는 것이 요구되는 곳, 수령의 문풍을 닮아서 말하고 글 쓰는 것까지 수령을 닮기를 요구하는 곳이 북한이란 곳이다. 주체와 민족을 두 줄기로 해서 버티고 있는데 주체는 내용이고 민족은 형식으로 되고 있다. 누가 지적했듯이 주체사상은 이데올로기가 아니라 종교신념처럼 내면화돼버린 곳이기도 하다.

개인적으로 보면 부드러운 표현을 쓰다가도 정치사상 문제를 만나면 돌변하는 것이 북한사람들 행태이고 대남관계 심리전은 욕설로 도배하는 곳이다. 뭣보다 조선이 없는 지구는 부서져도 된다는 자부심을 안고 사는 사람들을 같은 동포로 여겨야 하는데 그쪽에서는 '우리는 하나'라고 줄기차게 외친다. 삶에서 같거나 닮은 것보다 다른 것이 더 많은 모습을 보노라면 함께 살아야 하는 당위성은 있는가를 떠올리게 된다.

북한에서는 '오랜인텔리' 머리에 든 녹을 벗기는 사상개조 사업을 해오는 한편 정권수립 후에 키워진 '새인텔리'들에 대해서도 혁명화를 계속했다. 그래서인지 북한 붉은 지식인들은 수령과 지도자 어록 주위를 맴돌면서 주석을 다는 훈고학(訓詁學) 모습으로 학문을 한다. 훈고학은 중국 한당(漢唐) 시대에 유교 경전을 자구 고증과 해석하는 방식을 취하던 학문이었다. 북한에서 이런 훈고학 모습으로 통치자 어록 주변을 맴도는 것은 술이부작이다. 술이부작(述而不作)은 성현의 말을 기술할 뿐 자기 생각을 보태지 않는다는 것이다. 그러니까 북한에서는 술이부작의 훈고학적 태도를 지닌 지식인을 만나게 된다.

이렇게 짚어보니 북한문화는 주체와 민족을 문화건설의 두 기둥으로 내세워도 주체를 민족에 우선시키는 내용의 문화, 즉 '주체 일색의 문화'였고 통치자가 만기친람을 하면서 온갖 것에 관여해서 창조되는 '통치자 어록 중심의 훈고학문화', 그리고 문화적 업적을 자가 발전하면서까지 자랑하는 '자기충족적인 환상의 문화'라고 할 수 있겠다.

맺는말

북한은 아직 사회주의 생활양식을 버리지 않고 있다. 거기에다가 자력갱생을 '혁명의 생명선'이라고 여전히 외치고 있다. (『로동신문』 2019년 12월 12일 자.) 자력갱생한다고 1960년대 동유럽에서 자유화 바람이 불었을 때 유학생들을 불러들였고 외국의 기술서적도 수입하지 않았다. 김일성이 한마디 했다. "기술서적에는 자본주의가 묻어 들어오는 것도 아니며 수정주의가 묻어 들어오는 것도 아니다." 김정일도 남쪽의 쌀 받기를 주저하는 당 간부들에게 "쌀에는 사상이 없다."라고 한마디 했다. 김정은 시대에 와서도 경제제재로 어려움을 겪자 자주와 짝하면서 자력갱생을 부르짖는다. 그런데도 젊은 층에서는 남한 말투를 쓰는 현상이 복병처럼 나타나니 '청년교양보장법'으로 황색 바람을 차단하려고 애쓴다. 그게 가능할까?

김정은은 인재중시, 과학기술 중시정책을 내세우면서 지식경제 강국을 세우겠다고 한다. 당성 못지않게 과학지식과 실력도 중시하는 기풍을 진작하려는 모습이다. "열성과 투지만으로 일하던 때는 이미 지나갔다. 오직 높은 지식과 실력을 가져야 당에 충실할 수 있다." (『조선문학』 2003년 9월호.)라는 말이 혁명제일주의가 상대적으로 약화될 가능성을 떠올리는 신호탄이 될 수는 없을까. 정치 엘리트인 당 일꾼 홍(紅)과 전문지식인 그룹인 전(專)과 사이에서 향후 전(Expert)이 홍(Red)보다 우세하게 되는 현상을 보고 싶은 것이 희망적 사고에서 끝나지 않고 우물에서 숭늉 찾는 것이 아니었으면 싶다. 남북분단은 지리적 분단 → 이념적 분단 → 심리적 분단으로 진행되어왔는데, 지금 남북한은 혈연공동체, 언어공동체이긴 하나 문화공동체라고 보기 곤란할 정도로 같은 것보다 다른 것이 더 많고 닮은 것도 옅어져 간다. 그래서 심층적으로는 전통문화를 공유한다고 하지만 표층 문화의 이질성이 워낙 크다고 보겠다.

이것의 극복 노력은 남북한에서 다 같이 필요하다. 비록 북한문화가 자기충족적 환상에 젖은 면이 있다고 하더라고 남북한 문화통합 시 유용한 내용은 얼마든지 찾아낼 수 있지 않을까 기대를 해보게 된다.

지금까지 북한의 '사회주의적 민족문화'를 남쪽과 닮았거나 다르거나 한 모습들을 그려내려고 했지만 호랑이를 그리려다가 개를 그린 (畵虎成狗) 형상으로 제대로 되지 못한 것 같다. 많은 지적을 기다리면서 글을 마친다. (끝).

■ 저자 소개

서울대학교 문리과대학 사회학과와 동 신문대학원에서 수학했다. 방송프로듀서로 일하던 1970년대 초 남북대화가 시작되자 대화요원으로 선발되어 공직자 길로 들어섰고 제반 정책연구와 통일교육에 종사했다.

《서울문화 평양문화》(1989. 12.), 《북한의 상징》(1995. 11.), 《통일문화와 북한문화의 가치성》(1998. 1.), 《서울문화 평양문화 통일문화》(2001. 9.), 《북한 상징문화의 세계》(2002. 9.), 《북한문화의 이해》(2004. 5.), 《북한의 이해》(2004. 5)를 짓고, 공저 《북한문화론》(1978. 10) 외 3권이 있다. 한국문화에 대한 가장 권위 있는 지식정보를 담은 《한국민족문화대백과사전》(한국정신문화연구원 간행) 편찬에 참여했으며 남북한의 상징문화를 연구하는 한국상징문화연구회를 이끌었다.

북한문화, 닮은 듯 낯선 모습

2023년 9월 05일 1판 1쇄 인쇄
2023년 9월 10일 1판 1쇄 발행

지은이 임채욱
펴낸이 김송희
펴낸곳 도서출판 JMG(자료원, 메세나, 그래그래)

우편 21444
주소 인천광역시 부평구 하정로 19번길 39, B01호(십정동, 성원아트빌)

전화 (032)463-8338(대표)
팩스 (032)463-8339(전용)
홈페이지 www.jmgbooks.kr

출판등록 제2015-000005호(1992. 11. 18)
ISBN 979-11-87715-13-9   93330
ⓒ 임채욱, 2023, Printed in Korea.

※ 책값은 뒤표지에 기록되어 있습니다.